Das Buch

»Als Marlene um z
glaubte ich zuerst, da
was ahnte. Ich war
stellte fest, daß sie n
Seitensprungs von Lazare bei ihm vollaufen zu lassen. Ich legte mich ruhig wieder nieder, um mir ihre Schimpfreden anzuhören, und ich war es, ja ich (und ich könnte mich jetzt dafür ohrfeigen), die ihr sagte, sie möge sich im Tiefkühlfach selber bedienen, als sie mich um Eiswürfel bat. Auch beim besten Willen konnte sie an Eddys Kopf nicht vorbeischauen, der den ganzen Platz einnahm...« Bei diesem Kriminalcocktail aus aller Frauen Länder muß man(n) sich auf allerhand gefaßt machen. Was die Französin Virginie Brac, die Engländerin Liza Cody, die Italienerin Laura Grimaldi und ihre achtzehn mörderischen Schwestern aus insgesamt 14 Ländern da zusammengemixt haben, ist jedenfalls nichts für Zartbesaitete. Aber Krimis sind ja bekanntlich wie Gummibärchen. Fängt man erst einmal damit an, kann man einfach nicht mehr aufhören!

Die Herausgeberin

Helga Anderle wurde in Wien geboren und wuchs in Österreich und Spanien auf. Arbeit bei internationalen Organisationen in Genf und Wien, die mit vielen Reisen verbunden war. Seit 1989 freie Journalistin und Autorin. Sie ist European Coordinator der amerikanischen Vereinigung »Sisters in Crime« und europäische Frauenreferentin der Internationalen Vereinigung der Kriminalschriftsteller (AIEP).

Da werden Weiber zu Hyänen
21 Kriminalgeschichten

Herausgegeben von Helga Anderle

Deutscher
Taschenbuch
Verlag

Im Text ungekürzte Ausgabe
Januar 1994
Deutscher Taschenbuch Verlag GmbH & Co. KG,
München
© 1991 Wiener Frauenverlag, Wien
ISBN 3-900399-53-0
Umschlagtypographie: Celestino Piatti
Umschlagbild: Rotraut Susanne Berner
Satz: IBV, Berlin
Druck und Bindung: C. H. Beck'sche Buchdruckerei,
Nördlingen
Printed in Germany · ISBN 3-423-11787-7

Inhalt

Algerien
AMEL BENABOURA: Der Pate 7

Argentinien/Mexiko
MYRIAM LAURINI: Verlorene Träume 18

Bulgarien
EMA JONTSCHEWA: Porträt eines Verbrechens ... 29

Dänemark
INGRID TERKELSEN: Treffen 42

Deutschland
BÄRBEL BALKE: Herbstzeitlose 48
SABINE DEITMER: Die richtigen Entscheidungen . 59
INGEBURG SIEBENSTÄDT: Maria 68
MARGARETE KUBELKA:
Keine Kindesmißhandlung 90

Frankreich
VIRGINIE BRAC: Venus im Exil 95

Großbritannien
LIZA CODY: Glücksgriff 106
SUSAN MOODY: Freiheit 137

Italien
LAURA GRIMALDI: Väter und Töchter 149

Kuba
BERTHA RECIO TENORIO:
Geschichte einer Regennacht 155

Österreich
    Helga Anderle: Der Traummann 172
    Barbara Büchner: Duncan 185
    Edith Kneifl: Maria Theresia – ein Stilleben ... 188

Rußland
    Ljubow Arestowa: Verurteilt 199

Schweden
    Jenny Berthelius: Liebe und Tod 220

Tschechische Republik
    Eva Kačirkova: Versicherung gegen den Tod .. 234
    Milena Bruhová: In flagranti 243

Ungarn
    Vavyan Fable: Ein schöner Abend 256

Nachwort 267
Autorinnen 271

Amel Benaboura
Der Pate

Eines Tages werde ich noch etwas Entsetzliches anstellen!
Als Omar, »Der Pate« genannt, dies lautstark verkündete, brüllten alle vor Lachen, sogar die Gassenjungen in der Rue des Rennes.
Niemand nahm ihn ernst.
»Omar, der Pate« ist einmal im Knast gesessen. Aus Versehen. Aus Unachtsamkeit vor allem. Eine unbedeutende Hehlergeschichte. Seitdem glaubte er von sich, daß er ein schwerer Junge sei. Er ließ sich eine bizarre Schlange auf den Oberarm tätowieren und ging daran, seine Legende in den sumpfigen Straßen der Unterweltsviertel zu verbreiten.
Zu Anfang, als er wie ein Dschinn im schönen Milieu der Promiskuität auftauchte, gelang es ihm noch, einige alte Damen zu verschrecken und die allzu ängstlichen Straßenkinder in die Flucht zu jagen. Nach und nach hatten aber alle kapiert, daß der arme Omar irgendwo im Knast seinen Verstand verloren hatte. Mit geradezu rührender Demut erkannten alle seinen Status als Spinner an. Um ihm eine Freude zu machen, taten sie so, als ob sie in Panik geraten würden, sobald er ihnen entgegenkam. Und angesichts der entsetzten Miene der Passanten schürzte Omar seine Spitzmauslippen zum Grinsen einer Kanaille, warf den Kopf nach hinten und brach in ein – seiner ehrgeizigen Meinung nach – entsetzlich wüstes Lachen aus.
»Ich erwisch euch noch und mach euch den Garaus, Larvenbande!« stieß er hervor und beschoß seine Umgebung mit seinem Speichel wie mit einem Maschinengewehr. »Ihr werdet zu meinen Füßen kriechen und ich werde euch nicht verschonen, Rotzbande! Ich werde euch bis in den Schlaf hinein verfolgen. Ich bin der Pate. Ich bin der Herrscher aller Dinge.«

Omar war ein kleiner Kerl von sechzig Jahren, fast zwergenwüchsig, so mager und schwarz wie ein Nagel. Junggeselle, notorischer und unverbesserlicher Bürgerschreck. Seine neue Funktion als Dorftrottel verlieh seinen faunartigen Gesichtszügen bald den Ausdruck ständiger Abwesenheit. Wenn er uns musterte, schien sein leerer Blick durch uns hindurchzugehen, als ob wir durchsichtig wären, um in andere Dimensionen zu anderen Phantasmen zu gelangen.

Seit seiner Entlassung aus dem Gefängnis führte Omar alles Unglück weit und breit auf sich zurück. Ob sich ein Fahrrad in Luft aufgelöst hatte, ob ein kleiner Einbruch uns aus dem Schlaf riß, ob jemand irgendwo etwas zertrümmert hatte, immer baute sich Omar vor uns auf, tippte mit dem Finger lässig auf seine Brust: »Ich war es!« Es genügte, irgendeine absurde Geschichte zu erzählen, und schon machte Omar sich zum Haupttäter.

Eines Tages starb der alte Da Arezki zufrieden und umgeben von seiner Familie und seinen Freunden in seinem Bett. Sobald Omar davon Wind bekam, lief er auf das Kommissariat, um sich festnehmen zu lassen. Er erzählte den schon abgestumpften Polizisten, daß er den unglücklichen Verstorbenen ermordet und dann zerstückelt habe. Um ihm nicht zu widersprechen, machte der Kommissar das Beste daraus und sperrte ihn eine Nacht lang ein. Am nächsten Morgen mußten fünf Polizisten alle nur erdenkliche List und schließlich Gewalt anwenden, um ihn wieder loszuwerden. Omar verlangte, wegen vorsätzlichen Mordes vor Gericht zu kommen. Man warf ihn hinaus. Er ging nicht nach Hause. Er blieb vor dem Kommissariat stehen und verlangte, daß man ihm Handschellen anlege und ihn dem Richter übergäbe, denn die Menge werde früher oder später kommen, um ihn zu lynchen.

Als er bemerkte, daß der Richter ihn ignorierte, versprach er, die Stadt in Feuer und Asche zu legen, dann trollte er sich in sein Stammbeisl, um seinen Gram hinunterzuspülen.

In derselben Nacht hörten seine Nachbarn, wie er auf und ab ging und bis zum Morgengrauen schreckenerregende Drohungen vor sich hinbrüllte.

Von allen Mietern des Hauses war ich der einzige, den der Pate mit einem Hauch von Achtung bedachte.

In seinen friedlichen Stunden liebte er es, mir immer wieder zu sagen:

»Du Dummkopf, dich werde ich auch eines Tages an die Wand nageln, ich werde dich quälen, wie die anderen. Die anderen verlieren nichts, wenn sie darauf warten. Ich werde sie zuerst gegen die Wand stellen, dann auf ihre Füße schießen, dann in die Knie, dann in die Hände, damit sie nicht sofort sterben. Und während sie heulen und Blut pissen, rauch ich mir einen Tschick an und schaue ihnen zu, wie sie wie die Kaulquappen in der Sonne krepieren.«

Ich verzog mein Gesicht zu einer ängstlichen Grimasse.

Er beugte sich über mich und murmelte: »Kannst du ein Geheimnis für dich behalten?«

»Ich denke schon.«

»Bist du sicher?«

»Vielleicht ja, vielleicht auch nicht.«

Er zögerte einen Moment lang, blies die Wangen auf und flüsterte mir zu: »Ich hab eine Knarre!«

Ich hob die Brauen in gutgespieltem Erstaunen. Die Geschichte regte mich an. Er freute sich diebisch und insistierte: »Ehrenwort. Eine riesengroße Knarre. Und geladen, das kannst du mir glauben. Ich sag dir's, weil du ein netter Junge bist. Die anderen wissen nichts davon. Eine Superknarre. Wauuuuu! Die wird einen Teufelslärm machen, verlaß dich drauf.«

Natürlich log er.

Um ihn nicht zu beleidigen, spielte ich den Beunruhigten: »Hast du überhaupt einen Schein?«

»Ist mir doch scheißegal. Ich hab kein Auto und kann nicht fahren.«

»Ich meine, einen Waffenschein.«

Er schluckte.

»Was ist denn das schon wieder für ein Ding?«
Ich erklärte es ihm.
»Eine Feuerwaffe muß man angeben. Du mußt dir einen Waffenschein ausstellen lassen, wenn du vorm Gesetz ruhig schlafen willst.«
Er deutete ein reptilienartiges Lachen an.
»Das Gesetz? Das ist nicht für mich. Weiß nicht, was das ist. Bin ein Schurke. Ich bin der Pate, hast du das vergessen?«
»Ich hab es nicht vergessen. Aber Gesetz ist Gesetz.«
Er nahm sich zusammen, schien zusammenzuschrumpfen in seinem Mafiosoanzug, der an billige Krimis erinnerte, dann jammerte er trotzig:
»Dann wird alles platzen...«
»Was wird platzen...?«
Er zappelte auf seinem Bett, verschränkte die Beine wie ein Fakir und senkte seinen trüben Blick in meinen.
»Wehe, die wissen, daß ich eine Kanone hab. Einer könnte es verraten und die anderen werden dann mißtrauisch. Ich will sie überraschen, kapierst du?«
Ich schaute ihn an. Verständnisvoll. Sein winziges Gnomengesicht berührte mich auf einmal. Ich versuchte, ihn mir in der Welt vorzustellen, die er sich gezimmert hatte und die ihn jetzt umzingelte, die Zwangsjacke vampirartiger Dunkelheit, in der er heimlich vor Sehnsucht verging. Ich erriet, daß er an dieser heimtückischen, erbarmungslosen Krankheit litt, die ihn auslöschte; eine Krankheit, die uns entging, weil wir ihren Namen verschwiegen.
Für uns ist Omar eher eine Belustigung als ein pathologischer Fall. Als sorglose und unerbittliche Spötter haben wir ihm die letzten Reste seines menschlichen Schamgefühls geraubt. Ohne uns dessen bewußt zu sein, haben wir ihn entstellt, verfälscht, zu irgendeinem verdinglichten Phänomen gemacht...
Aber Omar war es völlig egal, was man von ihm dachte. Für alle, für die Großen wie die Kleinen, war er der Pate, der wilde, grausame Gangsterboß, der Himmel und Erde

zum Erzittern brachte. Unser Lachen besudelte ihn nicht, erreichte ihn nicht einmal. Er verstand übrigens gar nicht, was unsere Heiterkeit verursachte, die er als schwachsinnig und unbegründet ansah.

Viele Male habe ich schon angesetzt, ihm zu erklären, daß... und ebensoviele Male habe ich es aufgegeben. Er würde mir nicht zuhören. Omar gefiel es in dem Halbdunkel seiner Halluzinationen; sie waren seine ganze Seligkeit... sein ganzes Leben. Für ihn gab es nur Opfer seiner nicht endenwollenden Delirien, Opfer, die er je nach Laune »liquidierte«, entweder alle auf einmal, wie verseuchtes Vieh, oder einzeln, und bei jeder Zuckung der Agonie lachte er aus voller Kehle.

»Du glaubst mir wohl nicht.«

Ich erwachte aus meinen Gedanken.

Omar schaute mich mit einem uneinnehmbaren Blick an.

»Du bist wie die anderen, du weigerst dich, mir zu glauben.«

»Aber ja doch, ich glaube dir.«

»Du glaubst mir nicht, ich spüre es. Niemand will mir glauben. Ich bin nicht unsichtbar, verdammt noch mal! Und ihr tut, als würde ich nicht existieren. Ihr seid gemein!«

»Omar, ärgere dich nicht.«

»Ich ärgere mich nicht. Ist mir doch egal. Wenn du glaubst, daß ich keine Knarre habe, scheiß ich drauf. Du sagst dir, daß ich genauso wenig eine Knarre wie ein Hirn habe. Du bist frei. Genier dich nicht.«

Sein Gesicht war hochrot, seine Lippen zuckten vor Wut. Er sprang aus seinem Bett und lief zu einem vorsintflutlichen Schrank.

»Da ist sie drinnen. Gut versteckt in meinem Pullover. Jeden Abend hol ich sie heraus und streichle sie stundenlang, und dann steck ich sie wieder rein. In der Früh hol ich sie mir wieder, damit ich sicher bin, daß sie noch da ist. Meine Knarre ist mein einziger Freund. Sie sagt niemals etwas. Sie lacht auch nicht. Sie ist wie ich, hart, und wir verstehen einander.«

Seine Stimme verriet plötzlich diese nicht zu unterdrükkende Oktave, die dem Weinen vorangeht. Ich beeilte mich, mich zu verabschieden.

Eines Tages besuchte Omar mich in meiner Werkstatt. Er fluchte, sabberte, und sein Gesicht war vor Kummer entstellt. Auf seiner linken Backe sah man noch die Spur eines bösen Schlages, aus seinen zerzausten Haaren lief das Blut in einem dünnen Faden über die Stirn.

»Hast du schon wieder den Hanswurst gespielt«, warf ich ihm vor und hobelte weiter.

Er wischte sich mit dem Handrücken über die Nasenlöcher, bevor er vor mir auf einen Hocker sank.

»Er wird bald von mir hören. Er weiß noch nicht, was für einer ich bin. Ich reiß ihm die Eingeweide raus und lasse sie auf den elektrischen Leitungen rösten, dann wird er schon lernen, daß es nicht schlau ist, sich mit dem Paten anzulegen.«

»Wer hat dich so zugerichtet?«

»Der Inspektor Bazz. Brauchst nicht glauben, daß das regulär zuging. Er hat mich durch Verrat gekriegt, der Schpu... der Schuft.«

»Da hast du ihn aber in eine verdammte Wut gebracht. Bazz ist eher einer von den Gemäßigten.«

»Gemäßigt? Daß ich nicht lache! Er hat mich an der Kehle gepackt und mit dem Kopf gegen die Wand geschlagen, als ich ihm den Rücken kehrte.«

Ohne mit dem Hobeln aufzuhören, fragte ich ihn zerstreut:

»Was hast du denn schon wieder bei den Bullen verloren?«

Er riß die Augen ungläubig auf:

»Was? Du bist nicht auf dem laufenden? Ich hab mich gestellt! Der Typ, den man gestern tot gefunden hat, den hab ich abgeknallt.«

»Du meinst den Inspektor, den man gestern in der Rue des Oiseleurs erschossen hat?«

Omar erzitterte.

»Das war ein Bulle?«

»Sagen die Zeitungen zumindestens.«

»War Bazz deshalb so aufgebracht?«

»Schon möglich.«

Omar blieb zwei gute Minuten lang offenen Mundes stehen. Seine Stirn sammelt sich um eine unbestimmte Falte herum.

»Mist! Ich hab doch nicht gewußt, daß der ein Bulle war, Ehrenwort. Dieses Mal sitz ich in der Tinte. Muß sofort zum Kommissar zurück. Was glaubst du, mit wieviel Jahren muß ich da rechnen?«

»Zwölf.«

»Ich geh in Berufung.«

»Und vergiß nicht zu beten.«

Omar knetet seine Finger, spielt erschüttert. Von Zeit zu Zeit scheppert ein nervöses Lachen wie ein Glöckchen in seiner Kehle. Er leckt sich mit der olivenbraunen Zunge über die Lippen und erkundigt sich: »Mein Photo ist ja dann sicher am Titelblatt von allen Schundblättern. Das mag ich nicht«, fügt er verlogen hinzu. »Wenn ein Gangsterboß zuviel Werbung kriegt, ist er reif für den Abschuß. Bald werd ich ein ganzes Regiment kleiner Tagediebe auf den Fersen haben. Na ja, da kommt jetzt sicher so ein Clown daher und bringt mich um, damit er meine Legende stehlen kann.«

»Das sind die Gefahren des Ruhms, Omar.«

Er steht auf.

»Ich werd mich der Polizei stellen, Moh.«

Ich erhebe mich, wische meine feuchten Hände in meiner Schürze ab und versperre ihm den Weg.

»Omar, die Bullen sind jetzt nicht in der Stimmung, dich in die Finger zu kriegen. Der Tote war einer ihrer Freunde. Sie sind nicht zum Scherzen aufgelegt. Sie haben nur eines im Sinn: Den Saukerl kaltzumachen, der ihnen den Kumpel abgeknallt hat.«

»Scheinst es nicht geschnallt zu haben: Der Saukerl, das bin ich. Ich hab ihren Kumpel abgeknallt. Ich hab ihm eine in den Kürbis geballert.«

»Die Zeitungen sagen, daß er drei Kugeln abgekriegt hat.«

»Ich erinnere mich nicht mehr. Es war dunkel. Ich hab vielleicht dreimal geschossen, ohne es zu merken. War ja Nacht, sag ich dir. Hab nicht einmal überrissen, daß es ein Bulle war.«

Ich stoße einen Seufzer aus und gehe zu meiner Arbeit zurück.

Omar ist angewidert.

»Du glaubst mir nicht«, sagt er erregt.

Ich schaue ihn von der Seite an.

»Darf ich dir eine Frage stellen?«

»Kommt drauf an.«

»Wo liegt denn die Rue des Oiseleurs?«

»In der Stadt natürlich.«

»Wo denn in der Stadt? In welchem Viertel?«

Er bläst die Backen auf und sagt überheblich: »Wie oft muß ich dir noch sagen, daß es stockdunkel war?«

»Omar«, sag ich schulmeisterlich, »dein Theater beginnt mich zu ermüden.«

Er bebt, hüstelt, ringt nach Luft, zittert... Schließlich gibt er dem Schemel einen Fußtritt, daß er umfällt und murmelt: »Ich hab so im Gefühl, daß ich dich auch quälen muß, wie die anderen. Der Pate ekelt sich vor so verlogenen Typen. Er kann sie nicht riechen, hörst du? Spiel nicht mit dem Feuer, Dummkopf!«

Daraufhin spuckt er über die Schulter und geht auf die Straße hinaus. Er sperrt sich ein und trotzt drei Tage und drei Nächte lang.

Am vierten Tag treffe ich ihn zufällig am Gang. Sofort zeigt er mir ostentativ den Rücken und grunzt: »Was soll ich nur tun, daß man mir glaubt, Himmelherrgott! Soll ich den Staatspräsidenten wegputzen?«

»Du sollst endlich aufhören, Unsinn zu reden«, erwidere ich ihm und gehe weiter.

Einige Stunden später klopft er an meine Tür. Eine Flasche Wein und ein Kilo Hammelbratwürste unter dem Arm. Um Frieden zu schließen. Ich lasse ihn eintreten, ohne ihm die Sachen abzunehmen. Er schleppt sich armselig bis zu meinem Lehnstuhl und läßt sich dort fallen. Wir schweigen uns eine Stunde lang an, er mustert mich heimlich von oben bis unten, ich betrachte die ungeschickten Zick-Zackstreifen, die die Feuchtigkeit auf meinem Plafond hinterlassen hat.

»Bist noch sauer auf mich, Moh?«
»Und wie!«
»Hab ich eine Dummheit gemacht?«
»Wird schon Zeit, daß du mit deinem ganzen Theater aufhörst, wenn du willst, daß wir Freunde bleiben.«
Er senkt reuig seinen Kopf.
»Ich hab's nicht ernst gemeint, was ich dir gesagt hab. Ich werd dich nie quälen, Moh.«
»Du beginnst ja schon wieder damit.«
Er wird immer kleiner, verschwindet fast in seinem grotesken Kragen. Seine Stimme kommt wieder, weinerlich, fast unhörbar.
»Hab nicht gewußt, daß es ein Bulle war...«
Ich knirsche mit den Kiefern. Mein Schweigen bringt ihn zur Verzweiflung. Er springt auf wie eine Feder, droht mir mit dem Finger und brüllt.
»Ich bin der Pate, verdammt! Du schuldest mir Respekt.«
»Ich schulde dir überhaupt nichts. Du hast lang genug den Hanswurst gespielt. Das bringt mich nicht mehr zum Lachen, stell dir vor. Das widert mich an, wenn ich seh, wie all diese Kretins sich über dich lustig machen. Ja, das bricht mir das Herz. Ich will, daß du das Steuer rumwirfst, daß du dich wieder einkriegst, verstehst du? Du hast sechzig Jahre auf dem Buckel und verhältst dich wie ein durchgedrehtes Kind.«

Omar beginnt, sich zu nähern, mich anzuflehen, dann hält er sich zurück und versucht, Haltung zu bewahren. Die Kälte in meinem Blick entmutigt ihn. Er weiß, daß mir das keinen Spaß mehr macht. Kläglich wackelt er mit dem Kopf und geht zum Fenster.

Draußen ergießt die Nacht bereits ihre Galle über die vergeßliche Stadt.

»Ich bin ein Bürger wie alle anderen«, brummt er. »Ich habe Rechte. Ich hab einen Typen kaltgemacht und verlange, daß man mich festnimmt.«

»Du hast *niemanden* kaltgemacht.«

»Doch, ich hab den Inspektor kaltgemacht. Ich hab ihm drei Kugeln vor den Latz geknallt. Er fiel hin, vor meine Füße. Bazz ist ein Kretin. Der Kommissar auch. Ihr seid alle Kretins.«

Ich nehme ihn an den Schultern, drehe ihn um und schaue ihm geradewegs in die Augen.

»Omar! Das spielt sich in deinem Kopf ab. Du hast niemals auch nur einer Mücke etwas zuleide getan. Das mußt du wissen. Du bist unfähig, jemandem etwas anzutun. Du weißt gar nicht, wie man richtig böse ist.«

»Ich hab den Bullen trotzdem abgemurkst.«

»In deinem Kopf. Du hast ihn in deinem Kopf abgemurkst, wie den Mercedes, den du gestohlen hast, wie die Bank, die du beraubt hast, wie die Armee von Killern, die für dich im Gleichschritt gehen, deine Schlösser, deine Harems… alles in deinem Kopf.«

»Und die Knarre, die in meinem Zimmer ist?«

»In deinem Zimmer ist nichts. Alles ist in deinem Kopf.«

Omar hat Tränen in den Augen, aber er erträgt weiter meinen Blick.

»Was heißt denn das nun, Moh! Was willst du damit andeuten? Daß ich bescheuert bin, ist es das? Daß ich nicht mehr Hirn habe als ein Stecknadelkopf, ha? Sag es mir ehrlich. Sag, daß in meiner Birne eine Sicherung durch ist…«

»Genau das, Omar. Es tut mir leid, aber meiner Meinung nach solltest du einen Arzt aufsuchen.«

Omar ist sprachlos, buchstäblich erschlagen von der Brutalität meiner Worte.

Er nickt mit dem Kopf, stottert irgend etwas, was nicht über seine Lippen hinauswill. Tränen hängen an seinen Wimpern. Er ist ganz Kummer.

»Einverstanden, Moh!« stammelt er. »Bleibt mir nichts anderes übrig, als meine Knarre an meine Schläfen zu halten und abzudrücken. Da du gesagt hast, daß das alles faule Luft ist... da du es sagst...«

In seiner ersterbenden Stimme liegt ein tragischer Unterton.

»Genau«, rufe ich aufgebracht. »Wenn du damit fertig bist, dir die Schläfe einzuschießen, denk daran, was ich dir vorgeschlagen hab.«

»Wenn ich damit fertig bin, mir die Schläfe einzuschießen, ist alles zu Ende, Moh.«

Und er verläßt mein Zimmer. Wie ein Schlafwandler. Den Tod in der Seele.

Einige Minuten später wird das Stockwerk von einer furchtbaren Detonation erschüttert...

Myriam Laurini
Verlorene Träume

Major Videla lag auf dem Rücken. Sie hatten es ihm von allen Seiten gegeben: Hemd, Arme und Hosen – alles schwamm in Blut. Ich konnte mindestens sechs Einstiche – breit, wie von einem Fleischermesser – zählen. Seine Augen, wie aus dunklem Glas, waren offen und schienen aus ihren Höhlen fliehen zu wollen, als ob ihn das, was um ihn herum geschah, nichts mehr anginge.

Ein Blitzlicht um das andere erleuchtete die Szene und verwandelte die Leiche in einen berühmten Star: Videla würde auf den Titelseiten sämtlicher Lokalzeitungen zu sehen sein, und alle würden von ihm reden.

Die Leute von der Exekutive zeichneten die Umrisse des Körpers nach, suchten Spuren, Fährten, Indizien. Die Neugierigen rückten näher, und die Beamten forderten sie auf, sich gefälligst zu verpissen, und zu mir sagten sie: »He, Puppe, weg da!« »Presse, ich bin von der Presse, mehr Respekt, wenn ich bitten darf!« protestierte ich, und sie meinten: »Was du nicht sagst, von der Presse, hau ab!«

Der Tote war 35, ein durchtrainierter Judoka, der aus Rücksicht auf die Linie salzlos gegessen hatte. Eier vermied er wegen des Cholesterins und weil er mit seinen eigenen mehr als genug hatte. Zehn Jahre im Dienst. Die Leute von Nuevo Laredo mochten ihn, er war gerecht zu den Armen und ließ sich nur von den Reichen, den Drogenhändlern und den Coyotes, den Menschenschmugglern, bestechen. Er hinterließ eine Frau und zwei Söhne, die ihn vermissen würden. Als sie ihn aufhoben, um ihn mitzunehmen, beugte sich ein Sergeant vor und fing an zu kotzen. Videla stank nach getrocknetem Blut und Scheiße.

Ein anderer Sergeant, die Zornesadern geschwollen, sagte heiser: »Wir werden dich rächen, Videla.«

Mir war ganz schön mulmig vom Anblick der zerfetzten Leiche. Zudem war ich hundemüde und hatte noch den Bericht zu schreiben, also beschloß ich, zuerst einmal etwas zu essen. Ich ging zum Chinesen, und während ich auf mein Chop Suey wartete und inzwischen aus Brot kleine Kügelchen formte, sah ich sie hereinkommen. Sie hatte soeben gebadet, ihr Haar war noch feucht, und sie roch nach Lavendel.

Sie gefiel mir irgendwie, vielleicht wegen dieser Aura von Traurigkeit, die sie umgab. Sie bat mich um Feuer, und ich sagte: »Warum essen wir nicht zusammen, schließlich sind wir beide allein.« Während ich mich genüßlich über das beste Chop Suey der ganzen Gegend hermachte, begann sie mir mit leeren, dummen und für meinen Geschmack viel zu emotionsgeladenen Worten ihr Leben zu erzählen, und ich schwor mir, mich von dieser banalen Geschichte nicht erschüttern zu lassen.

Mit bunten Bändern in den schwarzen Zöpfen und Huaraches, den geflochtenen Sandalen der Indios, war sie nach Nuevo Laredo gekommen, wie alle anderen auch. Die Augen niedergeschlagen, damit niemand ihre Hoffnung, ihre Lebenslust, darin entdecken konnte. Sie war damals fünfzehn gewesen. Ihre Tochter hatte sie bei ihrer Mutter gelassen, obwohl ihr von vornherein klar war, daß sie bald zurück mußte, weil sie sonst nur noch ihr Grab vorfinden würde. »In der Sierra«, sagte sie, »haben die Frauen keinen Wert. Von dem wenigen, was da ist, essen zuerst die Männer, und wenn was übrigbleibt, die Söhne, danach die Frauen und zuletzt die Töchter.«

Sie hatte überlebt, indem sie Erde, Wurzeln und Blätter gegessen und die Knochen von toten Tieren abgenagt hatte.

Sie hatte überlebt, weil sie die Sonne mochte und gern träumte. Keine hochfliegenden Sachen, nur kleine Träume, wiederholte sie mit erloschener Stimme.

Seit sie zwölf war, arbeitete sie in der Hauptstadt, und sie aß so viel, daß die Señora sie deswegen ausschimpfte.

Aber das war Maria Crucita egal. Ihr Hunger war grenzenlos.

Einmal, als die Herrschaft auf Urlaub in die Karibik fuhr, schickten sie sie in ihr Dorf zurück und sagten beim Abschied: »Du bleibst so lange dort, bis wir dich wieder holen!« Eines Abends, als sie die Blüten des Maguey bewunderte und einen ihrer kleinen Träume träumte, kam ein Junge daher, kaum sechzehn, und begann ihr schöne Worte zu sagen, und Maria kamen sie wunderschön vor. Danach machten sie, was sie machen mußten, und es gefiel ihr so sehr, daß sie es jeden Tag wiederholten, bis die braungebrannten Karibikurlauber kamen, um sie abzuholen.

Als sie nach sieben Monaten feststellten, daß alle Diäten, die ihr die Señora auferlegte – »So jung und schon so dick, entsetzlich!« – nichts halfen, weil sie schwanger war, setzten sie sie mit der Empörung, die alle anständigen Leute angesichts dieser Schande empfinden, einfach auf die Straße. Sie ließen ihr nur die Kleider, die sie auf dem Leib trug. Die Undankbare verdiente die alten Sachen nicht, die sie ihr geschenkt hatten.

Das Mädchen kam im Dorf zur Welt. Maria hatte Fieber, aber mit Hilfe der Sonne und ihrer kleinen Träume wurde sie wieder gesund. Der Bursche sagte, das Kind sei nicht von ihm, wer weiß, wer der Vater sei, Crucita sei nämlich ganz schön geil, das ja.

Bedrängt vom Hunger und von ihren Träumen beschloß sie wieder einmal wegzugehen. Diesmal hinüber auf die andere Seite.

Das Stubenmädchen, das mit ihr gearbeitet hatte, hatte ihr oft von drüben erzählt. Drüben war alles fantastisch, einfach unglaublich. Dort hatten sogar die Allerärmsten noch ihr eigenes Auto, ihr Einfamilienhaus mit Fenstern aus Glas, und die Frauen trugen keine Zöpfe und aßen sich alle Tage satt, und die Kinder auch. Und sie schickten die Kinder zur Schule, in einem Bus, der sie abholte. »So wie in diesem Haus hier«, sagte das Stubenmädchen, »nur, daß es dort auch den Armen so gut geht.«

Schwindlig vor Hunger und Angst kam sie eines Morgens in Nuevo Laredo an. Auf ihrem Platz kauernd wartete sie, bis alle ausgestiegen waren. Sie wollte zurück. »Steig schon aus, hier ist Endstation!« brüllte der Chauffeur. Aber Maria konnte nicht, die Beine wollten ihr nicht gehorchen, sie war wie gelähmt. Aber der Mann schrie weiter, und so stieg sie schließlich doch aus und blieb wie angewachsen auf dem schmutzigen Boden stehen, mit ihrem Wäschebündel in einer Hand, nicht wissend, was sie tun sollte, und ohne daß sie es wagte, auf etwas anderes zu schauen als auf den zertretenen Kaugummi zu ihren Füßen. So stand sie eine Weile, bis ein junger Mann – groß und fesch – daherkam und mit blumigen Worten auf sie einredete. Ob sie allein sei, armes Ding, wo sie herkäme, wo sie hinwolle, ob sie Familie, Freunde hätte, und Maria antwortete ihm wie ihrem braungebrannten Ex-Patron. Der Bursche flößte ihr Vertrauen ein, und er versprach, ihr zu helfen, sie auf die andere Seite zu bringen, nach drüben, wo alle Träume in Erfüllung gehen, keine Träume mehr sein würden, sondern Wirklichkeit. Aber dazu brauchte man Bares, um die Grenzler und die Einwanderungsbeamten zu bestechen. Maria zeigte ihm 50 Dollar, die sie gewechselt hatte, und der Bursche lachte und konnte nicht aufhören zu lachen, und Maria ließ sich von dem spontanen, frechen Lachen anstecken – und lächelte zurück. So lachen wie er, das konnte sie nicht, aber sie würde es schon noch lernen.

»Wir müssen mehr Geld auftreiben«, sagte er. »Das ist nichts wert, dafür kriegst du höchstens einen Hot Dog. Ich werde dir eine Arbeit verschaffen bei einer netten Dame, die ein Haus hat, mehr eine Baracke mit vielen kleinen Kammern, einem Bett und Vorhängen, dort verdienst du dir, was noch fehlt. Eine einfache, leichte Arbeit, du brauchst nur ein bißchen die Beine zu spreizen.« Maria dachte an ihren ersten Freund, der einzige, für den sie die Beine gespreizt hatte, aber sie schob die Erinnerung beiseite, ihr erster hatte nicht so lachen können wie dieser hier.

Die Señora behandelte sie sehr gut, schnitt ihr die Zöpfe ab, nahm ihr den Rock, die Unterröcke und die huaraches weg und gab ihr dafür ein Kleid und Schuhe, mit denen sie nicht gehen konnte. »Du wirst dich schon daran gewöhnen, man gewöhnt sich an alles.« Maria Crucita besah sich im Spiegel und verlor ein paar winzige Tränen. Sie hätte gerne Meere von Tränen vergossen, aber auch das konnte sie nicht.

Alles, was sie während des Jahres verdiente, indem sie Betrunkene ertrug, die sie anspien, wenn sie in sie eindrangen und andere, die sie schlugen, gab sie täglich dem Burschen. Sie wollte nur mit ihm schlafen, sogar auf drüben hatte sie vergessen. Doch dann kam er eines Tages daher und sagte ohne Umschweife: »Mach dich fertig, es ist ohnehin höchste Zeit, daß ich dich rüberbringe, was? Jetzt werden all deine Träume wahr, Maria.« Er schenkte ihr eine Halskette und glitzernde Ohrgehänge, und sie passierten die Brücke ohne Zwischenfall. Sie an seinem Arm, ein wenig traurig, wie die Sonne im Winter. Im Haus der anderen Señora steckte er ihr großzügig 100 Dollar zu. Das Zimmer war hübscher, mit Bett, Schreibtisch, Kleiderschrank und einem großen Spiegel. Er versprach, sie jeden Monat zu besuchen, schließlich habe er sie gern.

Als ihr die Señora erklärte, was von ihr erwartet wurde, protestierte Maria. Nein, nein, sie müsse sich irren, das sei vorbei, sie wolle eine andere Arbeit. Die Señora unterbrach sie in schlechtem Spanisch: »Wenn du nicht wollen, du abhauen.« Aber Maria verstand nur zu gut. Sie ging auf ihr Zimmer, betrachtete sich im großen Spiegel und weinte. Sie lernte Meere von Tränen zu weinen, und zehn Jahre lang weinte sie und weinte, bis sie sich entschloß zurückzukehren.

»Ich könnte Ihnen Dinge erzählen, es war die reinste Hölle. Schauen Sie, schauen Sie nur.« Sie knöpfte die Bluse auf, und ich sah ihre verbrannten Brüste mit tiefen schwarzen Wunden, sie sahen aus wie Dörrzwetschken. »Einer dieser Scheißkerle hat mich mit Säure übergossen. Und ich habe noch Schlimmeres erlebt«, sagte Maria. »Der Bursche hat mich angelogen, alles Schwindel. Er hat mich betrogen und mir das Herz gebrochen.«

Ich bat den Major, Videlas Nachfolger, um ein Interview. Mit Vergnügen stimmte er zu, schließlich brauchte er ein gutes Image und mußte sich dem Verstorbenen gegenüber profilieren.

»Haben Sie schon eine Spur?«
»Mehrere, mehrere. Wir haben zwei Drogenhändler, vier Coyotes, drei Schmuggler und einen Betrunkenen festgenommen, um sie auf frühere Straftaten zu durchleuchten und in der Hoffnung, daß sie auspacken. Und wie sie geredet haben, viel zu viel. Wir mußten sie wieder freilassen. Keiner hatte Streit mit Videla, im Gegenteil, sie respektierten ihn und waren voll des Lobes!«
»Wie soll denn der mutmaßliche Täter aussehen?«
»Es muß sich um einen jungen kräftigen Mann handeln.«
»Wie kommen Sie darauf?«
»Weil nur ein kräftiger Mann imstande wäre, neunmal hintereinander mit solcher Wucht zuzustechen. Das Messer haben wir übrigens noch nicht gefunden. Ein gewöhnliches Küchenmesser, was sagt man dazu, wo er seinen 38er im Gürtel hatte.«
»Und was ist mit Videlas Gesichtsausdruck, als ob er seinen Mörder kennen würde?«
»Also das sind doch nur Hirngespinste, Verehrteste, ich hab schon gehört, daß sie mit den aus den Höhlen tretenden Augen hausieren gehen. Täuschen Sie sich nicht: alle Leichen sehen gleich aus.«
»Stimmt es, daß Videla ein Coyote war, bevor er zur Polizei ging?«
»Wie können Sie so was glauben? Dreck schleudern, ja das könnt ihr! Er war ein guter Kerl, hat vielleicht ab und

zu einem armen Landsmann geholfen, schwarz über die Grenze zu kommen. Er war mit den Gringos befreundet, alle Welt mochte ihn, aber er machte es einfach so, umsonst, gratis.«

»Natürlich, verstehe. Wie ist er eigentlich zur Polizei gekommen?«

»Wir sind beide gleichzeitig dazugegangen, hatten es satt, von einer Seite zur anderen zu springen, ohne was Fixes, immer verfolgt.«

»Sagten Sie verfolgt? Warum? Von wem?«

»Das Wort ist mir nur so rausgerutscht. Wir waren jung, sie wissen schon, Weiber, Kantine...«

»Und sie halfen den Leuten gratis rüber...«

»Hören Sie, was wollen Sie damit sagen, nur weil ich mich zu einem Interview hergebe, brauchen Sie mich nicht für einen Trottel halten, oder was? Mir reicht's. Ich muß einen Mörder fangen und hab keine Zeit zu verplempern.«

»Entschuldigung, ich wollte Sie nicht beleidigen.«

»Mich beleidigen? Halten Sie mich für eine Schwuchtel? Sie können in Ihrer Zeitung schreiben, daß wir dem Mörder auf der Spur sind und Zeugen haben.«

»Zeugen?«

»Ja, eine Frau, aber schreiben Sie ja nichts über sie, es wäre gefährlich für sie.«

»Hören Sie, Kommandant, mir können Sie es doch sagen. Wer ist sie?«

»Passen Sie auf ihre Zunge auf, sonst laß ich sie Ihnen abschneiden. Einer von Videlas Freunden hat sie in der Tatnacht gemeinsam aus dem Coconut kommen sehen. Wir haben sie im Hotel El Cairo aufgestöbert. Sie war dabei, als sich der Kerl auf Videla stürzte. Zuerst dachte sie, er hätte es auf sein Geld abgesehen, aber der Kerl schrie: ›Du hast mich angelogen, Bursche.‹ Mit jedem Messerstich wiederholte er: ›Du hast mich angelogen.‹«

Die Träume, die man verliert, töten die Hoffnung, töten die Freude am Leben, verdunkeln die Sonne, zerdrücken einem die Eingeweide, bis sie in tausend Trümmer schmerzhafter Farben zerspringen.

So fand ich Maria auf dem Bett sitzen, den Kopf zwischen den Händen, winzig, ein zerpflücktes Knäuel, sechsundzwanzig Jahre alt, aber mit der Haut und den Schultern einer Vierzigjährigen.

Sie hatten sie in ein anderes Quartier gebracht und bewachten sie als einzige Zeugin. Ich kannte den Posten und durfte hinein. Dieses getretene alte Kind tat mir leid. Ich litt auf einmal mit ihr, mit einem Leben, das ich nur vom Hörensagen, nur von ganz außen kannte.

»Du hast es getan, nicht wahr, Maria?«

Sie sah mich an, lächelte schüchtern. »Na und? Kann Ihnen doch egal sein.«

»Sie werden es herauskriegen. Warum hast du gesagt, daß du bei ihm warst? Du hättest es abstreiten können, sagen können, daß du schon im Hotel warst. Was weiß ich.«

»Ich hab's nur zugegeben, weil sie mir den Kopf unter Wasser drückten und ich Angst hatte zu sterben, ich will nicht sterben.«

»Warum hast du ihn umgebracht, hast du ihn so gehaßt?«

»Ich hab ihn nicht gehaßt, nein, oder doch. Ich weiß nicht. Es gäbe viel zu sagen, ich hab zehn Jahre auf ihn gewartet.«

Leise, mit erschreckender Klarheit, die Augen starr und verloren, erzählte sie mir die Fortsetzung ihrer Geschichte.

Nicht einmal die kleinen Träume waren ihr geblieben. Nur noch der Wunsch, zu sterben und denjenigen zu töten, der sie betrogen hatte.

Sie suchte ihn tagelang, das Messer in der Tasche. Als sie ihn endlich an jenem Abend fand, erkannte er sie nicht wieder.

»Ich bin's, Crucita. Erinnern Sie sich nicht? Crucita mit den Zöpfen. Sie schenkten mir diese Ohrringe und diese Halskette.«

Und er freute sich sogar, sie zu sehen mit ihrer ganzen Kriegsbemalung, dem enganliegenden Kleid aus billiger Seide und den hochhackigen Schuhen, die sie inzwischen zu tragen gelernt hatte. Ein bißchen verbraucht, dachte er wohl bei sich, aber laut sagte er: »Du schaust gut aus, Crucita.« Das Lügen fiel ihm immer noch leicht. Sie gingen auf einen Drink ins Coconut. Traurig fragte sie: »Warum haben Sie mich nie mehr besucht?« Er, ganz der verständnisvolle Wohltäter, erzählte ihr von der schwangeren Braut, seiner Abkehr vom leichten Leben, seinen Söhnen, seiner neuen Existenz. »Du verstehst schon, Crucita.«

Aber Maria, die immer Verständnis haben mußte, für die Laune der Señora, bei der sie als Dienstmädchen war; für die Verachtung des Bäckers, weil sie ein Indiomädchen war; für den Burschen, der abstritt, sie geschwängert zu haben; für die ausgefallenen Wünsche der Männer im Bordell, Maria, die Einsichtige, Resignierte sagte: »Nein, nichts versteh ich, überhaupt nichts!«

Sie spazierten über die Alameda, Richtung Hotel, und in ihr war die fixe Idee, daß sich seine Träume erfüllt hatten, während sie die Betrogene war. Er blieb stumm. »Egal, was er mir erzählt hätte, ich hätte ihm alles geglaubt, ich schwör's Ihnen!«

Aber er sagte nichts, kein Wort. Da war nur die Nacht und sein Schweigen, und plötzlich konnte sie es nicht mehr ertragen. Sie nahm das Messer heraus und stieß es ihm in den Bauch. Er fiel nach hinten in einem Schwall von Blut, die Augen weit offen, als sähe er ein Gespenst. Sein Kopf schlug mit einem dumpfen Dröhnen am Boden auf, aber sie rührte sich nicht, stach nur zu mit dem Messer, ein ums andere Mal, bis sie spürte, wie ihr sein Blut den Körper verbrannte. Da bekam sie Angst und lief weg. Geduckt zwischen den Schatten erreichte sie das Hotel. Der Portier schlief am Pult seinen Rausch aus. Sie nahm ein Bad, überschüttete sich mit Lavendel.

Sorgfältig wusch sie das Kleid, die Schuhe, die Tasche – das Messer versteckte sie hinter einem lockeren Brett. Im

Zimmer wäre sie erstickt, sie mußte raus und es jemandem erzählen, wie er sie betrogen hatte. Daß sie zehn Jahre auf ihn gewartet hatte. Daß sie niemals gelernt hatte, schallend zu lachen.

Das Wichtigste bei einem Artikel ist der Titel. VERBRECHEN AUS LEIDENSCHAFT. Nein. SIE TÖTETE IHN, WEIL SICH IHRE TRÄUME NICHT ERFÜLLTEN. Zu lang. SIE ERSTACH IHN, WEIL ER SIE BELOG. Nein. MORD, WEIL ER SIE ZUR HURE MACHTE. Nein. Nein. Nein.

Ich bin Miss Marple, die Super-Detektivin, *ich* hab die Mörderin gefunden, nicht die Bullen. Mit dem Knüller lande ich so schnell in der Hauptstadt, als ob ich mit einer Rakete gestartet wäre. Alles, was ich brauche, ist ein schlagkräftiger Titel, was heißt, ich brauch den besten. Den besten Titel für die beste Story.

Ein Titel mußte her, während sie Maria wieder in die Mangel nahmen. Beim gestrigen Verhör war der Kommandant kurz davor gewesen, vor Wut zu platzen: »Der nicht, der auch nicht, der schon gar nicht. Jetzt reiß dich zusammen, du Schlampe! Wir müssen ihn finden, es eilt! Wenn's keiner dieser Kerle war, dann warst es vielleicht du, du Hurenbalg!« Ich hatte Lust zu schreien, »Ja, sie war's.« Beim Lesen meines Knüllers würden ihnen die Augen rausfallen.

Scheiße mit dieser Scheiße! Ich warf ein paar Kleider in den Koffer und brachte ihn in die Gepäckaufbewahrung der Buszentrale. Dann ging ich ins Hotel. Sie hatten Maria geschlagen, aber es blieb keine Zeit, sie zu trösten.

»Hier ist der Zettel für den Koffer. Mach dem Posten schöne Augen. Du wirst schon wissen wie, schließlich mußt du in den zehn Jahren ja was gelernt haben. Der Bus geht um 1 Uhr 30. In Matamoros steigst du um, nimmst den nach Tampico und fährst direkt bis Veracruz. Mal dich nicht an. Sprich wenig. Du bist Maria Crucita und warst nie in Nuevo Laredo. Du bist Crucita, die nie gelernt hat, schallend zu lachen oder Meere zu weinen. Du magst die

Sonne und hast Angst vor der Nacht. Du bist ein altes Kind, das eben erst geboren wurde.«

Wie blöd man doch sein kann, plötzlich fielen mir tausend Titel ein, bis ich zuletzt sogar den besten hatte.

Ich stapelte meine Notizen, aus denen der große Knüller hätte werden sollen, nahm ein Streichholz und zündete sie an. Während sie verbrannten, genehmigte ich mir einen Tequila – in memoriam.

Epilog:

Der Kommandant erhielt die verdiente Beförderung, weil er fand, daß der verkommene Junkie, den er irgendwo aufgegabelt hatte, der kräftige junge Mann war, der Videla umgebracht hatte. Die Journalistin kündigte und verduftete nach Merida. Von Maria Crucita hat man niemals mehr gehört.

Ema Jontschewa
Porträt eines Verbrechens

Verzeihen Sie, daß ich Sie gleich zu Beginn der Geschichte mit mir bekannt mache, aber ich spiele darin die unrühmliche Hauptrolle. Das Gespenst tritt erst viel später in Erscheinung. Mit meinen zwanzig Jahren war ich gezwungen, mir meinen Lebensunterhalt in einem Raum von einmal einem Meter im Quadrat zu verdienen. Als Kassier in einer gutgehenden chemischen Reinigung. Ständig fühlte ich den harten, unbequemen Sessel unter mir, trotz des Sitzkissens, das meine Mutter mir gestrickt hatte. Das Metallgehäuse der riesigen Kasse sog die Wärme aus meinen Fingern, bis sie vor Kälte schmerzten. Das Geklirr beim Öffnen und Schließen der Kasse zerrte ebenso an meinen Nerven wie das Blinken der Zahlen, die ich eintippen mußte.

Die Luft im Salon war heiß und durchtränkt vom Mief der schmutzigen Kleider in den Putzkörben. Dazu kam der Gestank der Chemikalien aus den Maschinen. Nicht minder störend und lästig war das Knipsgeräusch, wenn die Angestellten die Nummernzettel an die gereinigten Stücke hefteten.

Übertrieben laut waren auch die Kunden, die sich in zwei langsam vorwärts rückenden Reihen anstellten. Die einen warteten, um ihre Sachen zum Reinigen oder Bügeln abzugeben, die anderen, um sie wieder abzuholen. Die Luft, obwohl unpersönlich und körperlos, kam mir vor wie eine riesige Spinne, die uns alle mit unsichtbaren Fäden würgte, die Atmosphäre war erdrückend, zermürbend, unerträglich.

In der engen Kabine konnte ich nicht einmal meine Beine ausstrecken. Die lauten hysterischen Kunden brachten mich zur Verzweiflung. Ich hatte das Gefühl, als ob man mich ständig unter Dampf glattstreichen würde. Nicht anders als ein Hemd, das täglich befeuchtet, aufgeblasen und geplättet wird. Die Kaffees und Limonaden, die ich zwischendurch in Mengen trank, erleichterten meine Qualen nur geringfügig.

Ich träumte davon, in einem glasklaren Swimmingpool zu treiben, schicke Sportschuhe zu tragen und große Reisen zu machen. Schon als Kind hatte ich mir von Hans Christian Andersen einreden lassen: ›Nur wer reist, lebt wirklich!‹ Deshalb hatte ich auch die Innenwand meiner Kabine mit Ausschnitten aus Illustrierten beklebt: Reklamefotos von Fluglinien mit traumhaft schönen Landschaften.

Nur so zum Spaß stellte ich mir vor, an welchem Tag der Woche ich wo ankommen würde. So war ich zum Beispiel am Montag in Helsinki, am Dienstag in London, am Mittwoch in Paris, am Donnerstag in Madrid, am Freitag in Rom, am Samstag in Athen, und am Sonntag überschritt ich die Grenze zum Osten. Das machte den Alltag erträglicher.

In meiner Fantasie reiste ich nicht nur mit Flugzeugen und Zügen, sondern auch auf Jachten, Flößen, auf Wikingerschiffen oder sogar in modernen U-Booten.

Der unerträgliche Gestank der Reinigung drang mir bis in die Knochen, und vermutlich war das der Grund, warum ich mich so sehr nach der frischen freien Luft, unter welchem Himmel auch immer, sehnte. Sogar nach der Luft des siebenten Himmels, wenn es den überhaupt gab, wie meine Großmutter immer behauptete. Obwohl ich mich vor dem Weggehen duschte, hatte ich, wenn ich mit einem Mädchen ausging, immer das unangenehme Gefühl, den ganzen Mief des Reinigungssalons mit mir herumzutragen. Verflucht! Ich konnte nicht einmal mit meinen Freunden und Verwandten darüber reden, denn wer würde schon zuhören, wenn man ihm etwas über seinen eintönigen Alltag vorjammert. Noch dazu über die aufregende Arbeit an der Kasse einer Reinigung. Ewig würde ich es dort nicht aushalten, aber was sollte ich tun, solange ich nichts Besseres fand? Ich konnte leider nicht auf die »Großzügigkeit« reicher Verwandter hoffen, und meine Eltern waren kleine Leute mit bescheidenem Einkommen, denen ich unter keinen Umständen zur Last fallen wollte.

Eigentlich schlitterte ich ganz zufällig in diese Geschichte hinein. In der Warteschlange vor meiner Kasse unterhielt sich eine stark geschminkte Kundin mit ihrer Freundin. Laut las sie ihr eine Annonce aus einer Tageszeitung vor: »Mensch, das wär ein Bombengeschäft, ein neues Auto könnte man damit verdienen! Hör dir das an! Ältere Dame verkauft antiken Schrank, Stil Louis XV, Telefonnummer... Was meinst du?«

Die Freundin rümpfte abschätzig die Nase.

»Wer viel Geld hat, kann sich den Luxus erlauben, sich mit Stilmöbeln einzurichten. Ich persönlich bevorzuge Modernes, Glas und Chrom. Dieses alte Gerümpel strömt einen entsetzlichen Geruch aus – wie Särge oder Museen...«

»Kannst du dir denn nicht vorstellen, was man damit für ein Geschäft machen könnte? Die alten Leute haben doch meist keinen Schimmer, was das Zeug wert ist. Du kaufst der Alten den Schrank billig ab und verkaufst ihn um einen ordentlichen Preis wieder. Die Schauspieler bei uns am Theater würden sich darum reißen. Die sind ständig auf der Jagd nach antiken Spiegeln, Lampen und Telefonapparaten. Neuerdings sogar nach alten Nachttöpfen, was sagt man dazu? Angeblich sollen sie ihre Rollen beim Licht von silbernen Kerzenleuchtern lernen, als ob sie dadurch gleich in die Theatergeschichte eingehen würden!«

Ich ließ mir beim Herausgeben des Restgeldes Zeit, damit ich der Unterhaltung länger folgen konnte. Zum Glück konnte ich mir das Datum der Zeitung merken. Die beiden Frauen bewegten sich in der Reihe vorwärts und waren bald außer Hörweite. Ich arbeitete weiter – wie ein Automat.

Was für eine tolle Idee! Man stöbert irgendwo so ein altes Möbel auf, zahlt einen Spottpreis und verkauft es weiter als wertvolle Antiquität! Natürlich mußte das Zeug einen bestimmten Wert haben und eine überzeugende Geschichte, wie es aus der Vergangenheit in unsere Tage gelangen konnte.

Mir war, als würde ich mich vor lauter Anspannung in ein Weichtier verwandeln, etwas wie eine Qualle. Meine Schultern sanken müde herab, süße Sehnsüchte lullten mich ein. Ich würde mir ein Auto kaufen! Ein weißes oder dunkelblaues. Ich sah mich schon am Steuer sitzen, es im großen Geviert unseres Hofes parken. Alle Mädchen würden mich von den Fenstern aus bewundern. Während ich mich jetzt am frühen Morgen in abgewetzten Jeans und einem abgetragenen Samtsakko aus dem Haus schlich, ohne beachtet zu werden, würde ich in Zukunft »Gilbert mit dem Peugeot« oder »Gilbert mit dem Toyota« sein. Ich sah mich förmlich schon Gänge einlegen, Gas geben und auf endlosen Überlandstraßen dahinbrausen, vorbei an Straßenschildern, Flüssen, Dörfern, Wolken und Bäumen, die nur so an mir vorüberflogen.

Nach einer halben Stunde hatte ich mir schon die Zeitung besorgt und las zum x-tenmal die Annonce. Ich nahm weiterhin Geld in Empfang, tippte Zahlen in die Maschine und gab Kleingeld heraus, doch irgendwie war mein Leben bereits aus dem Lot.

Die Idee mit dem Schrank flößte mir eine unerwartete Zielstrebigkeit ein. Ich konnte das Ende meiner Arbeitsschicht kaum erwarten, und sofort danach suchte ich eine Telefonzelle, um die Schrankbesitzerin anzurufen.

Sie war selbst am Telefon. Ihre Stimme klang alt und zittrig, aber immer noch verständlich. Obwohl sie überhaupt nichts von mir wußte, war die Alte überaus höflich zu mir. Zweimal wiederholte sie ein und dieselbe Floskel: »Danke, daß Sie angerufen haben! Es ist mir ein Vergnügen.«

Das war mein erster Eindruck von ihr, dem ich aber leider nicht viel Beachtung schenkte. Statt dessen fiel mir der Film ›Fleisch‹ ein, den ich unlängst gesehen hatte. Er handelte von einer älteren Frau, die in ihrem abgelegenen

Haus Zimmer vermietete. In Wirklichkeit war sie die Komplizin einer Verbrecherbande, die junge Leute entführte, um ihnen ihre gesunden Organe zu entnehmen. Für jedes Opfer kassierte die Bande zweitausend Dollar, und die Organentnahme ging in einer gut getarnten, modernen Klinik vor sich. Konnte die Schrank-Annonce irgendeine Falle sein?

Am Telefon erklärte ich, daß ich mich für den Schrank interessierte. Ich erkundigte mich, aus welchem Holz und wie hoch und breit er sei, und ob er Holzwürmer habe. Ich hatte zwar keine Ahnung von Stilmöbeln, aber immerhin wußte ich, daß Louis XV ein französischer König gewesen war.

Die Alte beschrieb mir ihren Schrank mit großer Freude. Er habe gebogene Füße und siebzehn kleine Schubladen, die mit Bronzegirlanden verziert seien, er sei aus weinrotem Holz, habe drei Etagen und obenauf eine antike Uhr. Die Türen seien aus Kristallglas, und in seinem gebogenen Teil habe er kleine Geheimfächer. Ich äußerte den Wunsch, den Schrank zu sehen, und machte mich noch am selben Tag auf zur angegebenen Adresse.

Ich lieh mir extra einen schwarzen Anzug, weil ich nichts Seriöses zum Anziehen hatte, und ich besorgte sogar Blumen. Die Adresse war leicht zu finden, auch der Postkasten. Frau Ravel wohnte im dritten Stock, aber ich machte zuerst noch einen Abstecher zur Hausmeisterin.

Sie erzählte mir, daß die alte Frau Ravel bereits achtundachtzig Jahre alt sei, und daß sie ihre Einkäufe erledige, seit die alte Dame nicht mehr ausging. Sie habe viele Jahre in schmerzvollem, hoffnungslosem Warten auf den Sohn verbracht, der nach Australien ausgewandert sei. Er schreibe nicht einmal mehr.

Außer ihrer kleinen Pension habe Frau Ravel keine Einkünfte und sei darauf angewiesen, hin und wieder alte Schmuckstücke an die Nachbarn zu verkaufen. Vom Erlös einer japanischen Vase habe sie ein ganzes Jahr gelebt. Sogar den Säbel und die Orden ihres Mannes habe sie verkauft. Früher habe sie als Übersetzerin gearbeitet.

Die geschwätzige Hausmeisterin hatte mir eine Menge verraten, aber ich hütete mich, sie über den Schrank auszufragen.

Feierlich und fest drückte ich auf die Klingel. Es öffnete mir eine eingeschrumpfte, mumienhafte Alte, auf deren kahlem Kopf drei silberne Löckchen hin- und herschwangen. Ihre Augen, früher vielleicht einmal tiefblau, waren fast farblos, die Brauen kaum wahrzunehmen. Ihr grauer Schlafrock war verschlissen, die Hausschuhe schienen ihr schwer an den Füßen zu hängen, als sie mit steifen Schritten näherschlurfte. Auch wenn sie einmal eine elegante Frau gewesen sein mochte, jetzt war alles an ihr verwelkt, erloschen – bis auf das freundliche Lächeln. Es war erstaunlich, wie auf den farblosen Lippen und dem verrunzelten Gesicht, das aussah, als habe sie es in einen Bleiregen gehalten, ein so freundliches Lächeln entstehen konnte.

Sie bat mich einzutreten. Gerührt nahm sie die Blumen in Empfang und steckte sie in eine Vase. Alles schien sie sehr anzustrengen. Ich setzte mich auf den Stuhl, den sie mir zuwies. Sie nahm in einem mit Zierpolstern überhäuften Fauteuil mir gegenüber Platz. Auf dem kleinen runden Tisch dazwischen gab es eine Pralinenschachtel, daneben eine Teetasse, eine Zuckerdose und einen Teller mit Zitronenscheiben. Die Alte hob den Deckel von der Pralinenschachtel und lächelte: »Ich danke Ihnen für Ihren Besuch. Ich danke Ihnen sehr. Darf ich Ihnen etwas anbieten? Tee, Pralinen?«

Weiß Gott, warum sie mir für meinen Besuch dankte.

Ausführlich und geduldig fragte sie mich nach meinen Interessen und meiner Lieblingslektüre. Sie war offensichtlich sehr belesen und konnte sich anhand der Bücher, die man aufzählte, sofort ein Bild von ihrem Gesprächspartner machen. Beinahe hätte ich ihr von meiner stumpfsinnigen Arbeit in der Reinigung erzählt, aber ich stellte mich ihr doch lieber als Angestellter einer Außenhandelsfirma vor. Ich hätte vor, mir meine Wohnung mit antiken Möbeln einzurichten, wegen der Behaglichkeit und Tradition, die sie ausstrahlten.

Sie wiederum erzählte mir, daß sie Literatur aus dem Englischen übersetzt habe, vor allem die Werke O'Henrys, und sie konnte sich nicht genug darüber wundern, daß ich bis jetzt ohne sie hatte leben können. Schließlich kam die Rede auf den alten Schrank. Im Raum, in dem wir uns befanden, war er nicht, das hatte ich sofort enttäuscht festgestellt. Da gab es einen Schreibtisch, einen staubigen Bücherschrank, zwei Lehnstühle, einen kleinen orientalischen Tisch, eine Lampe mit verbranntem Schirm, eine Vitrine mit Porzellanfiguren und einige ausgebleichte Aquarelle. Vom antiken Schrank zeigte sie mir nur ein Foto. Er wirkte noch wertvoller, als sie ihn am Telefon beschrieben hatte, war offensichtlich in bestem Zustand und sah mit den vergoldeten Verzierungen aus wie ein riesiges Schmuckstück.

Den Preis erwähnte die Alte nicht. Sie bat mich nur, meinen Namen und meine Telefonnummer in ihr Notizbuch zu schreiben, sie habe noch andere Interessenten und würde mich wegen des Preises anrufen. Ich hütete mich, ihr meinen Namen aufzuschreiben. Ich sei noch am Überlegen, da ich vorhabe, mir auch einen alten Schreibtisch anzuschaffen und erst herausfinden müsse, ob die Stile zueinander paßten.

»Wo befindet sich der Schrank eigentlich?« fragte ich. »Auf dem Foto sieht er zwar gut erhalten aus, aber womöglich ist er in einem jämmerlichen Zustand.«

»Bei meiner Schwester, junger Mann. Sie hat eine Parterrewohnung, von der aus er leichter abtransportiert werden kann. Wissen Sie, seit ich nicht mehr ausgehen kann, erscheint mir dieser dritte Stock wie der höchste Gipfel der Welt. Wie relativ doch alles ist! Aber man muß etwas länger gelebt haben, um das zu begreifen.« Unser Gespräch wurde ständig unterbrochen. So konnte ich die Adresse der Schwester nicht erfahren, weil immer wieder das Telefon läutete, und sich jemand nach dem Schrank erkundigte. Als ob ganz Sofia nicht schlafen würde, wegen dieses Schrankes! Nach jedem Gespräch war die Alte ganz außer Atem. Um keinem anderen Interessenten zu begegnen, verabschiedete ich mich bald.

Nach meinem ersten Besuch hatte ich bereits ganz konkrete Eindrücke von der Alten und ihren Lebensumständen.

Sie schien mir so vertrocknet zu sein, daß ich überzeugt war, sie würde nicht mehr Monate, sondern höchstens noch einige Tage leben.

Eingeklemmt hinter der metallenen Kasse und betäubt vom Gestank, überlegte ich am nächsten Tag, wie ich den Schrank möglichst günstig kaufen – und mit einem ordentlichen Gewinn wiederverkaufen konnte. Ich wäre sogar bereit gewesen, mich um die Alte zu kümmern: ihre Einkäufe erledigen, sie im Rollstuhl spazierenfahren. Aber dann kam mir die Idee, daß es einfacher wäre, sie zu erpressen. Wieviele Türchen das menschliche Gewissen doch hat! Wenn man erst einmal das erste aufmacht, ist man bereits mitten drin im Labyrinth der Niedertracht.

Wozu die edelmütige Idee, mich um die Alte zu kümmern? Es war viel einfacher, sie zu bedrohen und einzuschüchtern, bis sie in ihrem eigenen Interesse den Schrank vergessen würde. Als ob er verbrannt wäre, oder besser noch, als ob ihn die Holzwürmer zu Staub zermahlen hätten. Und in Zukunft würde ein Glückspilz auf Reisen gehen und sorglos leben können.

Um den Anschlag auf mein eigenes Gewissen durchzuführen, wählte ich einen regnerischen Tag aus. Aus Kriminalromanen wußte ich, daß der Regen mit tausend Fingern alle Spuren verwischt. Ich hielt den Regenschirm so, daß er mein Gesicht verdeckte und die Nachbarn nichts anderes würden sagen können als: »Es war ein junger Mann mit einem schwarzen Schirm.« Außer dem Schirm hatte ich einen Strauß Chrysanthemen in den überreifen, gelben Farben eines Sonnenunterganges bei mir.

Niemand begegnete mir. Umso besser. Geschickt zog ich den schwarzen Strumpf mit den Augenlöchern über meinen Kopf und läutete. Ich hörte die Alte in ihren Hausschuhen zur Tür schlurfen und fragen, wer da sei. Ich antwortete, daß ich wegen der Annonce käme, und sie sperrte auf.

Ich packte sie an den Ellenbogen, als sie mit ihrem unschuldigen, greisenhaften Lächeln nach den Blumen griff, und stieß sie in die Wohnung. Ich drückte sie in einen Lehnstuhl und schob den Sicherheitsriegel vor die Tür. Erst jetzt entdeckte sie verblüfft, daß ihr Gast kein Gesicht hatte. Vielleicht fiel ihr der berühmte Reiter ohne Kopf von Mayne Reid ein. Sie erschrak so sehr, daß sie anfing zu kreischen wie ein Vogel, den ein Habicht erwischt hat.

Es war, als ob sie weinte, doch nicht um ihrer selbst willen, sondern um meinetwillen. Sie wußte ja nicht, daß ich reisen wollte und leben

Oh, Hans Christian Andersen, warum hast du kein Märchen geschrieben über die grenzenlose Gier des Menschen, sein Glück mühelos herbeizwingen zu wollen? Gäbe es dieses Märchen, ich hätte es auswendig gelernt und wäre nicht zum Verbrecher geworden!

»Was wollen Sie denn?« konnte die Alte endlich flüstern.

»Ich will, daß Sie ein kurzes Testament unterschreiben, in dem Sie mir Ihren alten Schrank vermachen. Danach lasse ich Sie in Ruhe, das verspreche ich als Ehrenmann!«

»Um Himmels Willen. Sie werden mich doch nicht umbringen, wegen eines Schrankes, der gar nicht existiert!«

Mein Opfer klang so überzeugend, daß ich hätte aufhorchen müssen, aber noch wollte ich meinen Plan nicht aufgeben.

»Sie denken wohl, sie können mich reinlegen, der Kasten existiert! Versuchen Sie nur nicht, zu schlau zu sein, das könnte Sie teuer zu stehen kommen! So viele Anrufe, so viele Interessenten, wegen eines nicht existierenden Schrankes! Für wie blöd halten Sie mich? Ihre Unterschrift, Verehrteste...«

»Ich bitte Sie... glauben Sie mir doch... warum sollte ich lügen«, bettelte sie und schien mich mit ihren bernsteinfarbenen Fingern zu verfluchen.

»Der Schrank, oder...«, schrie ich heiser und begann um den Lehnstuhl zu kreisen. Um sie einzuschüchtern, zog ich eine Chrysantheme aus dem Strauß und zerdrückte die gelbe Blüte vor ihren Augen. Dann öffnete ich die Hand und die zerriebenen Blüten schwebten zu Boden.

Die aschgrauen Augen der Alten verwandelten sich in staubige Spiegel, in die ich nicht zu sehen wagte, aus Angst, eine Erscheinung aus dem Jenseits zu erblicken. Meine Großmutter hatte mich als Kind mit der Geschichte erschreckt, daß die Gespenster nachts durch die Spiegel zu uns kämen, so wie Menschen durch Türen kommen.

Meine Drohungen hatten gewirkt. Mehr tot als lebendig setzte die Alte ihre mit naiven Schnörkeln geschmückte Unterschrift unter das Testament. Ich faltete es zusammen und steckte es in meine Tasche. Mitleidlos fuhr ich mit meinem Frevel fort.

»Reißen Sie sich zusammen, jetzt brauche ich noch einige Zeilen für Ihre Schwester, damit sie mir den Schrank übergibt!« herrschte ich sie an und bespritzte sie mit Wasser, damit sie nicht ohnmächtig wurde.

Kraftlos zeigte sie mit der Hand zum Bett. Unter dem Kopfkissen lag eine zusammengefaltete Zeitschrift. Schnell zog ich sie hervor. Auf der aufgeschlagenen Seite war der Schrank abgebildet und darunter stand der schwindelerregende Preis, den er auf einer Auktion bei einer Antiquitätenmesse erzielt hatte: zehntausend Dollar!

»Ich besitze überhaupt keinen Schrank«, flüsterte die Alte.

»Ich war so allein... viele Jahre schon. Ich wollte wieder einmal menschliche Stimmen hören, wenigstens am Telefon. Und da habe ich die Annonce aufgegeben; der Sohn der Hausmeisterin hat mir das Foto aus der Zeitschrift kopiert. Ich wollte, daß mich jemand besuchen kommt, es ist schrecklich, wie man durch die Einsamkeit verwildert... und es haben sich viele Leute wegen des Schrankes bei mir gemeldet. Ich war glücklich. Sie, junger Mann, Sie haben mir den letzten Blumenstrauß meines Lebens geschenkt. Für mich waren diese Blumen wertvoller als Gold – ich danke Ihnen!«

Mich schauderte: Deshalb hatte sie sich so herzlich und feierlich für meinen Anruf bedankt! Was war schon die Tragödie des jungen Mannes aus dem Film ›Fleisch‹, den man bewußtlos in die Klinik gebracht hatte, um ihm sein Herz zu nehmen, damit ein kranker Millionär weiterleben konnte: Ich war mit meinem jungen, lebendigen Herzen hierhergekommen, nicht um es durch eine Operation zu verlieren, sondern aus Scham vor mir selbst.

Ich dachte nicht einmal mehr an meinen nassen Schirm, sondern packte die Zeitschrift und lief davon.

Ich schlug die Wohnungstür hinter mir zu.. Niemand begegnete mir auf der Treppe, und vor dem Haus stolperte ich mitten in die grünen Schleier eines Platzregens hinein. Mir war, als würde ich auf eine große Bühne fallen, und das Publikum würde mir Beifall spenden für die tragische Rolle, die ich mir selbst ausgesucht hatte.

Obwohl mich niemand verfolgte, rannte ich weiter, pflügte durch Wind und Regen. Erst eine Stunde später rief ich die Polizei an und teilte mit, daß an einer bestimmten Adresse eine alte Frau im Sterben liege.

Die Alte war während des Platzregens gestorben.

Sicher erscheint sie mir deshalb immer wieder, wenn so ein grüner Regenschauer niedergeht: Dann sehe ich sie jedesmal mit nur einem Pantoffel näherschlurfen. Einmal trug sie einen durchsichtigen Regenschutz über ihrem ausgemergelten Körper. Ein anderes Mal – ich hatte mich vor dem Regen in einen Blumenladen geflüchtet – war mir, als würde mir jemand mit Blicken den Rücken durchbohren.

Als ich mich umdrehte, erblickte ich ihren kahlen Scheitel mit den schwingenden Löckchen hinter Sträußen von Chrysanthemen. Beim nächsten Mal sah ich sie in einem Kaffeehaus. Sie war in Begleitung einer ebenso alten Freundin. Sie sahen aus wie zwei Schildkröten mit altmodischen Schleierhüten, die aus zierlichen Tassen Kaffee tranken.

Ich wagte kein Pfandleihhaus, keinen Antiquitätenladen mehr zu betreten, aus Angst, mitansehen zu müssen, wie sie den Säbel ihres Mannes oder eine japanische Vase zum Verkauf anschleppte.

Sie war eine einsame, gütige alte Frau gewesen. Ich bin sicher, sie hat mir im letzten Moment ihres Lebens vergeben. Mir war keine Zeit geblieben, ihr von meiner Sehnsucht nach fernen Ländern zu erzählen, ihr zu erklären, wie ich mich unter dem Einfluß chemischer Dämpfe langsam in ein Hemd verwandelt hatte, das man täglich befeuchtete, mit heißer Luft aufblies und zuletzt glattbügelte.

Ich war im Regen untergetaucht. Niemand suchte nach mir. Niemand bestrafte mich. Ich kündigte in der Reinigung und fand Arbeit in einem Druckhaus.

In einer riesigen Tasche trage ich Korrekturen und Probenummern aus. Daß die Tasche schwer ist, stört mich nicht. Nach ehrlicher Arbeit müde zu sein, ist etwas Schönes.

Ob es auf unserer Welt Gespenster gibt? Ich glaube schon. Mir erscheint die Alte oft, so deutlich wie in einem Film. Ich sitze allein im Kino. Alle anderen Karten habe ich aufgekauft. Und dann sehe ich ihre mitleiderregende Gestalt zum wer weiß wievielten Mal sagen: »Ich danke Ihnen für Ihren Besuch, ich danke Ihnen vielmals. Möchten Sie ein paar Pralinen?«

Seit ich Ihnen meine Geschichte erzählt habe, ist mir viel leichter ums Herz. Ich habe die Alte nicht angerührt, glauben Sie mir! Ich habe nur vor ihren Augen eine Chrysanthemenblüte zerdrückt, das ist alles. Ich habe keine

Ahnung, wie das Urteil lauten würde, wenn man mir den Prozeß machte.

Ich nehme Ihre Verachtung an. Ich verdiene sie. Glauben Sie mir, sie wiegt schwerer als ein polizeiliches Verhör oder das Plädoyer eines Staatsanwaltes.

Es kommt eben vor, daß ein Mensch einen unverzeihlichen Fehler macht.

Ingrid Terkelsen
Treffen

»Jetzt gehe ich.«
Sie flüsterte die Worte ganz leise. Mit zitternden Fingern knöpfte sie ihren Mantel zu und band sich das Kopftuch um. Die ganze Zeit beobachtete sie die Tür zum Wohnzimmer.
»Jetzt gehe ich.«
Unvorstellbar, wenn er sie hörte. Wenn er in diesem Augenblick die Tür öffnete und sie hier stehen sähe, fertig angezogen.
Sie wußte genau, das Risiko war nicht groß. *Er* lag auf dem Sofa und schlief, tief und lautstark, und das würde er noch viele Stunden tun.
So war es auch alle die anderen Male gewesen. Die vielen, vielen Male, wo er heimgekommen war, besinnungslos vor Trunkenheit, und geschrien und getobt und sie geschlagen hatte, um schließlich umzufallen und den Rausch auszuschlafen.
»Jetzt gehe ich.«
Unendlich vorsichtig öffnete sie die Tür und trat ins Treppenhaus. Die Tür schloß sich hinter ihr mit einem kaum hörbaren Klicken.

»Jetzt gehe ich.«
Er schrie die Worte laut heraus, obwohl er ganz allein im Haus war. *Sie* war weg, als er heimkam. War zu ihm gegangen. Dem anderen.
»Jetzt gehe ich.«
Es tat gut, die Worte loszuwerden, sie herauszuschreien, sie in dem riesigen, leeren Zimmer widerhallen zu hören.
Die anderen Male hatte er so getan, als wäre sie zu Besuch bei einer Freundin. Hatte getan, als wisse er nichts. Jedes Mal. Aber nicht jetzt. Nicht diesmal.

Nie wieder!

Er lief durch den Flur, riß den Mantel vom Haken und knallte die Tür hinter sich zu.

Die Nacht war still und dunkel.

Jetzt gehe ich! Jetzt gehe ich! Die Worte hallten in ihrem Kopf wider und wider, sinnlose Silben im Takt ihrer Schritte.

Jetzt-ge-he-ich-jetzt-ge-he-ich-jetzt-ge-he-ich-jetzt-

Sie weinte leise vor sich hin, schnupfte und schluchzte wie ein kleines Mädchen, das seine Mutter nicht findet.

Vorsichtig berührte sie ihr rechtes Auge, das geschwollen war und schmerzte. Bald würde es blau sein. Ihre Rippen taten an den Stellen weh, wo sie auf die Kante des Eßtisches aufgetroffen war, gegen den er sie geschleudert hatte.

Wohin sollte sie gehen?

Ihre Eltern konnte sie nicht aufsuchen. Sie könnte deren triumphierendes »Was haben wir dir gesagt! Hatten wir nicht jedesmal recht, wenn wir sagten: Er ist es nicht wert, daß du ihm nachläufst!« nicht verkraften.

Ja, gewiß hatten sie recht, aber was half das jetzt? Freunde hatte sie keine mehr. Dafür hatte er gesorgt.

Wer würde ihr helfen?

Sie ging weiter, weinend, zerschlagen, voll Angst. Sie wußte nicht, wohin sie unterwegs war, aber einer Sache war sie sicher: Nie mehr ging sie zu ihm zurück.

Nie mehr!

Er trabte schnell durch die dunklen, stillen Straßen. Es half, den Körper zu gebrauchen, die Füße fest auf das Straßenpflaster zu setzen und die Schritte zwischen den Hausmauern zu hören.

Es half; aber nicht sehr. Die Wut brannte in ihm und zwang ihn, die Fäuste zu ballen, daß die Nägel in die Handflächen schnitten.

Nie mehr!

Warum nur hatte er sich so lange damit abgefunden? *Ihre* Kälte, *ihre* Gleichgültigkeit. *Ihre* halbherzigen Entgegnungen.

Diese Hure. Diese verfluchte, vermaledeite Hure! Er konnte sie vor sich sehen, in seinen Armen. Den Armen des anderen.

Die roten Nebel zeigten sich wieder und verwischten das Bild.

Er beschleunigte den Schritt, ging ohne Zweck und Ziel weiter, aber sein Unterbewußtes lenkte ihn auf einen bekannten Weg, hinaus aus der Stadt, der Eisenbahnbrücke zu. Er hatte immer besonders gern dort oben gestanden, um das Ein- und Auftauchen der Züge unter den Brückenbogen zu beobachten.

Er hob die Faust und betrachtete sie, öffnete und schloß sie und krümmte die Finger zu Klauen. Er hatte noch nie jemanden geschlagen, nicht einmal sie, aber jetzt fühlte er den Drang, diese Hände zu gebrauchen, mit den Fäusten auf lebendiges Fleisch einzudreschen und Hackfleisch daraus zu machen. Mit den gekrümmten Fingern einen Hals zu umklammern – ihren Hals oder einen anderen – nur zu packen und drücken, drücken, drücken...

Nie mehr.

Die Worte bekamen einen neuen, schnellen Rhythmus, der sie zu rascherem Gehen bewegte. Die Tränen trockneten auf ihren Wangen.

Nie mehr!

Wie ein lebenspendender Strahl schoß der Zorn in ihr hoch und verbreitete sich in allen Gliedern. Sie atmete tief und frei.

Nie mehr würde sie es sich gefallen lassen, mißhandelt und gedemütigt zu werden. Niemals mehr durfte er sie wieder so behandeln!

Ein Energiestrom durchflutete sie, und sie hob den Kopf.

Kein Mann sollte sie so behandeln. Kein einziger Mann sollte sie je anrühren.

Nie mehr! Nie mehr!

Die Worte pochten im Rhythmus, wie pulsierendes Blut.

Sie wollte es ihnen zeigen!

Sie öffnete ihre Tasche und wühlte hastig darin herum, bis sie fand, was sie suchte: eine lange, spitze Schere. Mit dieser Schere in der Hand ging, lief sie weiter. Nicht einem bestimmten Ziel entgegen, sondern nur zur Stadt hinaus und hinauf in das Gelände über der Eisenbahn.

Er stand auf der Brücke und schaute auf den Bahnkörper hinunter. Gerade jetzt fuhr kein Zug, nur Schienen streckten sich dahin, parallel und kreuz und quer, leer und blank.

Er fühlte nichts.

Er sehnte sich nach der gewaltsamen Wut, versuchte, sie zurückzurufen, indem er sich sie und den anderen vorstellte, ballte die Fäuste, um das Gefühl von Rotglut heraufzubeschwören, aber es half nichts. Der Drang, zu schlagen und zu zerstören, war weg. Es war nichts geblieben. Außer dem Nichts. Sein Inneres war eine schwarze, gähnende Leere, und er war außer sich vor Angst.

Ein Zug näherte sich. Sein starker Lichtkegel durchschnitt die Nacht unter ihm.

Er legte die Hände auf das Geländer und setzte zum Sprung an, stemmte sich auf die Arme und beugte sich über den Rand. Es war ganz einfach. Eine kleine Anstrengung, eine letzte Bewegung...

Sie war weit gegangen, ohne die Umgebung zu beachten. Das Brausen eines Zuges durchdrang ihren großen Zorn, und sie entdeckte, daß sie sich am Ende der Brücke über der Eisenbahn befand. Ein Mann, ans Geländer gelehnt, stand mitten darauf. Jetzt legte er die Hände auf den Rand und setzte zum Sprung an, hob sich auf die Arme und...

»NEIN!«

Kam der Ruf von ihr? Oder von ihm? Sie konnte es nicht entscheiden. Ohne zu denken, begann sie zu laufen, stürzte auf den Mann zu, der jetzt über dem Rand des Geländers hing, während der Zug näher und näher kam.

»NEIN!«

Der Schrei kam von nirgendwo, hakte sich in seinem Bewußtsein fest, kämpfte, um ihn von der Tiefe wegzuziehen. Einen Augenblick sträubte er sich dagegen, dann warf er sich nach hinten und fiel auf die Brücke zurück, während der Zug darunter entlangdonnerte, daß die ganze Konstruktion bebte.

Mit Anstrengung richtete er sich auf. Zu seiner Überraschung merkte er, daß er weinte. Das hatte er seit Jahren nicht getan, aber jetzt schluchzte er mit offenem Mund in hohen, unkontrollierten Lauten, wie ein kleiner, sehr verängstigter Junge.

Er begann zu zittern und lehnte sich an das Geländer, um nicht zu fallen.

Er mußte mit jemandem sprechen. Mit irgend jemandem, gleichgültig wer, irgend jemand mußte ihm helfen, ihn von der Brücke wegbringen, von den dahinbrausenden Kolossen dort unten, dem Schmerz, der Leere, *ihr*.

Er entdeckte eine Gestalt, die sich rasch näherte. Eine Frau mit einem Tuch um den Kopf. Sie konnte, mußte ihm helfen! Er ließ das Geländer los und begann unsicher auf sie zuzuwanken. Er versuchte sich zusammenzunehmen, mit dem Weinen aufzuhören, aber er konnte es nicht. Zitternd und schluchzend streckte er ihr die Hände entgegen.

Als sie bei ihm war, blieb sie stehen und sah ihn an. Er stand unsicher auf den Beinen und murmelte etwas Unverständliches.

Ihr großer Zorn kehrte zurück. Er war zweifellos betrunken.

Genau wie er. Ein verdammtes Schwein. Alle Männer waren Schweine!

Er streckte die Hände aus und faßte sie am Arm.

Der Zorn schwoll zu einer riesenhaften, eisigen Flutwelle an und schwemmte Menschlichkeit und Mitgefühl fort, zerstörte die letzten Reste von Vernunft. Sie hob die Hand und stach zu.

Ein glühender Schmerz durchjagte ihn, und er merkte, wie seine Beine nachgaben. Sie blieb noch einen Augenblick stehen und schaute auf die zusammengesackte Gestalt zu ihren Füßen hinunter. Dann zog sie die Schere aus seiner Brust und ging weiter.

Das letzte, was er erfaßte, ehe das absolute Nichts kam, war das Geräusch ihrer Absätze, die auf den Brückenbelag hämmerten.

Bärbel Balke
Herbstzeitlose

Doktor, glauben Sie mir, es ist verlorene Mühe, mich auf meinen Geisteszustand hin zu überprüfen. Ich bin normal. Ja und nochmals ja. Ja. Ich habe meine Frau getötet.

Sie behaupten, mich völlig verwirrt auf dem Flughafen aufgegriffen zu haben. Sie führen an, daß ich in einem fort von dem Mord an meiner Frau sprach, aber bleiben dabei, in unserer Wohnung keine Leiche gefunden zu haben...

Ja, das ist es doch gerade, Doktor. Hätte ich meine Frau nicht umgebracht, Sie wären ihrer ganzen Lebendigkeit begegnet! Um diese Zeit – schauen Sie her, jetzt haben wir es kurz vor fünfzehn Uhr – hätte die ganze Nachbarschaft meine Gattin zum dritten Mal zur Mülltonne laufen sehen müssen. Gegen zehn bringt sie in der Regel, ihre Hände mit gelben Gummihandschuhen geschützt, den Staubsack aus dem Staubsauger zum Container.

Gegen dreizehn Uhr, weil gegen elf die Post kommt, trägt sie auf Händen in blauen Gummihandschuhen die vielen Werbeprospekte und -briefe zum Müll. Natürlich erst, nachdem sie alle Papiere gründlich studiert und sich an mindestens drei Preisausschreiben beteiligt hat.

Und just in diesem Augenblick würde sie mit weißen Gummihandschuhen zwei Eimer nach unten bringen: welke Blätter, abgeblühte Blüten, vertrocknete Stiele, ausgewechselten Mutterboden, eben all den Abfall, den täglich ihr geliebtes Grünzeug produziert. Sie bringt aber nichts weg, weil sie nichts mehr wegbringen kann. Tot! Aus! Ende! Jawohl, Doktor, so ist das, ha! Auch wenn ich momentan etwas verwirrt erscheine, auch wenn ich mir selbst noch nicht erklären kann, wo der Leichnam meiner Frau geblieben ist – es gibt ihn. Es gibt ihn!

Ich? Ich werde doch nicht laut, Doktor! Ich neige zu keinen affektiven Handlungen. Nein, auch Elfriede tötete ich nicht im Affekt! Das festzustellen, darauf lege ich Wert. Ich gestehe, seit langem kaltblütig geplant zu haben, sie aus meinem Leben zu entfernen, und ich kann nicht leugnen, daß es mich mit einigem Befremden erfüllt, Sie – einen Arzt – und nicht den Herrn Kriminaloberkommissar zu sehen. Darf ich Sie darum ersuchen, diesen Herrn wieder hierher zu beordern? Schließlich geht es um Gattenmord.

Was tut Ihnen leid? Ich nehme Ihnen Ihr andauernd mitschwingendes Mitleid schon etwas übel. Sie als Psychiater müßten mich doch einzuschätzen wissen. Was heißt denn hier, mein Wunschdenken hätte Oberhand gewonnen? Natürlich denkt jeder Mann mindestens einmal in seinem Leben: Dieses Weib bringst du um. Aber so gedacht ist das kein ernstzunehmender Gedanke!

Ich bin nicht verwirrt aus einem solch trivialen Grunde, Doktor, wie Sie ihn mir laufend unterstellen wollen. Mich hat keine geliebte Person verlassen, um mit einem anderen durchzubrennen. Schon gar nicht Elfriede! Welch ein Unsinn! Was für ein haarsträubender Blödsinn! Wie oft ich mir ihr spurloses Verschwinden schon gewünscht habe, können Sie sich nicht vorstellen! Also glauben Sie doch endlich, vor Ihnen sitzt ein Mörder.

Heute morgen, Herr Doktor, gab es eine kleine Mißstimmung. Meine Frau packte den kleinen schwarz-weißkarierten Koffer für meine Dienstreise, fand aber keine Zahnpasta. Am Vortag, präziser ausgedrückt, gestern nacht, in dieser für mich unvergeßlichen Nacht, habe ich alles, was nach Chlorofant oder Medacmudreiputz aussah, weggeworfen. Das gehörte absolut zu meinem Plan. Für Elfriede war ein Reisender ohne Zahnpasta kein Reisender. Sie kam nicht auf die Idee, daß man sich vor Ort kaufen kann, was man braucht. Also klingelte sie aufgeregt bei der Nachbarin, um zu borgen, was mir fehlte – Zahnpasta – und somit hatte ich meine Alibizeugin. Auf die Neugierde meiner Nachbarin ist nämlich Verlaß,

. 49

Doktor. Wie erwartet lehnte die gute Frau am Fensterbrett, als ich präzise neun Uhr das Haus verließ.

Sie sah nicht nur, wahrscheinlich als letzte, meine Frau lebend, sie war auch gezwungen mitanzuhören, was ich »Elfriedes Wegzehrung« nenne, Doktor: Zieh die Wollnen an, Hans-Heinz, im Norden ist es kühler! Hast du deine Galle- und Kreislaufpillen? Dreimal täglich nehmen, Hans-Heinz, vergiß das nicht! Und sieh mal zu, ob du dort oben Herbstzeitlose auftreibst. Knollen, hörst du? Herbst-zeit-lose! Merk dir das! Knol-len! Hast du verstanden, Hans-Heinz?

Ahnen Sie, Doktor, wie oft ich mir jede Einzelheit ausgemalt, wie häufig ich alles durchgespielt habe, durchaus, um über jeglichen Verdacht erhaben zu sein...? Aber ich will gar nicht lügen. Das ist mir am Flugplatz klar geworden. Einmal in meinem Leben habe ich eine eigene Entscheidung getroffen und auch danach gehandelt. Das soll ruhig alle Welt wissen. Alle Welt, Doktor! Ich bin immer nur der zweite gewesen, ob in meiner Versicherungsanstalt oder an der Bushaltestelle...

Reden Sie doch nicht so mit mir, Herr! Ich rege mich doch gar nicht auf, höchstens darüber, daß Sie mir keinen Mord zutrauen. Während meiner langjährigen Bindung an Elfriede habe ich bereits in den Flitterwochen daran gedacht, sie zu meucheln. Wissen Sie, was sie tat? Ich hörte das Adagio di molto von Sibelius, und sie, Doktor, sie aß einen Apfel. Haben Sie Elfriede schon einmal einen Apfel essen hören? In der folgenden Zeit entwarf ich jährlich mindestens zweihundertsechsundfünfzig Tatpläne. Das ergibt in einundzwanzigjähriger Ehe fünftausenddreihundertsechsundsiebzig... Sie müssen das gehört haben, Doktor! Wie sie hineinbeißt! Wie sie das Fruchtfleisch am Gaumen zerschnurpst, den Mund dabei halb geöffnet: schnurps, schnurps, schnurps! Dreimal täglich dieses Schnurpsen. Und dann das Häckhäckhäck! Ein Geräusch, das beim Möhrenessen unvermeidlich ist. Schnurps, häck, schnurps, häck... Sie lebte nämlich vegetarisch, Doktor.

Und tpüff, tpüff. Immer wieder dieses Tpüff-Tpüff, wenn sie die Überreste der zermalmten Sonnenblumenkerne ausspuckte.

Äpfel, Möhren und Sonnenblumenkerne als Ballaststoffe und Brennesseltee zur Entschlackung. Schnurps, häck, tpüff, schnurps. Können Sie mir folgen? Sind Sie verheiratet, Doktor? Kinder?

Na bitte, Ihnen fehlt jegliche Praxis. Glauben Sie denn, in Ihren Büchern steht etwas über kinderlose Ehen, über Elfriede? Hoffen Sie etwa in einem Ihrer Nachschlagwerke einen Abschnitt zu finden, der heißt: Unterbutterung allen männlichen Seins?

Frauen behaupten, sie würden unterdrückt. Sprechen wir mal Klartext, Doktor. Es ist umgekehrt. Wenn sie ihren Willen nicht gleich durchsetzen können, bocken sie, strafen mit Entzug oder foltern mit Vorwürfen. Was lieben wir aber über alles, Doktor? Unsere Ruhe. Sehen Sie, da sind wir uns ja einig. Aber die schlimmste Folter der raffiniertesten weiblichen Exemplare ist seit Menschengedenken, uns Männer mittels Liebe weichzukochen. Mittels Liebe sind wir zu allem zu nötigen, werden letztendlich zum Schaf, das langsam, aber schmerzvoll in viele kleine Stücke gerissen wird, daß wir uns am Ende selbst nicht wiederfinden.

Elfriede war, was Sie nicht erstaunen wird, das liebenswürdigste Wesen unter dieser Sonne. Sie schien eigens auf die Welt gekommen zu sein, um jegliche Zimmerpflanze, jede Sammeltasse, alle Filetdecken und natürlich mich – grenzenlos zu lieben. Sie verbot mir nicht das Rauchen, nein, nein. Aber zündete ich mir in der Wohnstube eine Zigarette an, entfernte sie als erstes die Gardinen. Dann trug sie die Hyazinthe, die Prinzessin der Nacht, den Oleander, das Nebelkraut, die Lorbeerrose, den Mauerpinsel und den Melonenkaktus, den Milchstern, die Levkoje, den Judenbart, die Kannonierblume und die Herbstzeitlose aus dem Zimmer.

Entschuldigung, Doktor, ich brause nicht auf. Ich will

Ihnen nur sagen, daß ich bereits beim Hinaustragen des Mauerpinsels mit der Zigarette fertig war. Aber sie schleppte weiter all das abscheuliche Grünzeug, das uns mehr und mehr Licht und Luft nahm, hinaus, um es anschließend wieder hereinzutragen. Während der spannendsten Sportübertragung! Ist es zu fassen? Ist es nicht!

Darf ich hier rauchen? Eigentlich greife ich nicht mehr zu diesem Gift, aber jetzt... Stellen Sie sich vor, seit zwei Jahren arbeitet meine Frau nicht mehr. Ich habe das selbst veranlaßt, ich Idiot, denn immer, wenn ich mich zu ihr legte: Hans-Heinz, nicht doch! Ich muß früh raus! Hans-Heinz, bitte! Hans-Heinz, laß das! Ein andermal, Hans-Heinz, übermorgen vielleicht!

Abends war sie schon müde, morgens noch! Es wäre besser gewesen, ich hätte mich verstümmelt, entmannt, Doktor, statt ihr zu sagen: Nächste Woche hörst du auf zu arbeiten. Wollen Sie wissen, was dann passierte? Nun widmete sie sich vollends ihren Babys, den Zöglingen, Stecklingen, Ablegern, den Knollen und Samenkernen in all den Gläsern, Tassen und Bechern. Nun umgurrte sie mit ganzer Hingabe das elendig Rankende, Fallende, Sprießende, Knospende, das Duftende, Stachelnde, Wurzelnde, Grünende...

Doktor? Sie sehen mich so komisch an. Sie denken, ich wäre eifersüchtig auf dieses verdammte Zeugs gewesen? Dann hätte ich auch die Filetdecken hassen müssen, die sie mir unter der Nase wegzog, weil sie nicht zulassen konnte, daß ich sie durch einen Kaffeefleck beschmutzte. Oder die Sammeltassen, die ich ihr jedes Jahr zum Namenstag schenkte! Doktor! Alle einundzwanzig Gedecke hatte ich das letzte Mal berührt, als ich sie auf den Gabentisch Elfriedes stellte. Danach durfte ich nie wieder eine anfassen. Damit ich mich nicht schneide! Weil mir ja alles aus der Hand fällt...

Gut, Doc... Ich darf doch Doc zu Ihnen sagen? – Also, Doc, Sie haben mich durchschaut. O ja, ja, und dreimal ja, ich hasse alle Filetdecken und Sammeltassen, besonders aber Zimmerpflanzen. Sie hätten Elfriede sehen sollen, wie sie sprach mit jedem neuen Blatt, jeder Knospe, mit auch nur der kleinsten Andeutung auf einen neuen Trieb. Na, was haben wir denn da? Ei, du bist aber ein fleißiges Fleißiges Lieschen. Hans-Heinz, wir haben wieder Nachwuchs bekommen, nun schau dir das an!

Sie hätten erleben müssen, wie sie unseren Zimmerschmuck fütterte, all die Ampeln, Trockenblüher, Halbsträucher, Kalthauspflanzen, die niedrigen und hohen, die gespreizten oder dichten... Sie goß nicht einfach die Töpfe, nein, sie zelebrierte einen Gießvorgang über Stunden, braute täglich aus verschiedenen Nährstoffen eine Mixtur und übergab sie leise flüsternd ihren Blumenbänken und blühenden Wänden, ihren Fenster- und Balkonkästen. Sie besprühte tropische Gewächse, mit Efeu ausgestopfte Astlöcher, Bäume und Büsche aus dem vorderen Balkan und den Hinteralpen. Sie drosselte die Heizung oder drehte sie auf. Sie produzierte einmal feuchte, ein andermal trockene Luft, daß man zu ersticken drohte. In unsere Speisekammer, Doc, hätten Sie einen Blick werfen sollen! Zwischen Lebensmitteln stapelte sie Fest- und Flüssigdünger in Kartons, Plastikflaschen oder Becherchen. Es gab Schäufelchen und Töpfchen, Übergefäße und Unterteller, Hydroeimer und Tontassen, Zwiebeln und Samentüten. Und Erde, Doc, x-verschiedene Bodenarten!

Elfriede geriet außer sich, hatte sich in ihrem Hirn endlich der lateinische Name einer Pflanze festgesetzt: O, Hans-Heinz, sieh mal, unser Cissus discolor bekommt Häubchen! Neoregelia sieht aber durstig aus. Findest du nicht auch, Hans-Heinz, der Asparagus sprengeri guckt aber komisch! Na wart mal, das haben wir gleich

Ja, meine Gattin hatte eine gute Hand. Wenn sie die morgens auf meine Stirn legte, wenn Elfriede Hans-Heinz flüsterte, Hans-Heinz, es ist Zeit! Wenn sie das tat, als hätte sie die ganze Nacht über neben meinem Bett gesessen, nur um dem Wecker zuvorzukommen, damit er mich nicht so brutal in den Tag holte, da kam ich mir selbst wie

Zierspargel vor, und jedesmal dachte ich an die Herbstzeitlose...

Kennen Sie die Herbstzeitlose, Doktor?

Man kann ihre Knollen in flache Schalen setzen und sie blühen auch im Zimmer.

Colchicum autumnale. Giftig. Stark giftig, Doktor. Das Gift gewinnt man aus eben jener Knolle dieser wunderhübschen Wiesenpflanze, die mit ihren etwas nächtlichen Farben einen eigentümlichen Reiz hat.

Elfriede war vernarrt in die Herbstzeitlose, kaufte davon jedes Jahr eine Unzahl. Und wenn sie blühten, saß sie stundenlang vor dem tiefen Purpurviolett oder Lilarosa, ob ich ihr Theaterkarten oder ein neues Negligé hingelegt hatte.

O, diese streichelnde kleine Hand! Wie liebevoll sie sich den Blüten näherte, aber nicht mir! Tupf, tupf und tast, tast. Dieses aussichtslose Betteln meinerseits. Jeden Tag diese alberne Peinlichkeit, der Kampf um einen Kuß, der auch nur nach Pflanzennährsalzen schmeckte. Und jeden Tag die große Thermoskanne mit der Aufschrift »Für meinen Liebling« in der Mitte des Tisches. Immer gefüllt mit Brenneseltee. Immer!

Wir haben auf dem Balkon eine Brennesselecke wie andere eine Sitzecke. Sie pflückte mit roten Gummihandschuhen die Blätter, trocknete sie und braute daraus dieses abscheulich leichengrüne Gesöff. Jeden Tag mußte ich gleichzeitig mit ihr die verordnete Tasse Tee trinken. Und jeden Tag dachte ich dabei an die Herbstzeitlose.

Können Sie das verstehen, Doktor? Legt man Ihnen ständig die Hemden raus? Bestimmt jemand, welchen Schlips Sie tragen sollen? Wer gibt die Farbe Ihrer Unterhosen vor, he? Ich sage Ihnen, seit Elfriede nicht mehr arbeitete, rief sie dreimal täglich bei mir an. Und sie wußte, ich habe ständigen Kundenverkehr! Hans-Heinz, jetzt ist es genau neun Uhr dreißig, die Galle-Tablette! Hans-Heinz, nun haben wir es fünfzehn Uhr siebzehn, dein Kreislaufmittel ist dran.

Jeden Abend fragte sie mich gerade in dem Moment, wo ich mein Schinken- oder Käsebrot zum Munde führen wollte: Warst du schon auf der Toilette, Hans-Heinz? Siehst du, das kommt davon. Iß mehr Möhren! Geh erst aufs Klo, bevor du dir wieder den Bauch vollstopfst. Na, mach schon, probier es wenigstens!

Ob es im Fernsehen einen Krimi gab, ob wir Freunde zu Besuch hatten, wenn es Elfriede einfiel, daß ich drei Tage nicht austreten war, pochte sie auf das Recht meines Darmes, entleert zu werden. Manchmal saß ich zwei Stunden auf der Klobrille, meine Beine waren schon ganz taub. Viertelstündlich klopfte sie an die Tür, und ich mußte Rechenschaft ablegen: Nein, es ist noch nicht so weit. Aber ich spüre einen Druck, einen ganz leichten.

Können Sie es mir nachempfinden, Doktor?

Wer das Gift der Herbstzeitlosen schluckt, spürt als erstes einen Brechreiz. Mitunter setzt auch Durchfall ein. Bald kommen Schluckbeschwerden hinzu... Atemnot. Schon davon gehört, Doc? Die Kehle ist wie zugeschnürt. Kollaps. Aus. Ein plötzliches Versagen des Kreislaufes. Eigentlich ein schöner Tod.

Doktor, wen wollen Sie denn anrufen? Elfriede ist tot. Gestorben, auch wenn die Leiche fehlt. Vielleicht ist sie bei meiner Schwiegermutter. Elfriede besucht montags immer ihre Mutter. Sie tauschen sich über ihre Zuchterfolge aus. Ja, so wird es gewesen sein. Meine Frau hat wie üblich ihren Brennesseltee getrunken und ist dann außer Haus gegangen. Unterwegs setzten die ersten Beschwerden ein... O Gott, vielleicht liegt sie auch völlig herrenlos in irgendeiner Gasse herum. Das hätte sie nicht verdient... Doktor, mit wem sprechen Sie bloß? Wer soll...? Ach, der Herr Kriminaloberkommissar wird herkommen? Sieh einer an! Also glauben Sie mir jetzt, daß ich heute früh...?

Eigentlich fing alles in der Nacht an. Ich hatte bereits fest geschlafen, da weckte mich meine Frau mit einer Art hysterischem Anfall: Hans-Heinz, um Gottes willen hilf!

Alarmiere das Gartenamt oder die Umweltkommission, aber mach was!

Die Herbstzeitlosen gehen ein!

Sie verstehen, Doc. Kein Wunder, was. Ihnen allen hatte ich ja auch den feinen giftigen Saft ausgepreßt. Nur so, Doc, ich hatte wirklich noch keinen festen Termin für das Verscheiden meiner Gattin festgesetzt. Aber, Sie ahnen es, das war nur noch eine Frage von Minuten.

Meine Frau hatte ganz verquollene Augen, sie ist kurzsichtig und muß deshalb mit Lupe arbeiten. Offensichtlich hatte sie jedes Blatt, jede Blüte, jeden Zweig der Armee von Grünzeug abgesucht, um einer Ursache auf den Grund zu kommen, weshalb die Herbstzeitlosen keinen einzigen Trieb zeigten. Sie sollten wissen, das Ausfindigmachen und Bekämpfen von Schädlingen hat in Elfriede ein fanatisches Jagdfieber ausgelöst. Bisher beschränkte sich das nur auf die Pflanzen. Nun aber, in dieser Nacht, Doktor, verlangte sie von mir, daß auch ich mich ihrer Inspektion unterziehe. Ist es zu fassen? Gelingt es Ihnen, mir zu folgen, Doktor?

Hätte ja sein können, daß ich eine Blatt- oder Blutlaus oder gar ein Spinnenmilbchen mit mir herumtrage. Daß ich der Verursacher welker, knotiger Blätter bin. Daß ich verantwortlich zeichne für Klein- oder gar keinen Wuchs.

Wissen Sie, Doc, was sie gemacht hat? Soll ich es Ihnen wirklich erzählen? Elfriede bepinselte mich gestern nacht von Kopf bis Fuß mit Brennspiritus, weil sie auch nicht mit der Lupe zu erkennen vermochte, ob es sich bei dem kleinen schwarzen Punkt in meiner Oberschenkelbeuge um einen Leberfleck oder ein Schädlingsnest handelte. Ich bin sicher, sie hätte mich auch, wäre es nötig gewesen, angezündet wie einen Haufen altes Laub.

Heute morgen, Doktor, als sie dann unseren Brennesseltee gebrüht hatte, als mein kleiner schwarz-weiß-karierter Handkoffer, selbstverständlich von ihr gepackt, neben der Tür stand, als Elfriede nur noch meine Möhren für die Reise in Folie einwickelte und die Hoffnung äußerte, daß möglicherweise Klimawechsel meinen Stuhlgang in Gang bringen könnte, da, Doktor, goß ich all das Gift der Herbstzeitlosen in die Thermoskanne. Bei der Unordnung in unserer Speisekammer hätte jeder Kommissar, egal welcher Nationalität, ein Unglück vermutet. Aus Versehen etwas Falsches gegriffen! Den Tee statt mit Süßstoff mit Gift verfeinert. Aus Unachtsamkeit sich selbst getötet! So ist das Leben, Doc.

In der Hektik des Abschieds bemerkte meine Frau ausnahmsweise einmal nicht, daß wir vergaßen, den Tee zu trinken. Aber, Doktor, meine Elfriede trinkt ihren Brennnesseltee immer, und zwar aus. Sie hat ihn auch heute getrunken, gewürzt mit dem Saft von genau vierundsiebzig Knollen Herbstzeitlosen. Malen Sie sich die Wirkung aus, Doc...

Oh, der Herr Kriminaloberkommissar! Wollen Sie mich überstellen? Überführen? Was sagen Sie? Was? Meine Frau...? Sie – hier? Elfriede! Was machst denn...? – Doktor, darf ich Ihnen meine Gattin vorstellen? Das ist... Du bist... Du hast...

So, mich gesucht.

So, zum Flughafen nachgefahren. Herr Kriminaloberkommissar, Herr Doktor: Darf ich anstandshalber, sozusagen als letztes Wort unter vier Augen... Bin meiner Frau doch eine Erklärung schuldig, weshalb ich meine Dienstreise nicht angetreten habe. – Ja, Sie können die Tür angelehnt lassen. Danke. Es dauert nicht lange. Ich danke recht sehr...

Elfriede...? Ich nehme an, daß du mir die Thermoskanne mit dem Brennesseltee nachbringen wolltest? – Das ist aber lieb von dir, Schatz. Du hast... noch keinen Tee getrunken, nicht heute morgen, nicht später? – Sehr lieb von dir, sehr brav... Aber ja, natürlich, selbstverständlich hätten wir noch genügend Zeit gehabt, den Tee gemeinsam auf dem Flugplatz einzunehmen. Nein, ich war noch nicht auf der Toilette! Ich verspüre auch noch keinen Druck, wirklich. Ja, ich hätte das Teetrinken nicht vergessen dürfen. Du hast die Thermoskanne noch dabei? Das ist sehr brav, ich nehme jetzt gern einen Schluck, sehr gern. So ist es fein. Bestens. O, wie gut das tut. Heiß schmeckt der Tee wirklich nicht übel... Halt, Elfriede! Nein, Schatz. Ein ganz entschiedenes Nein. Heute genieße ich den Tee allein. Ich... trinke den ganzen Brennesseltee, die ganze Thermosflasche... allein aus. Wolltest du doch immer, Schatz. Heute tu ich's. Heute denk ich einmal nur an mich und... du, du... sollst... stolz sein, sehr stolz... El...frie...de!

SABINE DEITMER
Die richtigen Entscheidungen

Der Vogel ließ sich auf dem verschneiten Geländer nieder und sah interessiert durch die Fensterscheiben in einen großen Raum, in dem ein Mann hinter einem Schreibtisch saß. Der Mann sah auf ein gelbes Lämpchen, das vor ihm blinkte. Der Vogel flog auf die Fensterbank und stakste durch den weißen Schneeteppich die Scheibe entlang. Der Mann starrte auf das gelbe Lämpchen und bewegte dazu die Lippen. Der Vogel schüttelte den Schnee aus dem Gefieder, breitete die schwarzen Schwingen aus und ließ sich mit dem Schnee hinunter in die Straßenschlucht tragen. Die scharfen Tritte, die er auf dem Fensterbrett hinterließ, schneiten zu.

Die Tür öffnete sich. Der Mann erhob sich von seinem Platz hinter dem Schreibtisch. Neben einer stattlichen Frau in Faltenrock und grauem Pullover erschien eine junge Frau in einem feuchtglänzenden schwarzen Ledermantel, über dessen hochgeschlagenen Kragen nasse Haarsträhnen hingen. Er reichte ihr die Hand zur Begrüßung. Sie blickte ihn aus offenen Augen an, und er sah an ihrem Haaransatz zwei Schneeflocken, die schmolzen und ihr zwischen den Augenbrauen den Nasenflügel hinunterliefen. Wie in einem Reflex fuhr sie sich mit der Hand durch das Gesicht. Es schneite draußen, stellte er verwundert fest. Er nahm ihren Mantel und hängte ihn auf die Garderobe. Das Leder fühlte sich kalt und frisch an. Die Sekretärin stellte das Tablett mit Tassen und Thermoskanne auf den Tisch und verließ das Zimmer.

Sie setzte sich auf den Platz, den er ihr auf der Couch wies, und begann in einem schwarzen Ledersack zu wühlen. Nach und nach förderte sie daraus zutage, was sie für ihre Arbeit brauchte. Kassettengerät, Mikro und einen Notizblock mit eng vollgeschriebenen Seiten. Sie baute das Mikro vor ihm auf und bat ihn zu zählen. Brav fing er an. Eins, zwei, drei. Die Spule klemmte. Entnervt haute sie auf die Knöpfe des Rekorders. Er zählte weiter. Vier, fünf, sechs. Die Spule drehte sich. Er hörte auf zu zählen. Es konnte losgehen. Den Notizblock vor sich auf den Knien liegend, lehnte sie sich zurück, und die verkrampfte Linie um ihren Mund löste sich.

Ein hübsches Mädchen. Schlanke Fesseln, etwas knochige Knie, die Haare lang. Glatte Strähnen, die ihr immer wieder ins Gesicht fielen. Ein Hauch Röte im Gesicht von der Aufregung. Das mußte ihr erster Job sein. Frisch von der Uni. Er fragte sich, wer sie wohl eingestellt hatte. Die jungen Frauen heute sahen doch alle ganz anders aus. Cooles, professionelles Styling, die Haare am Halsansatz hart ausrasiert. Diese sah viel zu verletzlich aus für den Job. Oder war das ein neuer Typ, der im Kommen war? Er mußte mal die Hochglanzzeitschriften durchblättern, die bei seiner Tochter rumflogen.

Ihre Stimme war angenehm sanft. Die Fragen überraschten ihn nicht. Er ertappte sich dabei, daß er sorgfältiger formulierte als gewöhnlich und sich freute, wenn er ihr ein Lächeln abringen konnte. Sie hatte einen zierlichen, mädchenhaften Körper. Unter dem Pullover zeichneten sich runde Brüste ab. Was wäre, wenn er alle Termine für den Rest des Tages absagen und einfach mit ihr wegfahren würde, im Wald spazierengehen. Es schneite wirklich. Ein Vorhang weißer Schneeflocken stand vor seinem Fenster. Die Luft im Zimmer kam ihm verbraucht und schal vor.

Als sie sich für das Interview bedankte, fuhr ihm ein schmerzhafter Stich durch die Brust. Er räusperte sich. »Ich würde Sie gern wiedersehen.«

Überrascht sah sie ihn an aus ihren hellen Augen.

»Es ist nicht das übliche, wissen Sie. Sie erinnern mich an vieles, was seit Jahren aus meinem Leben verschwunden ist.« Er konnte kaum glauben, was er diesem wildfremden spröden Mädchen gerade sagte. Der Wind drückte den Schnee gegen die Fensterscheibe. Es flimmerte ihm vor Augen.

»Möchten Sie sich anhören, was wir aufgenommen haben?« Er hätte jedem Vorschlag zugestimmt, der dazu geführt hätte, daß er noch ein paar Minuten länger in ihrer Nähe sein konnte.

Sie spulte das Band zurück, drückte den Knopf zur Wiedergabe. Ein Rauschen kam aus dem Lautsprecher. Die Röte stieg ihr aus dem Hals bis über die Wangenknochen. Das Rauschen hörte nicht auf, wurde nur von dem Knacken der heruntergedrückten Tasten und dem Summton des Spulens unterbrochen. Er sah sie über den Kassettenrekorder gebeugt, unwirsch die dunklen Haarsträhnen hinter die Ohren zurücksteckend. Ein unbändiger Lachreiz staute sich in seinem Rachenraum, bis er die Lippen nicht mehr zusammengepreßt halten konnte und laut loslachte. Er lachte, bis ihm Lachtränen die Wangen herunterliefen und zog ein Taschentuch aus der Hose. Das Lachen befreite ihn von seiner sentimentalen Stimmung. Er sah sie so, wie sie vermutlich war. Ein inkompetentes kleines Häschen. Keineswegs so beeindruckend, wie sie ihm gerade noch vorgekommen war. Sie saß vor dem Rekorder wie ein mutloses kleines Mädchen, dem die Puppe aus der Hand gefallen war.

»Er hat nicht aufgenommen«, hauchte sie mit ihrer zarten Stimme.

»Dann machen wir es eben noch einmal«, tröstete er sie. »Das ist doch kein Thema.« Er blickte auf die Uhr. »Allerdings habe ich jetzt keine Zeit mehr. Für wann brauchen Sie denn das Interview?«

»Es soll in die Februarausgabe. Gestern war Redaktionsschluß. Sie waren ja so schwer zu erreichen«, entschuldigte sie sich.

»Vielleicht könnten wir das ganze in einem erfreulicheren Rahmen wiederholen. Was halten Sie davon? Ich lade Sie heute abend zum Essen ein. Und das Interview machen wir dann vorher oder hinterher. An einem ruhigen Ort. Vielleicht bei Ihnen?«

»Das wäre die Lösung.« Sie klang erleichtert. »Dann würde ich es noch schaffen.«

Sie schrieb ihm ihre Adresse mit der Hand auf eine kleine Karte. Wer weiß, wie sie an den Auftrag für das Interview gekommen war. Eine Visitenkarte besaß sie auf jeden Fall nicht.

Als sie gegangen war, rief er zuhause an, um sich für den Abend zu entschuldigen. Verhandlungen mit den Japanern. Das war nicht einmal gelogen. Die Japaner mußte er noch versorgen, ehe er zu ihr fahren konnte. Ruth – ein hübscher Name. Nicht ganz das Gängige. Sollten die Japaner diesmal ohne ihn ins Bordell gehen. Feldmann konnte den Bärenführer machen. Das brachte immerhin bis zu fünf Prozent Preisnachlaß bei den neuen Containerschiffen. Das Schneetreiben vor dem Fenster wurde dichter. Welcher Teufel hatte ihn bloß geritten, bei so einem Wetter im Wald spazierengehen zu wollen?

Er verließ das Büro und lief zu Fuß zum Bahnhof. Den Dienstwagen hatte Feldmann für die Japaner. Es schneite nicht mehr. Der Schnee war in den Straßen zu pappigem Matsch verkommen. An der Kreuzung trat er ein paar Schritte zurück, um von den vorbeifahrenden Autos nicht mit der braunen Suppe vollgespritzt zu werden. Er nannte dem Taxifahrer einen Straßennamen zwei Straßen von ihrer Wohnung entfernt. Als er aus dem Taxi stieg, gingen die Straßenlaternen an. Sie wohnte in einem grauen gesichtslosen Haus. Jedes Fenster das gleiche genormte Viereck. Kein Reiz fürs Auge. Das war einer der Momente, in denen er sicher war, in seinem Leben die richtigen Entscheidungen getroffen zu haben. Solche genormten Pappschachteln hatte er sich und seiner Familie nie zugemutet. Kein einziger Baum wuchs in der Straße.

Sie machte ihm die Tür in Jeans und einem langen schlabbrigen Pullover undefinierbarer Farbe auf. In diesem Aufzug konnte er mit ihr höchstens zur nächsten Imbißbude gehen oder zu einem Italiener im Viertel. Sie sah hilflos und zerbrechlich aus in dem zu großen Pullover. Irgendwie rührend. Er schob den Gedanken beiseite. Sie war eine Frau, keine Elfe. Bestimmt wußte sie bei aller Zerbrechlichkeit sehr genau, was sie wollte. Er hatte keine Lust, sich verantwortlich zu fühlen. Ein kleines Austauschgeschäft. Sie bekam ihr Interview. Ein ganz besonders ausführliches und informatives. Und er bekam ein kleines Dankeschön.

An den Wänden hingen handwerklich sauber vergrößerte Buntfotos von Robben, Pinguinen und irgendwelchen Seevögeln. Sie erinnerte selbst an einen Vogel, wie sie auf der Couch saß, die Arme unter den Brüsten verschränkt. Er rückte näher an sie heran und unterdrückte den Impuls, seinen Arm um ihre Schultern zu legen. Sie stand auf und holte den Kassettenrekorder. Er blickte nach oben und entdeckte auf der Zimmerdecke ein Geflecht feiner goldener Linien, die sich kreuzten, voneinander entfernten und wieder trafen. Sie schenkte ihm eine Tasse ein. Der Tee war so heiß, daß ihm die Lippen brannten. Er entspannte sich, während er zählte. Eins, zwei, drei, vier, fünf.

»Sprechen Sie nach, was ich Ihnen vorspreche.«

Er hätte alles getan, was diese Stimme von ihm verlangte.

»Es ist ein großes Unrecht, was wir der Natur antun.« Er wiederholte ihre Worte. Wie eine Sprechmaschine. Ohne zu denken. Er wollte nicht überlegen, was das für ein Spiel war, das sie mit ihm spielte.

»Noch ist es nicht zu spät.«

Das ist kein Interview ging es ihm gegen seinen Willen durch den Kopf. Was war es dann?

»Wiederholen Sie bitte. Noch ist es nicht zu spät. Noch können wir etwas tun, um die Natur zu retten«.

Die Worte setzten sich in seinem Kopf zu ihrer Bedeutung zusammen. Ärger stieg in ihm hoch. Ärger darüber, daß sie die angenehme Stimmung kaputt gemacht hatte. Ihn zurück in die Realität beförderte.

»Sie wollen gar kein Interview.«

»Nein«, sagte sie. »Ich will kein Interview.« Ihre Stimme klang neutral wie die Bekanntgabe der Börsenkurse am Telefon. Sie rückte an das Ende der Couch und holte unter dem Polster eine Pistole hervor, die sie auf seine Stirn richtete.

Seine Finger massierten den runden Punkt oberhalb der Nasenwurzel. Die Stelle, auf die sie zielte.

»Wollen Sie mich umbringen?« fragte er ungehalten.

»Sind Sie einmal am Strand spazierengegangen in der letzten Zeit?«

Das war es also. Eine von diesen militanten Tierschützerinnen. Und er war darauf reingefallen. Auf die Sensibilität, die sie ausstrahlte. Die Hilflosigkeit. Dabei war alles eiskalt geplant. Er durfte nicht den Fehler begehen, sie noch einmal zu unterschätzen.

»Ich bin schon lange an keinem Strand mehr spazierengegangen.« Er mußte sie am Reden halten. Solange sie mit ihm redete, bestand nicht die Gefahr, daß sie abdrückte.

»Da haben Sie Glück. Da bleibt Ihnen manches erspart, wenn Sie nicht am Strand spazierengehen.«

»Das Tankerunglück vor ein paar Tagen. Dafür können Sie mich doch nicht verantwortlich machen.«

»Wen kann ich dafür verantwortlich machen?« fragte sie ironisch. »Geben Sie mir einen Tip.«

»Die Politiker zum Beispiel, die die Billigflaggen erst möglich machen mit ihren Gesetzen.«

»Und Ihre Firma zahlt die Bestechungsgelder, damit die Politiker nicht auf die Idee kommen, andere Gesetze zu machen. Oder sehe ich das falsch?«

»Wenn wir nicht zahlen, zahlen andere. Das wissen Sie doch auch.«

»Es war Ihr Frachter. Der Kapitän wurde von Ihrer Firma angeheuert.« Eine dunkle Haarsträhne fiel ihr ins Gesicht, die sie sofort wieder mit der freien Hand hinter dem Ohr feststeckte.

»Das war ein Unfall. Eine bedauerliche Verkettung

unglücklicher Umstände.« Der Wortlaut der offiziellen Vereinbarungen. »Was habe ich damit zu tun?«

Sie ging nicht ein auf das, was er sagte.

»Ich habe einen kleinen Pinguin gesehen. Hier bei uns am Strand.« Ihre Stimme wurde weich, und in ihren Augen schimmerte es verdächtig. »Er stand direkt vor mir. Dicke Ölflecken auf der Brust und an den Flügeln, stand er vor mir und sah mich an.« Wenn sie jetzt bloß nicht zu weinen anfing. »Ich stand vor ihm und wußte nicht, was ich machen sollte. Er bewegte sich nicht von der Stelle, sah mich nur an.« Er hatte es kommen sehen. Zwei einzelne Tränen liefen ihr über die Wangen. Sie zog die Nase hoch und wischte die Tränen mit dem Handrücken der Hand ab, in der sie die Pistole hielt. »Ich habe ihn in eine Kiste gesetzt und zur Vogelwarte gebracht.«

Die Rächerin der Pinguine. Ein pathetisches kleines Mädchen, das die Welt wieder in Ordnung bringen wollte.

Die Pistole zeigte von neuem auf den Punkt zwischen seinen Brauen.

»Machen Sie sich nicht unglücklich«, sagte er. »Das Gefängnis ist nichts für Sie.« Verdammt, jetzt gab er ihr noch gute Ratschläge.

»Das Gefängnis ist mir egal. Ich kann nicht so weiterleben. So tun, als ob ich nichts sehen würde. Ich halte das nicht aus.«

»Und da wollen Sie mich umbringen. Ich habe eine Frau und eine Tochter. In Ihrem Alter«, fügte er hinzu.

»Das haben alle. Was heißt das schon. Pinguine haben auch Junge. Wen interessiert das denn?«

»Glauben Sie, mein Tod würde irgend etwas ändern?«

Sie nickte. »Eine Warnung an andere. Ein Signal. Ich kann nicht nichts tun.«

»Sie wollen mich also wirklich erschießen.« Es war eine Feststellung.

»Ich habe mich noch nicht entschieden. Es gibt mehrere Möglichkeiten. Hinterher wird es wie ein Selbstmord aussehen.«

Er wunderte sich, daß er nichts fühlte. Die Unterhaltung ließ ihn so unbeteiligt, als ob er sich mit einem seiner Angestellten über den Ablauf des nächsten Betriebsfestes unterhalten würde. War das der Schock?

»Ich könnte Sie mit Öl übergießen und anzünden.«

Er fühlte nichts. War das normal? »Oder ich könnte Sie erschießen und Ihnen danach die Pistole in die linke Hand drücken. Sie sind doch Linkshänder?«

Das war gut beobachtet. »Oder ich könnte Ihnen ein Reinigungsmittel zu trinken geben, das Ihnen die Gedärme zerreißt.« Bisher der unangenehmste Tod, befand er mit kühlem Kopf. Sie zögerte. Waren ihr die Todesarten schon ausgegangen? Er sah, wie sie zur Decke schaute auf das Netz goldener Linien. »Oder ich könnte Ihre Haut mit Goldbronze anmalen und Sie daran ersticken lassen.«

Das aufregende Kribbeln in seinem Magen machte ihm Angst. Wie die beginnende Euphorie kurz vor einem wichtigen Geschäftsabschluß.

»Ich möchte von Ihnen mit Goldbronze angemalt werden.«

Sie sah ihn ungläubig an. »Sie wollen sterben?«

»Ich will von Ihnen mit Goldbronze angemalt werden.«

Es war die reine Wahrheit. Seine Haut prickelte, und das Blut in seinem Unterleib pulsierte.

»Schalten Sie das Mikro ein.«

Sie tat, was er befahl.

»Ich werde sterben.« Seine Stimme klang kraftvoll und dynamisch. Genauso, wie er sich fühlte.

»Und ich habe einen Tod gewählt, der weit verbreitet ist.«

Was jetzt kam, war sicher nach ihrem Geschmack.

»Die Firma, für die ich arbeite, Firmen, für die andere täglich arbeiten, an allen möglichen Orten der Welt, sind Spezialisten für die Todesart, die ich gewählt habe.«

Genau der richtige Tonfall.

»Ich werde den gleichen Tod sterben, wie ihn Tausende von Vögeln Tag für Tag sterben. Vögel, die mit ölverklebten Federn als lebende Kadaver an unseren Stränden angespült werden.«

Er war mit sich zufrieden. Das würde ihr gefallen.
»Noch ist es nicht zu spät. Noch können wir etwas tun, um die Natur zu retten.«
Und jetzt das Finale.
»Ich sterbe freiwillig. Aus eigenem Antrieb. Um ein Zeichen zu setzen. Ein Zeichen für das Leben.«
Er stellte das Mikro aus. Das angenehme Prickeln ging ihm durch den ganzen Körper. Verschwörerisch blinzelte er ihr zu.

»Ich kann Sie nicht umbringen.« Sie legte die Pistole auf den Tisch. »So geht das nicht. Sie sind verrückt.«
»Ich bin nicht verrückt. Mir geht es gut. Ich fühle mich wohl.« Tatsächlich war das Prickeln zu einem Glücksgefühl angeschwollen, wie er es zuletzt als zehnjähriger Junge erlebt hatte, als er die Katze aus dem Bach fischte.
»Kommen Sie schon. Holen Sie endlich Ihre Goldbronze.«
Er ließ sich in die Couchkissen zurückfallen und wartete auf sie. Sie setzte sich dicht neben ihn. Ihre Haare streiften sein Kinn, als sie sich über ihn beugte und Knopf für Knopf das Hemd öffnete. Mit der flachen Hand strich sie über seine Brust. Er überließ sich ihren Händen. Er hatte von Anfang an gewußt, daß sie so etwas Altmodisches hatte, daß er sich bei ihr aufgehoben fühlen würde. Es überlief ihn kalt, als sie den Pinsel auf seine Haut setzte. Vor seinen Augen flimmerte es, und ihm war, als würde er fliegen.

Ingeburg Siebenstädt
Maria

Der Märzhimmel war wolkenverhangen, und gegen Abend roch es wieder nach Schnee. In der Satellitenstadt flammten Peitschenlaternen auf. Rechts und links der Straße erhellten Fenster die hintereinander- und querstehenden Häuserfronten, von denen niemand genau weiß, zu welchem Straßenzug sie gehören. Der Volksmund bezeichnet diese Gegend als Betonkastenviertel. Ein Dutzend Bäume und eine Menge Gestrüpp werden der »kleine Park« genannt. Er trennt die Satellitenstadt vom Zementwerk und der Altstadt von H. und schluckt eine Menge schweren, grauen Zementstaub.

Erich Ostermann rollte mit seinem LKW auf der F 80 stadteinwärts und bremste im selben Augenblick, in dem das Mädchen aus dem kleinen Park auf die Straße rannte.

Den Kopf durchs Wagenfenster geschoben, schrie er auf das junge Mädchen ein, das hingefallen, aber schon wieder dabei war, sich aufzurappeln. Ostermann mußte sich erst einmal seinen Schreck aus dem Leibe brüllen, ehe er aussteigen und ihr auf die Beine helfen konnte. Sie schien unverletzt, aber so verstört zu sein, daß sie nicht wahrnahm, was um sie her vorging. Ostermann hatte sich wieder in der Gewalt. Er sprach jetzt ruhig und väterlich zu ihr. Ob sie vielleicht vor jemandem ausgerissen sei oder absichtlich in seinen Wagen laufen wollte, fragte er, und was denn der Grund für das eine oder das andere wäre.

Ihr starrer Blick paßte nicht zu dem jugendfrischen Gesicht, das sie Ostermann langsam entgegen hob.

»Ein Überfall...«

Er packte sie am Arm.

»Kommen Sie, ich fahre zum Krankenhaus und rufe die Polizei an.«

Sie stemmte sich gegen ihn. »Nein, nicht ich«, sagte sie

schwunglos. »Im kleinen Park. Ein Mann. Er liegt im Gebüsch.«

Ostermann hielt sie mit beiden Händen an den Schultern. »Nicht schlappmachen, junges Fräulein! Sie müssen mir den Weg zeigen!«

Später, im Polizeiwagen, sagte er zu mir: »Vielleicht hätte ich gleich losfahren sollen, aber ich war nicht sicher, ob sie die Wahrheit sagt. Die hat was an sich...« Er suchte nach Worten. »Man kommt auf die Idee, sie spinnt einem was vor. Hoffentlich ist sie überhaupt noch da. Versprochen hat sie's.«

Ich fragte, ob er ihren Namen wisse.

»Den Vornamen nur. Maria.«

Am kleinen Park angekommen, ließ unser Fahrer den Wagen im Schrittempo durch den Hauptweg rollen.

»Halt!« rief Ostermann.

Ich sprang hinaus. Der Fotograf hielt sich an meiner Seite. Hinter uns bremste ein zweites Auto. Polizeiarzt und Kriminaltechniker holten uns ein. Ostermann bog Gestrüpp auseinander. Auf der Erde lag ein dunkles Bündel. Unsere Techniker hexten Licht herbei, der Fotograf schoß Bilder. Während sich der Arzt mit dem stillen Mann auf dem Erdboden befaßte, sah ich mich nach Maria um. Ein paar Meter entfernt, mit dem Rücken an einen Baum gelehnt, saß ein graziles Persönchen.

»Nichts zu machen«, sagte der Arzt. »Der Schlag auf den Hinterkopf war tödlich.«

»Schlag, womit?«

Reine Gewohnheitsfrage. Mehr als »stumpfer Gegenstand« erfährt man selten auf Anhieb. Der Arzt aber erwiderte: »Er ist mit einer Flasche erschlagen worden. Es riecht nach Wodka. Und da sind auch Splitter.«

»Wie angenehm zu wissen, wonach man sucht«, sagte der leitende Kriminaltechniker zu seinen Leuten. »Und wie eine Wodkaflasche aussieht, habt ihr noch in Erinnerung?«

»Wenn er die mal nicht mitgenommen hat«, entgegnete einer.

Ich ging zu dem Mädchen. Sie saß mit angezogenen Beinen wie jemand, der ein bißchen vor sich hindöst.

»Maria?«

Sie blickte auf. Im Zeitlupentempo.

»Ich bin Leutnant Lewandowski. Ich möchte mich mit Ihnen unterhalten.«

Ihr abweisender Blick blieb an mir hängen.

»Na, geben Sie mir erst mal Ihren Ausweis.«

Mit trägen Bewegungen zog sie ihn aus einer kleinen Umhängetasche. Sie hieß Maria Koehler, war achtzehn und ein halbes Jahr alt und seit zwei Monaten in dieser Stadt gemeldet. Unsere Techniker, die nach Glasscherben und der zerbrochenen Flasche suchten, rückten die Scheinwerfer weiter. Das Licht erfaßte Maria. Sie sprang auf, wollte schreien und kriegte keinen Laut heraus, stand mit angstvollen Augen, den Mund geöffnet.

»Wer ist denn das?«

Der Arzt, mit einer Decke über dem Arm, lief auf uns zu.

»Sie hat ihn gefunden«, sagte ich und fügte leise hinzu: »Zumindest das.«

»Sie hat's nicht verkraftet.« Der Arzt hängte ihr die Decke über und trug sie zum Wagen.

Ich sagte den Kriminaltechnikern, wir brauchten den Flaschenhals. Vor allem den, wegen der Fingerabdrücke.

»Klar«, entgegnete der Leiter gereizt, »wir finden Ihnen auch noch den Täter, falls er hier rumliegt.«

Der Arzt packte Maria in den Wagenfond und sagte zu mir, ehe ich einsteigen konnte: »Wie ich Sie kenne, weichen Sie doch nicht von ihrer Seite, bis Sie erfahren haben, was Sie wissen möchten.«

Er kannte mich gut; zumindest wollte ich mehr über sie erfahren, als daß sie durch den Park gelaufen war und einen toten Mann gefunden hatte. Er holte Tabletten aus seiner Tasche.

»Eine, sobald Sie mit ihr zu Hause angekommen sind. Lassen Sie sie schlafen. Lassen Sie ihr Zeit und Ruhe.«

Ich versprach's und fuhr los. Ihr Ausweis steckte noch in meiner Manteltasche. Die Adresse hatte ich mir gemerkt. Es war der vierte Aufgang eines Wohnblocks im Betonkastenviertel, achte Etage.

»Wohnen Sie allein?« fragte ich.

Eine Weile blieb es still hinter mir, dann sagte sie abwesend: »Nein. Ich kenne ihn nicht, und ich weiß überhaupt nichts.«

»Schon gut. Ich wollte nur wissen, ob Sie allein leben.«

»Nein«, sagte sie wieder, und nach einer Weile: »Ja«, und als wir ins Haus gingen: »In der zweiten Etage wohnt Tante Hilde.«

»Ich hab' gedacht, mit einem jungen Mädchen kommt bissel Schwung ins Leben. Aber nein, meine Nichte hockt seit acht Wochen nur hier 'rum, oben in ihrer Wohnung oder hier bei mir. Keine Freundin, keinen Freund. Sie kommt von der Arbeit, liest ein Buch oder liegt auf der Couch. Einfach so. Starrt zur Decke.«

»Und an den Wochenenden?« fragte ich.

»Dasselbe. Das heißt, an den kurzen nur, wenn sie samstags in die Verkaufsstelle muß. An den langen, wo noch ein freier Freitag oder Montag für sie rausspringt, da fährt sie nach Hause, wie sie sagt, und meint ihre Kuhbläke, wo sie nicht einen Verwandten mehr hat.«

Die Kuhbläke hieß Grünwinkel, ein idyllisches Dorf im Erzgebirge. Vor drei Jahren hatte ich ein Privatquartier erwischt und meinen Urlaub dort verbracht. Nach H. zurückgekehrt, brauchte ich eine gute Weile, um mich wieder einzuleben. Für Maria gab es kein Wiedereinleben. Sie kannte nur ihr blühendes, waldiges Grünwinkel und war eines Morgens in einer eintönigen Betonwelt erwacht, grau und staubig. Maria kannte ihre Mutter nicht und den Vater nur flüchtig. Frau Koehler starb nach der Entbindung, Herr Koehler ging auf Montage. Von Baustelle zu

Baustelle. Ihm gefiel dieses Leben. Und Maria gefiel es bei der Großmutter in Grünwinkel. Wenn der Vater zu Besuch kam, wurde gefeiert im ganzen Dorf.

Die Großmutter starb. Es war die Vatermutter gewesen. Ihre Kinder, Marias Vater und dessen Schwester Hilde, berieten, was nun werden sollte.

»Deine Tochter ist achtzehn«, sagte Tante Hilde, »da kommt der Mensch alleine zurecht.«

»Ich werde die Gelegenheit nutzen und sie aus diesem Nest rausholen«, meinte der Vater. »Das heißt, wenn sie will. Wir könnten das Häuschen zum Tausch anbieten. Gegen eine Wohnung in der Stadt. Gegen was Modernes mit Heizung und Bad. Ich möchte nicht, daß meine Tochter ein Landei bleibt.«

An welche Stadt er denke, fragte seine Schwester. Er war unentschlossen.

»Zieh nach H.«, riet sie ihm, »dann ist Maria nicht so oft allein. Du wirst dich ebenso selten in H. sehen lassen wie in jeder anderen Stadt oder wie bislang in Grünwinkel.«

Er war einverstanden, und Maria war auch einverstanden. Nach dem Tod der Großmutter kam ihr das Haus leer und seltsam fremd vor. Die Trauer saß so breit in ihr, daß kein Platz war für Bedenken, ob das Leben in H. erstrebenswert sein konnte. Als eine Wohnung gefunden war, ging Maria einfach fort. Und sie war noch nicht heimisch geworden, als ihr der Tod begegnete. Nicht der leise, selbstverständliche, der die Großmutter hatte einschlafen lassen, sondern der brutale, sinnlose Tod, den Menschen manchmal über Menschen bringen.

Mir war ein wenig bange um Maria.

Hinter dem kleinen Park, dort, wo die Altstadt beginnt, befindet sich eine Konsumverkaufsstelle: Spirituosen, Tabak, Genußmittel. Frau Hilde Abel leitet das Geschäft und hatte ihre Nichte mit hineingebracht. Es ist ein übersichtlicher Selbstbedienungskonsum. Zumeist saß Frau Abel an der Kasse, und Maria packte Ware aus, füllte die Regale, hatte ein Auge auf die Kundschaft. Nun war im kleinen

Park, keine hundert Meter von diesem Spirituosengeschäft entfernt, ein Mann mit einer Wodkaflasche erschlagen worden. Ich fragte Hilde Abel, ob sie sich an Kunden erinnere, die, besonders nach dem Feierabend zu, Wodka gekauft hatten.

Sie nannte und beschrieb mir Stammkunden, und ich notierte. Laufkundschaft hatte sie kaum beachtet.

»Saßen Sie die ganze Zeit über an der Kasse?« fragte ich.

»Ja. Das heißt, bis achtzehn Uhr dreißig. Dann war der Ansturm vorüber, und ich ließ Maria die letzten Kunden abkassieren. – Warten Sie mal! Mir fällt was ein! Da kam einer, bei dem hatte ich das Gefühl, der läßt lieber 'ne Flasche unterm Mantel verschwinden, statt sie in den Korb zu stellen. Druckst im Laden 'rum, kann sich scheinbar nicht entschließen, wartet bloß auf 'ne günstige Sekunde. Im Laufe der Zeit entwickelt man einen Blick für solche Typen.«

»Und? Hat er was gekauft?«

»Eine Flasche Serschin-Wodka.«

»Bezahlt?«

»Bezahlt. Hat gespürt, daß ich ihn beobachte.«

»Wie sah er denn aus?«

»Danach fragen Sie mal meine Nichte. Ich hab' nur seinen Rücken gesehen und mich für die Handbewegungen interessiert.«

»War er groß?«

Sie überlegte.

»Wenn er einen Kräuterlikör von da oben runterlangen kann, muß er groß gewesen sein.«

»Ich denke, er hat Serschin-Wodka gekauft?«

»Den Likör hat er wieder zurückgestellt. Ins oberste Regal. Mühelos.«

»Erinnern Sie sich an seine Haarfarbe? Oder trug er eine Kopfbedeckung?«

»Trug er nicht. Allerweltshaar, würde ich sagen. Nicht hell, nicht dunkel. Nackenlang und glatt.«

»Das ist doch schon 'ne ganze Menge«, sagte ich. »Bitte,

kommen Sie morgen früh zu uns. Mein Kollege wird nach ihren Angaben ein Bild von diesem Mann zeichnen.«

»Aber nur die Rückansicht. Mehr habe ich wirklich nicht zu bieten.«

»Vielleicht erkennt ihn trotzdem jemand, oder Ihre Nichte erinnert sich an sein Gesicht. Übrigens, falls sie heute nacht wach und unruhig wird, geben Sie ihr noch eine von diesen Tabletten. Warum sind Sie denn nach Feierabend nicht mit nach Hause gegangen?«

Ihr Blick schätzte ab, ob ich auch darauf eine offenherzige Antwort verdiente.

»Weil ich nicht gerne von der Arbeit weg so schnurstracks nach Hause laufe. Ich guck' lieber erst mal in die ›Gute Laune‹ 'rein. Aber das Mädel ist doch zu so was nicht zu bewegen!«

Maria dekorierte das Schaufenster, rückte Weinflaschen vor blühende Forsythienzweige, legte Pralinenschachteln auf bunte Deckchen.

»Die wird noch eine Gärtnerei aus dem Konsum machen«, sagte eine Frau neben mir. »Aber irgendwie ist die Verkaufsstelle ansprechender geworden, seit sie da ist.«

Ich ging durch die Tür. An der Kasse saß Hilde Abel und nickte mir zu. Maria bemerkte mich auch dann noch nicht, als ich hinter ihr stand.

»Guten Tag, Maria.«

Sie sah sich nach mir um.

»Guten Tag«, erwiderte sie. Ihre Augen waren klar, die Stimme fest. Sie zupfte eine Blume aus einem Strauß Märzenbecher und hielt sie mir hin. »Weil Sie mich gestern abend nach Hause gebracht haben.«

Ihr Lächeln war ohne Koketterie. Ein Kind, das dem Onkel danke schön sagt. Um ungestört mit ihr sprechen zu können, wollte ich sie ins Hinterzimmer bitten, da weissagte jemand: »Der wird sie sowieso gleich verhaften.«

Maria hatte nichts gehört. Ich schaute mir den Propheten an. Gut gekleidet, korpulent, Augen, die nach Sensation gierten. Einer im blauen Overall meinte skeptisch: »Ist doch alles bloß Vermutung. Wer weiß, ob sie das ist.«

»Wir sollten seine Frau holen«, sagte ein anderer.

In der Verkaufsstelle drängte sich bemerkenswert viel Kundschaft, vor allem Arbeiter der nahe gelegenen Zementfabrik, in der auch Werner Opitz, der Mann, der im kleinen Park mit einer Wodkaflasche erschlagen worden war, gearbeitet hatte. Hilde Abel bat mich mit einem Augenzwinkern an die Kasse.

»Augenblick mal«, sagte ich zu Maria, doch die schmückte schon wieder das Schaufenster.

»Hier ist so'n dummes Gerede im Gange«, flüsterte Frau Abel. »Von wegen Maria wäre die Freundin von Opitz gewesen.«

»War sie's?«

»Hab ich Ihnen gestern abend nicht erzählt, wie sie lebt?«

»Kam Opitz zu Ihnen einkaufen?«

»Stammkunde für Zigaretten.«

»Ich gehe jetzt mit dem Mädel nach hinten und rede mit ihr.«

Frau Abel nickte.

Maria sagte, sie habe schon eine brauchbare Idee für die Osterdekoration, und schob mich durch den dicken Vorhang in einen engen Raum, in dem man sich die Hände waschen, mit einem Tauchsieder Kaffeewasser kochen und zu zweit an einem Tisch sitzen konnte. Auf der Tischmitte stand ein Telefon. Schwarz, alt, mit hoher Gabel. Wenn man sich nicht anschrie, blieb im Raum, was gesprochen wurde.

»Maria, ich muß alles wissen, was gestern abend geschehen ist, nachdem Sie die Verkaufsstelle verlassen haben.«

»Ich wollte nach Hause gehen«, sagte sie. »Im Park lag ein Mann vor mir. Ich bin zur Straße gelaufen, um Hilfe zu holen.«

Die Lüge kam ihr über die Lippen wie eine unbedeutende Nebensächlichkeit. Ich korrigierte sie in derselben Tonart.

»Er lag nicht vor Ihnen, sondern abseits vom Weg im Gebüsch. Und Sie sind auf die Straße gelaufen, als hätten Sie's eilig gehabt, unters nächste Auto zu kommen.«

Sie wurde nicht einmal verlegen.

»Richtig. Ich hörte ein Geräusch. Es klang wie ein Stöhnen. Da bin ich hin.«

»Kannten Sie den Mann, der da gelegen hat?«

»Nein.«

»Er arbeitete aber nebenan im Zementwerk und kaufte täglich Zigaretten bei Ihnen.«

»Soo?« sagte sie. »Ich habe ihn nicht erkannt. Es war wohl zu dunkel.«

»Als wir kamen, war der Mann tot«, sagte ich jetzt mit strengem Ton. »Als Sie ihn fanden, stöhnte er noch. Demnach war er eben niedergeschlagen worden. War jemand bei ihm? Lief jemand davon?«

»Nein.«

»Sie müßten irgend jemanden gehört oder gesehen haben.«

»Nein.«

Sie dehnte das Wort, schloß die Lippen und verkniff die Mundwinkel.

»Der Mann ist mit einer Wodkaflasche erschlagen worden. Bis jetzt sind Sie die einzige, die uns ein paar Anhaltspunkte geben kann. Maria, Sie wissen einiges, obwohl Sie's lieber nicht wissen möchten. Sie wären vor Schreck beinahe in ein Auto gelaufen. Was hat Sie denn so in Panik versetzt?«

Sie schwieg. Eine Weile sagte ich auch nichts, beobachtete sie nur. Ihr Blick war ausdruckslos geworden. Sie schien mir zu den Menschen zu gehören, die entsetzliche Dinge verdrängen, einfach ignorieren können. Oder müssen. Um nicht daran kaputtzugehen.

Auf dem Tisch zwischen uns klingelte das Telefon. Wir blickten uns beide an, und jeder erwartete vom anderen, daß er den Hörer abnahm. Schließlich sagte ich: »Es ist Ihr Telefon in Ihrer Verkaufsstelle.«

Sie nahm ab.

»Ja?« Und mit einem Blick zu mir: »Heißen Sie Lewandowski?«

Ich griff nach dem Hörer. Hauptmann Brottke, Leiter der Morduntersuchungskommission! Mit leiser, scharfer Stimme befahl er: »Kommen Sie sofort zur Dienststelle mit diesem Mädchen.«

Davon hielt ich nichts, falls keine zwingenden Gründe vorlagen, und das deutete ich ihm an.

»Frau Opitz behauptet, ihr Mann habe eine Freundin gehabt. Ein ganz junges Ding. Sie kennt sie. Eben wollte sie zur Konsumverkaufsstelle. Kollegen ihres Mannes meinen, die junge Verkäuferin dort sei mit dieser Freundin identisch. – Merken Sie eigentlich, daß es um Sie herum ziemlich stürmisch zugeht? Die Kollegen von Opitz sind aufgebracht, in der Altstadt kursieren Gerüchte, und Frau Opitz kann jeden Augenblick die Nerven verlieren.«

»Zur Zeit«, entgegnete ich, »sitze ich im Zentrum des Orkans, dort, wo Ruhe ist.«

Ich legte auf. Draußen keifte Hilde Abel, das sei eine Konsumverkaufsstelle und kein Affentheater, wer nichts kaufen möchte, habe sofort zu verschwinden. Ich bat Maria, sich etwas überzuziehen und mitzukommen. Sie nahm einen leichten Mantel vom Haken, ich half ihr hinein, sie sagte danke. Wir betraten den Verkaufsraum. Noch immer standen eine Menge Leute herum. Einige waren im Begriff gewesen hinauszugehen, zögerten, kamen zurück. Jemand sagte:»Na klar, isse das. Er hat immer von 'ner Blonden gesprochen.«

Ich packte den ersten, der uns im Weg stand, am Jackett und schob ihn unsanft beiseite. »Kriminalpolizei. Machen Sie Platz! Bißchen plötzlich, wenn ich bitten darf.«

»Sieht schon aus wie'n Flittchen«, sagte eine Frau.

»Das wäre nich's Schlimmste. Aber jemanden umbringen...«

»Erst hatse gesoffen mit ihm, dann die Flasche übern Schädel...«

Bevor wir zur Tür kamen, war der Weg wieder verstopft.

»'raus hier!« brüllte ich.

Draußen fuhr der Streifenwagen vor. Ich packte wieder einen, stieß ihn durch die Tür, den Streifenpolizisten in die Arme, zeigte auf diesen und jenen und sagte: »Personalien überprüfen! Behindern die Kriminalpolizei bei der Arbeit!«

Langsam wichen sie zurück. Die Polizisten schnappten sich einige und ließen sich die Ausweise zeigen. Ehe ich die Wagentür hinter Maria zuschlagen konnte, hörte ich: »Mörderin!«

»So was nehmen die noch in Schutz!«

Ich fuhr los. Maria saß neben mir und weinte.

»Ich muß Sie zur Dienststelle bringen«, sagte ich. »Wir fahren einen kleinen Umweg. So klein oder groß, wie ich's gerade noch verantworten kann. Und das ist Ihre Chance, mir die Wahrheit zu sagen. Denn wenn Sie dort so rumschwindeln wie eben, wird es für Sie unerfreulicher als nötig. Haben Sie ihn getötet?«

»Nein.«

Sie putzte sich die Nase, schluchzte noch ein paarmal und wurde ruhig.

»Waren Sie seine Freundin?«

»Nein.«

»Wenn Sie jetzt einfach tun könnten, was Sie wollten, was würden Sie machen?«

»Nach Hause fahren«, sagte sie ganz selbstverständlich.

»Haben Sie einen Freund dort?«

»Nicht, wie Sie das meinen. Aber alle, mit denen ich gern zusammen bin, sind in Grünwinkel und Hinterdorf und Waldenhain. Dort war's immer zum Wohlfühlen. Eben wie zu Hause.«

»Aber hier fühlen Sie sich fremd und einsam, kommen mit sich und den Menschen nicht zurecht und sehnen sich nach Grünwinkel. Niemand hilft Ihnen oder versteht Sie. Am allerwenigsten Tante Hilde. Und dann kam dieser Mann. Mit ihm konnten Sie sprechen. Er hörte zu. Er war zärtlich. Bei ihm fühlten Sie sich ein bißchen zu Hause. Vielleicht wußten Sie anfangs nicht, daß er verheiratet war – und als Sie's erfuhren, war's zu spät.«

»Ich glaube nicht, daß er verheiratet ist«, sagte sie nachdenklich, »er trug keinen Ring.«

»Seit wann kennen Sie ihn?«

»Seit drei Wochen ungefähr. Er hat mir das Leben gerettet.«

Ich drehte noch eine Runde. Mochte mein Hauptmann ungeduldig werden wie ein Hochzeiter, der auf die Braut wartet. Hier im Wagen war das Mädchen in der Stimmung zu sprechen. Ein Szenenwechsel, nüchterne Diensträume, Kriminalisten, die ihr fremd waren, konnten sie einschüchtern.

»Was ist denn damals passiert?«

»Ich war ein bißchen in Gedanken und noch nicht an die vielen Autos gewöhnt, plötzlich war eins ganz dicht 'ran. Ich wollte vorspringen, und wenn ich's getan hätte...«

»Sie haben's also nicht getan«, forschte ich.

»Er hat mich zurückgerissen.« Und nach einer Weile leise: »Er war überhaupt sehr nett. Er hat mein Haar gestreichelt und mit mir gesprochen. Über die Stadt und über Grünwinkel, über das Waldsterben, über Filme und Tiere.«

»Sind Sie in ein Lokal gegangen?«

»Nein. Nur so rumgelaufen. Durch den kleinen Park und ein Stück durch die Altstadt.«

»Dann haben Sie sich verabredet und sich ab und zu mit ihm getroffen.«

Sie schüttelte den Kopf. »Manchmal habe ich ihn in der Verkaufsstelle gesehen. Immer hat er irgend etwas Nettes zu mir gesagt, auch, daß wir wieder mal spazierengehen sollten.«

Sie weinte wieder.

»Maria, vielleicht werden Sie jetzt unschöne Dinge zu hören kriegen. Machen Sie sich nichts daraus. Bleiben Sie ruhig und ohne Angst. Auch wenn Sie das Gefühl haben, man glaubt Ihnen nicht. Ich weiß, daß Sie mir die Wahrheit gesagt haben, und verstehe jetzt, daß Sie gestern so fertig waren, als Sie ihn im Park liegen sahen.«

Ich fuhr schnurstracks zur Dienststelle. Maria wandte sich zu mir um. Ich bremste schon, als sie sagte: »Den Mann im Park kenne ich nicht. Sie haben mich nach jemandem gefragt, der nett war zu mir, und von dem habe ich Ihnen erzählt.«

Ich ließ Maria im Warteraum und ging zu Hauptmann Brottke.

»Die Leute vom KI haben den Flaschenhals gefunden«, sagte er. »Mit Fingerabdrücken darauf. Wir müssen Fräulein Koehler die Abdrücke nehmen.«

Natürlich mußten wir das. Um auszuschließen, daß ihre Finger den Flaschenhals berührt hatten. Oder um festzustellen, daß sie ihn angegriffen hatte. Ein Schuldbeweis war das noch lange nicht.

»Inzwischen steht fest, daß es eine Flasche Serschin-Wodka gewesen ist, mit der Opitz erschlagen wurde«, sprach Brottke weiter. »Die Fahndung nach dem Kunden, der gestern im Eckkonsum kurz vor Feierabend Serschin-Wodka gekauft hat und ein bißchen unangenehm auffiel, läuft.«

Brottke zuckte die Schultern, wie jemand, der ungern Dinge tut, die nichts bringen, und doch nicht darum herumkommt.

»Wir fahnden nach allen, von denen wir wissen oder auch nur vermuten, daß sie gestern eine Flasche Serschin-Wodka in der Tasche hatten.« Ein kleiner Seufzer, dann: »Vielleicht haben wir ganz einfach Glück. Soll ja vorkommen.«

Das Telefon klingelte. Die Gegenüberstellung von Maria Koehler und Frau Opitz war vorbereitet. Das Gesicht der Frau zeigte Spuren einer schlaflosen, durchweinten Nacht. Sie war groß und kräftig, trug einen grobgestrickten Pullover und bemühte sich, ruhig zu wirken. Ich bat sie, nur zu nicken, falls sie in einem der Mädchen die Freundin ihres Mannes erkenne, und uns außerhalb des Raumes zu sagen, welche es gewesen sei. Wir hatten Maria zwischen drei Mitarbeiterinnen von uns gestellt. Frau Opitz ging mit niedergeschlagenem Blick, hob ihn erst, als sie vor den Mädchen stand. In ihren Augen war Kälte und Verbitterung. Sie nickte, und wir gingen wieder hinaus mit ihr. Draußen sagte sie: »Die zweite von links.«

Die zweite von links war Maria gewesen.

Ein Kriminaltechniker kam mit Maria Koehler den Flur entlang. Sie schritt langsam und teilnahmslos, sah weder mich noch den Hauptmann oder Frau Opitz an. Mein Kollege von der Technik war ungeduldig, weil sie nicht Schritt hielt mit ihm. In Brottkes Zimmer klingelte wieder das Telefon. Schnell zog er die Tür hinter sich zu, und ich blieb stehen, zwischen dieser Tür und Frau Opitz, befallen von Wundergläubigkeit: Vielleicht hatte einer der gestrigen Wodka-Kunden bei seiner Überprüfung gestanden...

In meinem Zimmer bat ich Frau Opitz, Platz zu nehmen. Mich trieb es umherzugehen.

»Sie haben sie also wiedererkannt«, sagte ich. »Wie oft haben Sie sie denn gesehen?«

»Einmal.«

Ihre Stimme war tief, ein wenig rauh, paßte zu ihrer Erscheinung. Auch zu dem blassen, flächigen Gesicht mit den leicht aufgeworfenen Lippen.

»Wann sind Sie ihr begegnet?«

»Vor zehn Tagen.«

»Und wo?«

»In meiner Wohnung.«

»Ihr Mann hatte sie mitgebracht?«

Ich kenne Ehemänner, die der Frau einfach ihre Freundin vorstellen, bin nur noch nicht dahintergekommen, wen von den Beteiligten das besonders glücklich macht.

»Er hat sie angerufen und sie wissen lassen, daß ich weggefahren bin. Für mehrere Tage. Sie ist zu ihm gegangen. Am späten Abend noch. Er lag schon im Bett und las Zeitung.«

Das war ihre Version. Oder die, die ihr Mann zum Besten gegeben hatte. Wahrscheinlicher war, daß er das Mädchen am Telefon überredet und gebeten hatte, die Nacht in seiner Wohnung zu verbringen. Der Unterschied wog nicht allzu schwer.

»Sie kamen früher zurück als erwartet?«

»Ja. Ich muß kurz nach dem Mädchen gekommen sein. Im Korridor hing ihr Mantel. Außer einem Nachtlämpchen im Schlafzimmer brannte nirgends Licht in der Wohnung. Mein Mann stürzte aus dem Schlafzimmer, hängte sich den Morgenrock über und zog mich in die Küche. Er beschwor mich, es sei ihm bisher noch nie in den Sinn gekommen, mich zu betrügen. Er habe die Kleine erst kürzlich kennengelernt, und es sei nichts gewesen zwischen ihnen. An jenem Abend auch nicht. – Ich war dazwischen gekommen, noch bevor sie mit beiden Beinen in sein Bett gestiegen war!«

»Sie sagten, Sie haben das Mädchen gesehen.«

»Ja. Mein Mann und ich sprachen in der Küche miteinander. Ich weinte, verzweifelt über seine Bereitschaft, mich zu hintergehen. Wir hörten sie aus dem Schlafzimmer kommen und im Korridor den Mantel überziehen. Mein Mann war völlig hilflos und verwirrt. Über meine Tränen, über das, was er da angerichtet hatte. Er brachte es nicht fertig, etwas Vernünftiges zu tun, zum Beispiel, sie einfach gehen zu lassen. Er zog sie unter die Küchentür und sagte zu mir: Sieh sie dir an! Sie ist nicht schlecht. Sie ist nicht wirklich schlecht. Und ich bin es auch nicht.«

»Haben Sie mit ihr gesprochen?«

»Ich habe ihr ein Zeichen gegeben, daß sie verschwinden möge! Ich fühlte mich gedemütigt von ihr, und mein Mann muß von Sinnen gewesen sein, zu verlangen, daß ich sie noch begutachte.«

»Hatte sie im Korridor Licht angedreht?«
Sie schüttelte den Kopf.
»Frau Opitz, Sie konnten das Mädchen nicht wiedererkennen.«
Sie blickte mir in die Augen.
»Und doch muß sie es gewesen sein. Alle im Zementwerk wissen, daß sich mein Mann mit der Verkäuferin der Konsum-Verkaufsstelle getroffen hat.«
»Einige glauben das zu wissen, und wir werden herausfinden, ob es einen einzigen gibt, der es beweisen kann. In jener Verkaufsstelle habe ich heute erlebt, wie Gerüchte entstehen. Jemand sagte: Die Kleine sieht aus wie die Freundin von Opitz. Eine Verdrehung, böswillig oder klatschsüchtig, oder einfach ein Mißverständnis, das in anderer Situation belanglos geblieben wäre. Doch da ist ein Mord geschehen, sinnlos, grausam, und das Mädchen ist als erste auf den Leichnam gestoßen. Die Kriminalpolizei beschäftigt sich mit ihr. Und nun erhält die Bemerkung, sie sei die Freundin des Ermordeten gewesen, eine ungeheure Tragweite, einen ganz vertrackten Sinn.«
Sie schwieg. Nichts ließ erkennen, daß sie bereit war, über meine Worte nachzudenken. Ich fragte: »Wie haben Sie seit jenem Abend mit ihrem Mann weitergelebt?«
»Er bemühte sich um mich, aber ich war zu tief verletzt, um das alles als ungeschehen betrachten zu können. Ich hätte einfach noch etwas Zeit gebraucht, um drüber wegzukommen. Aber da...«
Sie schluckte und wandte sich ab.
»Gestern, als er getötet wurde, war Geldtag«, sagte ich. »Geld hatte er keines bei sich. Raubmord nennen wir das. Hatte er Feinde? Stand er in jemandes Schuld, oder hatte er Geld verborgt, das er zurückforderte?«
»Nein«, sagte sie. »Auf alle Fragen nein. Ich wüßte das. Wir haben wirklich gut miteinander gelebt, bis das mit dem Mädchen passierte. Er hatte mir versprochen, mit ihr Schluß zu machen. Kein Ausgehen, kein Treffen, kein Wiedersehen. Sie verlor ihn. Aber nicht, ohne sich dagegen

zu wehren. Vielleicht ist es im Streit geschehen. Das Geld kann sie genommen haben, um Raubmord vorzutäuschen. Skrupellos genug ist sie ja.«

»Hat Ihr Mann manchmal Wodka gekauft?«

Sie antwortete nicht direkt.

»Vielleicht hat er es gestern getan. Nur, daß er nicht bis nach Hause gekommen ist damit.«

Ich entließ sie. Auch Maria hatte man inzwischen nach Hause geschickt. Die Fahndung im Mordfall Opitz lief auf Hochtouren. Am Nachmittag rief mich der Chef in sein Zimmer.

»Eben«, sagte er, »hat das KI angerufen. Die Fingerabdrücke auf dem Flaschenhals sind mit denen von Fräulein Koehler identisch.«

Ich fuhr wieder ins Betonkastenviertel. Maria sah durch mich hindurch, als sie mir die Tür öffnete. Es war kurz nach 19.00 Uhr. Sie setzte sich in einen kleinen, bequemen Sessel und nahm keinerlei Notiz von mir. Sie hörte die ›Melodie in Stereo‹. Durch einen Lampenschirm aus dickem rotem Stoff sickerte Schummerlicht. Ich knipste die Deckenbeleuchtung an und sagte: »Damit wir auch schön sehen, was wir denken«, und wünschte ihr einen guten Abend.

Sie dankte mir nicht, sie lächelte nicht, sie tat überhaupt nichts, saß nur da und hörte ›Melodie in Stereo‹. – Falls sie überhaupt etwas hörte. Ich drehte das Radio aus. Sie reagierte noch immer nicht. Ich setzte mich auf eine Ecke ihrer Schlafcouch und wünschte in dieser Stunde nicht Kriminalist, sondern Arzt zu sein. Vielleicht hätte ich dann mehr mit ihr anzufangen gewußt.

»Maria, warum haben Sie mich belogen?«

Sie wandte mir ihr Gesicht zu.

»Wachen Sie auf, Mädchen! Ahnen Sie denn nicht einmal, in was für eine Sache Sie sich da hineinlügen? Von wegen, Sie kannten Herrn Opitz nicht. Er war Kunde bei Ihnen. Seine Frau behauptet, Sie seien seine Freundin gewesen, und auf der Flasche, mit der er erschlagen wurde, sind Ihre Fingerabdrücke. Begreifen Sie nicht, was das für Sie bedeutet?«

»Diese Frau lügt«, erwiderte sie ruhig.

»Na, sagen wir, sie irrt sich. Dann wären wir wenigstens in einem Punkt einer Meinung. Und jetzt erzählen Sie mir, wie Sie an diese Flasche gekommen sind?«

»Es war keine Flasche. Nur ein Scherben. Er lag auf dem Weg.«

»Auf dem Sie durch den kleinen Park in Richtung Straße liefen?«

»Ja.«

Plötzlich war ich ganz dicht dran. Gleich hatte ich's, wenn ich keinen Fehler machte.

»Sie sahen also zuerst auf dem Weg den Scherben, und dann im Gebüsch den Mann liegen.«

»Ja«, sagte sie und wandte ihr Gesicht wieder ab von mir. Wieso läuft jemand ins Gebüsch und findet einen Toten, wenn auf dem Weg ein Flaschenhals liegt? Nein, der hatte nicht da gelegen! Der war geworfen worden. Der kam aus dem Gebüsch geflogen und landete dicht vor ihr, und sie war dahin gelaufen, wo sie jemanden stöhnen hörte. Sie sah einen Mann am Boden liegen und einen, der davonlief. Und den kannte sie.

Es mußte jener Mann gewesen sein, der sie vor dem Auto zurückgerissen, sie gestreichelt, sich Zeit genommen hatte, ihr zuzuhören und mit ihr zu sprechen. Über Grünwinkel, über die Stadt, das Waldsterben, über Tiere. Für kurze Zeit war er ein Stück Heimat für sie geworden – dann hatte sie ihn als Totschläger erlebt. Sie verdrängte, was sie an jenem Abend gesehen hatte.

Mit einem Male war alles – nein, noch nicht klar, aber erklärlich. Der Schock, ihr seltsames Verhalten, wenn jemand an die Begebenheit des Mordabends rührte. Auch ihre relative Gleichgültigkeit, als Opitz' Freundin oder gar als seine Mörderin verrufen zu werden. Sie wollte nicht den Mann schützen, der Opitz getötet hatte, sondern ihr Trugbild von ihm. Was blieb, wenn ich es ihr zerstörte?

»Als Sie entdeckt hatten, was geschehen war, sind Sie auf den Weg zurückgelaufen und haben den Flaschenhals aufgehoben. Und weiter?«

»Ich bin losgerannt, um Hilfe zu holen. Den Scherben habe ich unterwegs weggeworfen.«

»Wo ungefähr?«

»Ich weiß nicht.«

»Haben Sie ihn nach rechts oder links vom Weg geworfen?«

Zögern. Ernsthaftes Nachdenken, dann: »Nach links.«

Das stimmte. Ich hatte mir die Stelle, wo er gefunden worden war, auf der Karte zeigen lassen.

»Warum haben Sie dieses Stück Glas nicht einfach liegen lassen, wo es lag?«

Sie schwieg.

»Maria«, sagte ich, »wir müssen den Mann finden.«

Dann schwiegen wir beide. Irgendwann nickte sie ein wenig und sagte: »Ich weiß.«

»Erzählen Sie mir, wie er aussieht. Ganz genau.«

Sie sprach schleppend, aber sie sprach.

»Er ist groß«, sagte sie, »groß und kräftig. Wie die Holzfäller bei uns. Seine Hände sind rissig. Er trägt eine braune Lederjacke. Die ist auch rissig. Die gleiche Farbe wie die Jacke hat sein Haar. Ganz glatt nach hinten gekämmt ist es und reibt sich am Jackenkragen.«

Ich drückte ihr die Zeichnung in die Hand, die nach den Angaben ihrer Tante von dem auffälligen Wodka-Kunden gefertigt worden war.

»Ist er das?«

»Ja«, sagte sie, »von hinten. Wie komisch. Haben Sie das gemalt?«

Ich erklärte ihr, wie es zustande gekommen war, und bat sie am folgenden Tag zu uns, damit wir mit ihrer Hilfe das Gesicht des Mannes sichtbar machen konnten. Ich beschrieb ihr auch das Verfahren, und es schien sie einigermaßen zu interessieren.

»Sie können sein Gesicht doch beschreiben?«

»Er sieht gut aus«, sagte sie. »Ich meine, wie ein guter Mensch sieht er aus.«

»Das sollten Sie mir genauer erklären.«

»Sein Gesicht ist vielleicht ein bißchen zu lang. Nein, nicht das ganze Gesicht. Nur das Kinn. Die Lippen sind dick. Den Mund hält er ein wenig geöffnet, und es sieht aus, als staune er immerzu über irgend etwas. Er hat graue Augen. Helle graue Augen mit vielen Fältchen in den Winkeln. Und wenn er will, kann er mit den Augen lachen. Seine Nase ist schmal und hat einen kleinen Höcker. Er sagte, er hätte da mal eins draufgekriegt. Aber er hat mir nicht erzählt, von wem.«

»Trägt er einen Bart?«

»Keinen Bart.«

»Morgen früh um acht Uhr«, sagte ich, »hole ich Sie mit dem Wagen ab. Ich bringe Sie zu meinem Kollegen, der das Bild anfertigt. Sie haben eine gute Beobachtungsgabe.«

Ihr Gesicht verdüsterte sich.

»Und wenn Sie das Bild haben, finden Sie ihn.«

»Unsere Chancen, ihn zu finden, sind dann größer.«

Sie stand auf und schaltete das Radio ein. Der Nachrichtensprecher sagte, die Sowjetunion sei zu weiteren Abrüstungsverhandlungen bereit. Sie drehte wieder aus, setzte sich in ihren kleinen Sessel und sah durch mich hindurch.

»Maria«, sagte ich, »er war in dieser Stadt nur der erste Mensch, bei dem Sie das Gefühl hatten, geborgen und ein bißchen zu Hause zu sein. Hören Sie! Der erste, nicht der einzige!«

»Ja, natürlich«, erwiderte sie gleichgültig. »Sie haben recht.« Es klang, als hätte sie gesagt: Ach, lassen Sie mich doch in Ruhe.

Am folgenden Morgen stand sie um acht Uhr schon vor der Haustür, blaß, müde aussehend, mit dunklen Ringen unter den Augen. Aber ihre Stimme klang frisch, und sie lächelte, als sie zu mir in den Wagen stieg. Ich lieferte sie im KI ab, und zwei Stunden später rief mich mein Kollege an.

»Sie war großartig«, sagte er, »wir haben ein brauchbares Identifikationsbild von dem Burschen.«

Ich atmete auf. »Na prima. Ich hole sie ab und fahre sie 'rüber in die Altstadt zum Konsum.«

»Sie sagt aber, sie möchte zu Fuß gehen. Vielleicht tut ihr das ganz gut. War ziemlich anstrengend.«

»Kann ich sie mal sprechen?«

Er gab ihr den Hörer, und sie sagte: »Ja?«

»Ich höre, Sie verschmähen meine Begleitung?«

Sie lachte.

»Seien Sie bloß nicht beleidigt. Wird schon wieder mal klappen. Ich möchte mir die Beine ein bißchen vertreten nach einer so langen Sitzung.«

Ich drang nicht weiter darauf, Kavalier zu spielen, hatte ohnehin genug Arbeit.

»Also gut«, sagte ich, »dann komme ich gelegentlich vorbei, Zigaretten kaufen. Auf Wiedersehen, Maria. Und vielen Dank.«

»Leben Sie wohl«, sagte sie und legte auf.

Fünfzehn Minuten später wurde uns ein Verkehrsunfall gemeldet. Auf der F 80, in Höhe des kleinen Parks, war ein junges Mädchen von einem PKW überfahren worden. Augenzeugen berichteten, sie sei direkt in das Auto hineingelaufen. Es habe einen dumpfen Knall gegeben, dann sei sie hochgeschleudert worden und auf dem Bordstein aufgeprallt. Sie starb auf dem Weg ins Krankenhaus. Der Polizist, der ihre Personalien festgestellt hatte, sagte, sie heiße Maria Koehler.

Unfall? Selbstmord? Nutzte es noch jemandem, das herauszufinden? Vorläufig tat ich das, was Maria eine Zeitlang praktiziert hatte: Ich verdrängte das Ereignis. Wir suchten mit Hilfe des Bildes, das sie uns entworfen hatte, den Mörder von Opitz. Und schließlich wurde er aufgegriffen.

Anfangs leugnete er. Wir zeigten ihm ein Foto von Maria. Er wußte nichts von ihrem Tod, glaubte, sie würde ihm gegenübergestellt und ihn identifizieren. Er sah keine Chance für sich und gestand.

Lange Zeit hatte er nichts vom Arbeiten gehalten, mit einem Mal wurde es schwierig, Arbeit zu finden. Er riß sich aber kein Bein aus danach, strolchte in der Republik umher, schlief bei Kumpels und bei Frauen. Nach H. verschlagen, erinnerte er sich an das Zementwerk und die Gehaltstage dort. Im kleinen Park begegnete er Opitz. Dessen Namen hatte er vergessen, doch vom Ansehen kannte er ihn noch. Er bat ihn um Geld. Opitz lehnte ab. Der andere handelte. Wenigstens fünfzig Mark. Rückzahlung demnächst. Ehrenwort. Opitz konnte sich wohl kaum noch an ihn erinnern und sah keinen Anlaß dafür, fünfzig Mark zu verschenken.

Der Mann, der um Geld bat, hatte getrunken. Serschin-Wodka. Die Flasche war erst zur Hälfte geleert. Er bot Opitz einen Schluck an. Der lehnte auch das ab. Feiner Kumpel, meinte der andere gereizt, und langsam kroch die Wut in ihm hoch. Sie gaben sich böse Worte, achteten dabei nicht auf den Weg und waren in einer Sackgasse mitten im Gebüsch gelandet. Opitz wandte sich um und wollte zum Weg zurück. Der andere schlug zu. Der Wodka, der noch in der Flasche war, verstärkte den Schlag erheblich. Ein kraftvoller Schlag war es ohnehin gewesen.

Er habe Opitz nicht töten wollen, beteuerte er.

Er hatte ihn getötet.

Vielleicht hatte auch Maria nicht sterben wollen. Vielleicht hatte sie gehofft, es gäbe noch jemanden, der sie zurückkriß.

Margarete Kubelka
Keine Kindesmißhandlung

Der Junge hatte nicht geschrien, als er aus dem vierten Stock des alten Mietshauses am Stadtrand von Dortmund stürzte, das taten die Straßenpassanten für ihn, zwischen denen sein Körper aufschlug, eine kleine Gestalt in Bluejeans und gelbem T-Shirt, die nun auf eine entsetzliche Art in Stummheit und Regungslosigkeit erstarrt war. »Er ist aus dem Fenster gefallen, er hat sich zu weit vorgebeugt«, sagten die Leute, obwohl keiner gesehen hatte, wie es passiert war. In diesem Viertel gab es keine Hansguckindielufts, hier hatte jeder mit sich selbst zu tun und sah höchstens auf seinen Vorder- oder Nebenmann, um den nötigen Abstand einzuhalten.

Auch die Polizei glaubte zuerst an einen Unfall, der ihr das Nächstliegende schien, aber die Routinebefragung der Nachbarn ergab Unstimmigkeiten und Aspekte, denen man nachgehen mußte.

»Aus dem Fenster gefallen. Na ja. Kann ja sein«, sagte die dicke Frau Deinert aus der Wohnung nebenan und vergrub ihre verarbeiteten Hände in ihrem geblümten Kittel. »Aber es kann auch anders gewesen sein. Ich habe schon lange das Gefühl gehabt, daß da mal was Schlimmes passiert. Bei den Korschaks stimmt etwas nicht.«

»Sind die nicht in Ordnung, die Korschaks?« hakte Kommissar Kottwitz ein. »Trinker, Asoziale, Gewalttätige? Haben sie das Kind vernachlässigt?«

»Nee, kann man nicht sagen. Sind eigentlich ordentliche Leute. Und der Roland, der wo aus dem Fenster gefallen ist, war immer sauber angezogen, und zu essen hat er auch genug gekriegt. Der Korschak, sein Vater, war halt ein bißchen anders, nicht verrückt, wenn Sie das meinen, Herr Kommissar, nur eben anders, hat manchmal so komisch mit sich selber geredet, aber wenn man ihn angesprochen hat, hat er meistens keine Antwort gegeben. Es ist die Hitze, hat die Irma, seine Frau, immer gesagt. Korschak arbeitete nämlich in einem Stahlwerk, und die Irma hat immer gesagt, die Hitze steckt in ihm drin und kann nicht raus.«

»Na ja«, sagte der Kommissar etwas lahm. »Diese harten Arbeitsbedingungen schlagen sich eben nieder. Aber das meinten Sie doch sicher nicht, als Sie sagten, Sie hätten eine Art Katastrophe erwartet. Da muß doch noch mehr gewesen sein.«

»Mehr...«, wiederholte Frau Deinert zögernd. »Was wirklich Schlimmes war da nicht, wenn Sie glauben, die hätten sich geschlagen oder auch nur angebrüllt, das hätte ich gehört, die Wände sind hier ganz dünn. Aber der Junge, der Roland, hat immer geweint, Tag und Nacht, immer vor sich hingeweint, das ist doch nicht normal.«

»Klar haben die den Jungen geschlagen«, sagte Frau Palfert, die in der Wohnung unter den Korschaks wohnte. »Das dauernde Weinen von dem Roland mußte doch einen Grund haben. Das war nicht mehr anzuhören, kann ich Ihnen sagen, man ist ja allerhand gewohnt, auch aus dem Fernsehen und so, aber dieses Weinen hat mich fertiggemacht. Der hat ja auch ein hitziges Gemüt, der Korschak, seine Frau hat ja auch immer alles auf die Hitze geschoben, wenn dort was nicht stimmte.«

»Der hat wegen seinem Modellflugzeug geweint«, mischte sich plötzlich Palfert Junior ein, ein etwa zehnjähriger Junge, der bisher still in einer Ecke gesessen und scheinbar unbeteiligt in einem Buch geblättert hatte. »Das war ein tolles Ding, dieser Flieger, auf den hat er lange gespart gehabt, sein ganzes Taschengeld, und den Hund von der Frau Klamm hat er auch immer ausgeführt. Aber dann hat der Alte ihm das Flugzeug weggenommen, weggeschlossen, damit der Roland nicht mehr damit spielen konnte.«

»Das Weinen geht schon lange«, widersprach die Mutter. »Mindestens ein Jahr, und das mit dem Flugzeug war erst vor ein paar Wochen; nee, nee, die haben ihn verprügelt, da bin ich ganz sicher.«

Kottwitz beschloß, die Klassenlehrerin von Roland Korschak aufzusuchen. Die mußte den Jungen ja gut gekannt haben, und vielleicht hatte er sich ihr anvertraut, möglich war es ja.

»Eine schlimme Sache, das mit dem Roland«, sagte Frau Killing bedauernd. »Der war ja arm dran, der Junge. Kein heller Kopf, gerade daß er so mitkam in der Schule und versetzt wurde. Aber die Eltern wollten ja höher hinaus, die hätten ihn gern aufs Gymnasium geschickt, oder wenigstens auf die Realschule; davon konnte natürlich bei seinen Leistungen keine Rede sein. Der Vater war ja überhaupt ein merkwürdiger Mann. Nächste Woche wollten wir einen Schulausflug machen, und dabei sollte es einen Wettlauf geben. Roland hatte schon wochenlang dafür geübt, und er hätte alle Aussicht gehabt, Erster zu werden. Das hätte ihm gutgetan, wo er doch nie ein Erfolgserlebnis hatte. Aber dann hat ihm der Vater den Ausflug verboten, der Junge habe vor kurzem die Masern gehabt und müsse geschont werden. Ist natürlich Unsinn, der war topfit.«

»Glauben Sie, daß er zu Hause mißhandelt wurde?« fragte Kottwitz.

»Mißhandelt? Nein, das glaube ich nicht. Da hätte ich was gemerkt, im Turnunterricht zum Beispiel, da sieht man doch, wenn einer geschlagen wird. Das hinterläßt doch Spuren.«

Kottwitz würde noch einmal mit der Mutter des toten Jungen sprechen müssen. Bei ihrer ersten Vernehmung hatte sie unter Schock gestanden und kaum einen ganzen Satz herausgebracht.

Dafür sprach sie jetzt viel und schnell und ohne Pause, als müsse sie etwas loswerden, das sie nicht mehr ertragen konnte.

»Geschlagen, wo denken Sie hin? Wir haben nie Hand an den Jungen gelegt. Der war doch unser ein und alles. Der sollte es einmal besser haben als sein Vater. Der sollte nichts von der Hitze spüren, die meinen Werner fast umbringt. Deshalb wollte der Werner ja, daß er was lernt, aber der Roland hat da nicht mitgemacht, der hat immer nur gebastelt und so kniffliges Zeug zusammengesetzt, seine ganze Zeit ist dafür draufgegangen, und dann hat er in der Schule immer schlechte Noten gehabt. Deshalb hat ihm ja auch mein Mann das Flugzeug weggenommen, der Roland hat ja nichts anderes mehr im Kopf gehabt, und das alte Radio, mit dem er immer herumgespielt hat, hat er auf den Sperrmüll gegeben. Der Junge wußte es ja nicht besser, aber der Werner, der hat es gewußt. Und dann hat sich der Roland im ersten Stock eines Abbruchhauses so ein Hüttchen gebaut, mit alten Decken vom Speicher und so, und dort ist er am Nachmittag nach der Schule immer hingegangen und hat alles hingeschleppt, mit dem er seine Zeit verplempert hat, damit mein Mann es ihm nicht wegnehmen konnte. Wir haben zuerst gar nicht gewußt, wo er sich immer rumtreibt, aber dann ist der Werner ihm einmal heimlich nachgegangen und hat alles gefunden. Es war schrecklich, in dem Haus hat es gestunken, und Penner haben dort übernachtet und leere Wermutflaschen auf den Fußboden geschmissen, aber dem Roland sein Hüttchen haben sie nicht angerührt. Da drin lag alles voll Schrauben, Nägeln und so Zeug, auch Pappkarton, es sah aus, als hätt er sich selber ein Flugzeug zusammenbasteln wollen. Auch Bücher waren da, mein Mann hat sich zuerst gefreut, aber dann waren das nur so Heftchen, Mickymaus und so, und ein paar Anleitungen zum Basteln. Da ist mein Mann sehr böse geworden, und er hat den ganzen Kram zusammengerafft und in eine Mülltonne gesteckt.«

»Und wann war das, Frau Korschak?«

»Das war – das war an dem Tag – an dem Tag – wo...«

»Als Roland starb?«

Frau Korschak nickte stumm.

»Der Junge ist also aus dem Fenster gesprungen«, sagte Markus Kriesche, der Mitarbeiter von Kottwitz, als der ihm alles erzählt hatte.

»Ich habe keinen Zweifel daran«, bekräftigte Kottwitz, und seine Stimme klang heiser, als stecke ihm etwas im Hals. »Kein Unfall, kein Mord, nicht einmal eine Kindesmißhandlung. Wir können den Fall zu den Akten legen.«

Virginie Brac
Venus im Exil

Ich bin genaugenommen nicht hübsch. Man könnte mir unter anderem meine hohlen Wangen vorwerfen, das fliehende Kinn, meine Stupsnase mit dem großen Muttermal, das ich nicht entfernen lassen kann, ohne damit ein tödliches Krebsgeschwür heraufzubeschwören, meine dünnen Haare, die weit auseinanderstehenden Augen, die von stechenden, kleinen Wimpern umrahmt sind. Man sieht, daß ich mein Porträt ohne Selbstmitleid zu zeichnen weiß. Meine Haut jedoch widersteht auch den bösartigsten Angriffen meiner Verleumder. Ich habe eine schöne Haut, sogar Helena Orlandez vom Standesamt gab es zu, und diese Kreatur ist mir gegenüber weiß Gott nicht nachsichtig gestimmt. Glatt, frisch, im Winter mit einem Hauch von Rouge überzogen (ich bin entschieden modern, und so lasse ich keinen Kunstgriff der Kosmetik aus), ist meine Haut eine Ohrfeige ins Gesicht anderer Frauen, Spucke, eine Beleidigung, und, das können Sie mir glauben, jede ist sich dessen bewußt.

Man liebt mich nicht. Sogar hier, wo niemand sich damit brüsten kann, ein Ausbund an Tugend zu sein. Marlene sagte immer, daß es nicht von Bedeutung wäre, ob man geliebt wird oder nicht, aber ich frage mich, was für Marlene überhaupt Bedeutung hat. Als ich zum Beispiel bemerkte, wie sich Helena Orlandez an Lazare Perez von der Abteilung Zulassungsscheine heranmachte (sie bat ihn, ihr den Büstenhalter zu schließen, der gerade aufgegangen war) und ich Marlene, die Lazares Geliebte ist, daraufhin ansprach, brach sie in ihr so einzigartiges Lachen aus, das ihre Kehle bis zu der Spitze ihrer Brüste hinunterkollert. »Da kann man nur eines machen. Die Augen schließen und die Finger kreuzen.« Und angesichts meiner entsetzten Miene hielt sie es für notwendig hinzuzufügen: »Die Augen schließen, um nicht zu leiden, die Finger kreuzen, damit er widersteht.«

Unnötig zu sagen, daß ich ganz und gar nicht derselben Meinung bin wie sie. Die sehr dunkelhaarige und sehr fette Marlene (was mich betrifft, so erfreue ich mich eines mageren Aussehens. Magerkeit bringt zwar die weiblichen Attribute zum Verschwinden, war aber immer schon wahnsinnig klassisch) ist eine Frau von erstaunlicher Unverfrorenheit. Eines Tages nahm sie Lazare und mich zu einem Rendezvous mit Eddy mit. Es steht mir aber nicht zu, mich darüber zu beschweren, denn an diesem Abend eroberte ich Eddy.

Entschuldigen Sie, daß ich darauf bestehe, aber wenn Eddy absolut nichts Anziehendes an mir gefunden hätte, wäre nichts passiert. Ich wäre immer noch auf dem Standesamt und würde auf eine geschwisterliche Seele warten, wie alle anderen dummen Puten, die zulassen, daß sie das Leben bis zum Tod hineinlegt und überrollt wie Kieselsteine. Ich glaube also hervorheben zu können, und das ist für mich nicht unwichtig, wie ich zugeben muß, daß Eddy an jenem Abend unter allen anderen Mädchen der Discothek gerade mich auswählte.

Als ich Marlene gegenüber jenes für mich ziemlich heikle Thema erwähnte, nämlich, daß Eddy ins Waschbecken pißte, glaubte ich zuerst, daß sie mich nicht verstanden hatte. Es war heiß. Sie trug ein geblümtes Kleid mit tiefem Dekolleté, einen rosa Lippenstift und Blumenohrclips. Bevor ich ihr die Frage stellte, war ich überzeugt davon, daß sie für die Männer Partei ergreifen würde. Will sagen, ganz egal, was auch von deren Seite käme. Statt dessen machte sie ein angewidertes Gesicht und äußerte sich sehr bestimmt: »Sie sind alle gleich ekelhaft. Den da solltest du stehenlassen.«

Ich hütete mich, sie daran zu erinnern, daß sie, als Lazare sie verließ mit einer Flasche Gin zu mir gekommen ist und diese in weniger als einer Stunde geleert hatte und ich mich darauf beschränkte, sie in mein Bett zu legen. Den

Rest der Nacht verbrachte ich damit, meinen Teppichboden von ihrem Erbrochenen zu reinigen. Es liegt mir fern, mich mit unbedeutenden Verdiensten zu brüsten, was ich sagen wollte ist nur, daß ich mit ihr deswegen nicht gebrochen habe. Im Gegenteil, unsere seltsame Freundschaft ist sogar auf diese Episode zurückzuführen. Ich sage »seltsam«, weil unsere Wesensart, unsere Sehnsüchte so radikal verschieden sind; ich zum Beispiel versäume keine Gelegenheit, mich zu bilden, während sie nichts anderes als ›Paris-Turf‹ liest, was nicht gerade der Förderung des sozialen Aufstieges dient. Immerhin hat mich Marlene nach diesem Vorfall ins Herz geschlossen, und mit einer solchen Unterstützung wurde das Leben im Rathaus leichter.

Als ich zum ersten Mal sah, wie Eddy sich ins Waschbecken erleichterte, zuckte ich innerlich mit den Schultern. Die Reinigungsmittel für weißer als weißes Email sind ja nicht für die Katz. Es war am Morgen nach unserer ersten Nacht. Ich wußte, daß ich mit tuscheverklebten Wimpern und zerknittertem Gesicht entsetzlich aussah. Ich tat also so, als ob ich noch schliefe und beobachtete ihn im Spiegel des Wandschranks. Er hatte die Badezimmertür offengelassen, eine entschuldbare Nachlässigkeit, da wir, wie man so sagt, schon intim waren. Wenn mich meine Erinnerung nicht trügt, war ich nicht wenig stolz darauf, denn Eddy war ein recht schöner Mann (obwohl ihm die Haare schon ausgingen) im Gegensatz zu seinem Vorgänger, einem Kleinen, Dünnen.

An jenem Morgen zog sich Eddy schnell an (ich behielt den Kopf wohlweislich unter der Decke) und ging. Ich bot ihm nicht an, einen Kaffee zu machen, weil wir uns ja kaum kannten und ich nicht den Eindruck erwecken wollte, mich an ihn zu hängen, als wäre er der letzte Mann auf der Welt (was leider der Fall war, für mich zumindest).

Kaum war Eddy gegangen, stürzte ich in mein winziges Badezimmer, um meine Toilette zu machen. Als ich den Wasserhahn aufdrehte, war ich (aber wirklich kaum) etwas angewidert bei dem Gedanken, daß ich mich eines Waschbeckens bediente, in das männlicher Urin geflossen war. Ich holte also das Putzmittel, einen neuen Schwamm, und aus purer Hygienemaßnahme reinigte ich das Becken gründlich, bevor ich mich wusch.

Ich werfe mir oft vor, pedantisch zu sein, wie eine alte Jungfer. (Was ich nicht bin. Wie diese Geschichte beweist, fürchte ich mich nicht davor, mit einem Mann, der mir gefällt, oder eher, dem ich gefalle, was schon viel seltener ist, zur Sache zu kommen.) Ich geißelte mich also innerlich dafür, es nicht kühn auf mich genommen zu haben, mich in einem besudelten Waschbecken zu waschen. Sind doch diese Körperfunktionen nur allzu natürlich und haben nichts an sich, wovor man sich ekeln müßte.

Eddy ließ einige Monate nichts von sich hören. Bei einem Mann seines Schlages (stolz, wild) war dies kaum verwunderlich. Ich wußte von Marlene, daß er immer noch im Busdepot arbeitete, und dieses Abenteuer hatte zumindest den Vorteil, mich ihr näherzubringen, denn in ihren Augen war ich nun eine richtige Frau, mit Herzensangelegenheiten und tutti quanti.

Eines Tages kündigte sie mir an, daß Eddys Rechtmäßige mit einem anderen das Weite gesucht hatte, und noch in derselben Nacht stand er mit Sack und Pack vor meiner Tür.

Als ich ihn fragte, ob ich ihm abgegangen sei (so prompt, wie er sich bei mir einstellte, hätte man es glauben können), sagte er ja, denn ich wäre, so scheint's, ein steiler Zahn. Ich möchte mich nicht in schmeichelhaftem Licht präsentieren oder Xavièra Hollander Konkurrenz machen (bei der Idee allein schon muß ich lächeln), aber ich glaube, daß diese Behauptung nicht völlig aus der Luft gegriffen war. Zumindestens war Eddy nachsichtig genug, um es zu glauben.

Wenn ich von diesem Kompliment auch ziemlich bewegt war (das einzige, zu dem er sich jemals hat hinreißen lassen), konnte ich nicht umhin, ihn im Spiegel des Wandschranks zu beobachten, als er am frühen Morgen aufstand. O weh, er wiederholte die ungehörige Aktion vom ersten Morgen.

Wie beim letzten Mal verkroch ich mich beschämt und eingeschüchtert unter der Decke und gab vor zu schlafen. Als er weg war, erhob ich mich und ging mutig meine Toilette machen, diesmal ohne vorher Schwamm und Waschpulver aus der Küche zu holen. Unsere Liebe, das wußte ich, mußte dieses Opfer aushalten.

Ich hab's versucht, ich schwöre es. Zu Beginn glaubte ich auch, daß es mir gelingen würde. Aber in dem Moment, als ich mich über das Waschbecken beugte, um mir die Zähne zu spülen, war mir, als ob ich einen leichten Geruch wahrnähme, und in mir stieg ein unüberwindlicher Ekel auf. Ich beendete also meine Toilette über der Spüle in der Küche, dieses Mal ernsthaft.

Mein erster Reflex war, mich in die Rolle einer Romanheldin zu versetzen (ich gebe zu, daß ich eine wahnsinnige Vorliebe für Liebes- und Schloßgeschichten habe). Aber das half nicht viel, und ich begnügte mich mit einer einfachen und würdigen Lösung, um aus dieser verzwickten Lage herauszukommen.

Ich *konnte* mit Eddy darüber nicht sprechen. Eine Sache, die ich für sicher halte, ist, daß Männer es hassen, in ihren kleinen Gewohnheiten gestört zu werden. Wenn ich mich nicht anpassen würde, würde mich Eddy, ohne zu zögern, verlassen. Ich bin nicht hübsch genug, wenn ich wütend bin, und jede Kaprice meinerseits brächte große Risiken mit sich.

Das Waschbecken jeden Morgen, bevor ich meine Toilette machte, zu reinigen, schien mir die einfachste Lösung. Das heißt, es wäre am einfachsten gewesen, wenn Eddy nicht jeden Morgen seinen Kaffee verlangt hätte, und diese verdammte Schminke aus mir nicht einen Papagei gemacht hätte. Ich gebe, wenn wir ehrlich sind, einen sehr häßlichen Papagei ab.

Es liegt in der Natur der Frauen, aus sich immer etwas Besseres machen zu wollen...

Eddy schaute mich nicht oft an, aber die Augenblicke, in denen seine Augen auf mir ruhten (zum Beispiel, wenn er läutete und ich die Tür öffnete), hatten umso mehr Bedeutung. In diesen Augenblicken wollte ich auf meinem Zenit sein. In der Folge ging alles viel zu schnell. Eddy war so anspruchsvoll, daß ich keine einzige Minute für mich hatte, bis zu dem Moment, in dem ich buchstäblich in den Schlaf versank. Bei meinem ersten Versuch, das Waschbecken mit Putzmittel und Schwamm zu reinigen, stoppte er mich (indem er mich am Ärmel meines rosa Nylonschlafmantels packte): »Du wirst doch jetzt nicht zu putzen anfangen? Ich hab Kaffee von dir verlangt.«

Ich mußte also mit schminkeverschmierten Augen und Resten von Lippenstift, die mir bis zum Kinn runterrannen, das Frühstück machen. Meiner Würde wurde einiges abverlangt, muß ich sagen.

Am nächsten Tag entdeckte er das berühmte Putzmittel samt Schwamm auf der Ablage des Waschbeckens, wo ich es am Vortag gelassen hatte, um mich direkt bedienen zu können. Er riet mir scherzend, es für mein Gesicht zu verwenden, und trieb mich gleichzeitig dazu an, mich mit dem Kaffee zu beeilen, denn er wäre spät dran. Ich wollte die Badezimmertür absperren (damit er nicht sah, daß ich das Waschbecken reinigte, bevor ich mich abschminkte), aber ich nahm an, daß meine Geste falsch interpretiert werden könnte, und ich so dastünde, als ob ich über seine Bemerkung (die ja sehr lustig war) beleidigt wäre. Ich begnügte mich also damit, die Tür hinter mir zuzuziehen, und gerade, als ich meine kleine Putzarbeit in Angriff nahm, kam er herein und fragte mich, warum zum Teufel ich um sechs Uhr morgens solche Verrichtungen machte. »Wenn du dich wenigstens kämmen oder dich etwas herrichten würdest«, fügte er mit der unschuldigen Grausamkeit eines Mannes, der schlechter Laune ist, hinzu.

Wie sollte ich ihm zu verstehen geben, daß es seine kleine Manie war, die mir einen normalen Zugang zur »ersten Hilfe« versagte? Als die Dinge soweit gediehen waren, sprach ich mit Marlene darüber. Ihre kategorische Antwort (die Antwort einer Frau, die sich auf ihren körperlichen Reizen ausruhte wie auf einer Luftmatratze in einem Schwimmbecken) war mir keine Hilfe. Bei mir zu Hause angelangt, wiederholte ich hunderte Male meine Möglichkeiten. Vor Eddy aufzustehen, stellte eine übermenschliche Anstrengung dar. Seine nicht alltägliche Männlichkeit erschöpfte mich, und ich neigte dazu, in tiefes Koma zu fallen, sobald er mich in Ruhe ließ. Ich raffte mich trotzdem auf, den Wecker auf halb sechs Uhr zu stellen, unter dem Vorwand, ihm ein Frühstück zu machen, das diesen Namen auch verdiente.

Mein erster Versuch war von Erfolg gekrönt. Das Problem war nur, daß er in der Folge nichts mehr essen wollte, weil er so früh am Morgen keinen Hunger hatte. Das Läuten des Weckers ging ihm (berechtigterweise) auf die Nerven, und schließlich äußerte er seine Mißbilligung darüber, daß ich fast meine gesamte Zeit im Badezimmer verbrachte. »Für was weiß ich für einen Heckmeck!« rief er wütend aus. Kurz, durch diese Angelegenheit geriet er in Wut und schaute mich mit einer solchen Miene an, daß ich es dabei bewenden ließ. Ich mußte zu meinem Unglück etwas anderes erfinden.

Unbegrenzte Möglichkeiten hatte ich nicht. Durch wiederholtes Abgehen des Weges in alle Richtungen, Küche-Bad-Zimmer, Zimmer-Bad-Küche, entdeckte ich bald, daß ich mich notfalls der Klomuschel bedienen konnte, falls ich eine Wasserflasche und ein Glas auf dem Spülkasten bereit hielt. Diese Lösung war garantiert unfehlbar, denn Eddy benützte das WC während der (ausschließlich nächtlichen) Stunden, die er bei mir verbrachte, nie. Was mich betrifft, so würde ich die Toilette auf dem Gang benützen.

Die Idee war gewagt, ja schockierend, aber es schien bequemer, so zu handeln. Als ich meine Utensilien vorsichtig nach und nach an ihren Platz stellte, war ich sicher, daß Eddy nichts davon bemerken würde. Um noch sicherer zu sein, kaufte ich ein ganzes Sortiment von kalklösenden Produkten und Desinfektionsmitteln. Innerhalb einiger Tage war mein Problem gelöst (um es bequemer zu haben, hatte ich auch einen kleinen Spiegel und ein Lackbrettchen oberhalb der Spülung montiert). Einige Minuten, um mir die Zähne zu putzen, die schwarzen, roten und blauen Spuren aus meinem Gesicht zu entfernen, mit einem Gesichtstonic nachzuspülen, kurz mit dem Kamm durch die Haare, und ich war präsentierfähig.

Ich bereitete danach freudig den Kaffee und war (mit welch verrückter Sorglosigkeit auch) überzeugt davon, daß ich mir nun das Recht auf eine harmonische und friedliche Liebe erobert hatte.

Was ich nicht bedacht hatte, war, daß diese Disposition mich zwang, die Türe abzusperren. Eddys schmissige Manieren (aber man kann einem Mann ja nicht vorwerfen, ein Mann zu sein) garantierten mir kaum etwas Alleinsein. In dem extrem intimen Zusammenhang unserer Beziehung (wir hatten es sogar schon unter der Dusche getrieben) mußte ich jeden Augenblick verfügbar sein, und den Riegel vorzuschieben, wäre schlicht und einfach ungehörig gewesen. Abgesehen davon, daß er dann sicher die Tür eingetreten hätte.

Mit der ganzen Grausamkeit des Schicksals, das zwei Leben mit seinem glühenden Eisen brandmarkt, ereignete sich das, was ich mich immer geweigert hatte, vorauszusehen: Eddy überraschte mich um sechs Uhr morgens, als ich auf dem Klo meine Toilette machte (um die Sache noch schlimmer zu machen, hatte ich es verabsäumt, die Mineralwasserflasche aufzufüllen und bediente mich, weil es so schneller ging, der Wasserspülung). Ich begriff sofort, daß der Augenschein gegen mich war. Das (ich gebe es zu, katastrophale) Bild, das ich abgeben mußte, war das eines Papageis in rosa Nylon, der vor der Klomuschel auf den Knien lag, seine Zahnbürste schwang und dabei unzusammenhängende Töne ausstieß.

Sobald ich den Mund fertiggespült hatte, stürzte ich ins

Zimmer, er war schon dabei, sich anzuziehen. Auf der Stelle begriff ich, daß alles zu Ende war. Sein Blick sagte deutlich, daß ich in seinen Augen eine Verrückte war (und keine treue, ergebene Geliebte, denn jeder sah die Dinge ja durch seine eigene Brille). Ja, eine Verrückte. Ich konnte mich nur damit abfinden und mit hängenden Armen, vom Schicksal besiegt, zusehen, wie er aus meinem Leben schied.

Heute weiß jeder, daß ich von diesem Moment an einfach und zügig vorging, denn ich schüttete Rattengift in seine Kaffeetasse, in die letzte, die er bei mir trank, seiner letzten überhaupt. Ich wollte nicht, daß er ging. Zumindestens nicht nach dem, was er gesehen hatte und was er sicher sofort Marlene erzählen würde. Ich hörte jetzt schon ihr Lachen und, wie ein Echo, das von Helena Orlandez. Marlene lacht gern um des Lachens willen, das ist das Problem. Und ich würde wieder einmal allein sein. Manchmal hat man genug davon.

Ich wachte stundenlang über ihn, ohne daß ich es wagte, zur Arbeit zu gehen. Am Ende dieses schrecklichen Tages war er immer noch nicht tot. Ich wußte nicht mehr, was ich tun sollte, und so kaufte ich in der Apotheke eine Spritze und verabreichte ihm eine Injektion mit 90% Alkohol, Äther, irgend etwas, nur damit er endlich verschied. Als ich dann mit der Leiche, der Länge nach hingestreckt auf dem Teppichboden meiner kleinen Garçonnière, dastand, begann das Wochenende. Ich wage zu behaupten, daß ich das praktisch fand.

Ich mußte eine wasserdichte Plane kaufen, eine Heckenschere, Zangen – kurz, eine Menge Dinge. Man hat mir vorgeworfen (ein Zeichen unserer Zeit), methodisch und langsam vorgegangen zu sein. Hätte ich mich vielleicht konfus und schlampig anstellen sollen, nur um das Recht auf Nachsicht zu haben? Man bezeichnete mich als grausam und zynisch. Purer Neid, sag ich, nichts als Neid. Ich kenn sie ja, all jene, die es bereuen, daß sie alles mit sich geschehen ließen, alle jene, die ihre Rache auf später verschoben haben und mich beneiden. Während des Gerichtsprozesses hatte ich nicht einmal das Bedürfnis, mich zu rechtfertigen, so absurd waren diese Vorwürfe für mich.

Was hätte ich mit diesem großen, schönen Körper am Hals denn anderes machen sollen, als ihn in kleine Stücke zu schneiden und durch den Mixer laufen zu lassen. Ich kaufte jede Menge Plastikdosen und füllte sie nach und nach mit Hackfleisch. Heftig schluchzend (es ist unnötig zu sagen, daß ich von schlimmstem Trübsinn heimgesucht wurde) stapelte ich die Plastikschachteln in einer Ecke der Küche. Mittags war ich noch nicht einmal mit den Beinen fertig. Ich brachte fast die ganze Nacht damit zu und konnte erst am nächsten Morgen beginnen, die vom Fleisch gereinigten Knochen zu zertrümmern. Die gröbsten Trümmer räumte ich ordentlich in einen Sack, den ich bei Einbruch der Nacht auf eine Müllhalde werfen wollte. Leider blieb noch der Kopf übrig. Oh, der Kopf. Zähne, Haare, all das. Was sollte ich damit machen? Man hat ja bereits gesehen, daß ich nicht für brutale Lösungen bin. Ich konnte mir schlecht vorstellen, wie ich so mir nichts dir nichts den Schädel mit einem Hammer zerschlug. Also ehrlich, nein! Von zwei durchwachten Nächten völlig erschöpft, verstaute ich Eddys Kopf und legte mich noch in den Kleidern ins Bett.

Als Marlene um zwei Uhr morgens bei mir läutete, glaubte ich zuerst, daß sie Verdacht geschöpft hatte und etwas ahnte. Ich war etwas verstimmt darüber, aber ich stellte fest, daß sie nur kam, um sich wegen eines neuen Seitensprungs von Lazare (mit diesem Miststück Helena Orlandez) bei mir vollaufen zu lassen. Ich legte mich ruhig wieder nieder, um mir ihre Schimpfreden anzuhören, und ich war es, ja ich (und ich könnte mich jetzt noch dafür ohrfeigen), die ihr sagte, sie möge sich im Tiefkühlfach selber bedienen, als sie mich um Eiswürfel bat. Auch bei bestem Willen konnte sie an Eddys Kopf nicht vorbeischauen, der den ganzen Platz einnahm. Den Kopf wegschieben, um zu den Eiswürfeln zu kommen, wäre von absolutem Zynismus gewesen, und von nun an begannen die Dinge eine schlechte Wendung für mich zu nehmen.

Allein in meiner Zelle genieße ich es, den Duft von Liebe und Skandal einzuatmen, der meine Erinnerungen wie Balsam umgibt. Auf dem Altar der Männlichkeit geopfert, empfinde ich heimlichen Stolz über meinen verlorenen Kampf. Ich weiß, daß mein Prinz eines Tages kommen wird. Nachts, während ich den Schritten der Wärter auf dem Gang zuhöre, denke ich oft daran und habe dann ein leichtes Schwindelgefühl: Gott, wie zerbrechlich doch die Liebe ist...

Liza Cody
Glücksgriff

Er lehnte an einem eingestürzten Mauerstück und sah fast normal aus. Wegen des Vollmonds konnte ich ihn sehen. Ein hübscher Mond war es, mit strähnigen Wolken über seinem Gesicht wie das Haar einer alten Dame.

Ich beobachtete den Mann ein paar Minuten lang, aber er bewegte sich nicht. Würde er auch nicht, oder? Ich konnte sehen, daß er nicht hergehörte – er war viel zu gut gekleidet, und ich wunderte mich, wie er hierher gekommen war. Das ist kein Teil der Stadt, wohin Männer gehen, die so gekleidet sind.

Er war noch nicht lange tot. Das konnte man auf einen Blick sagen, weil er seine Schuhe noch anhatte. Wenn du hier stirbst, behältst du deine Schuhe keine zehn Minuten lang. Deine Brieftasche würdest du keine zehn Sekunden behalten – ob tot oder lebendig.

Das fiel mir ein, und ich blickte rasch nach rechts und links, ob irgendwer in den Schatten lauerte. Hätte ich irgend jemand größeren als mich gesehen, wäre ich geblieben, wo ich war. Mondschatten sind schwärzer als Leichenwagen, also wußte ich, daß ich nicht die einzige war, die heute nacht unterwegs war. Aber in den Trenches sind nur die Großen verwegen, und ein Großer würde bereits in den Überresten umherwühlen. Also sprang ich hinter meinem Schutthaufen hervor und rannte hin.

Wie ein Blitz war ich dort und ergriff seinen linken Rockaufschlag. Sieben von zehn Männern sind Rechtshänder, und die Chancen stehen sieben zu drei, daß irgend etwas Wertvolles in der linken Innentasche ist. Ein rascher Griff, und ich fischte die Beute heraus.

Aber jetzt hörte ich Geräusche – das Krachen faulen Holzes, das Rieseln von Ziegelstaub. Hastig schnappte ich mir seine Armbanduhr und tauchte mit derselben Bewegung in seine Jackentasche. Dann stand ich auf und rannte los.

Ich rannte gleich ganz aus den Trenches heraus, denn obwohl es genügend Plätze gibt, wo man sich verstecken kann, kennen die Leute, vor denen ich mich verstecken will, sie genauso gut. Die Trenches sind nur dann von Nutzen, wenn man bloß dem Gesetz aus dem Weg gehen will. Eine Leiche berauben ist nichts Nettes, und ich wollte nicht all diese Unannehmlichkeiten auf mich nehmen, bloß um dann selbst beraubt zu werden.

Es war nur ein schneller Sprint zur High Street. Auf dem Weg blieb ich unter einer Straßenlampe stehen, um einen Blick auf das zu werfen, was ich in der Hand hatte. Die Brieftasche war aus dickem Schlangenleder, die Uhr aus schwerem Gold, und das Kleingeld bestand aus Einpfund- und Fünfzigpencemünzen. Endlich einmal bin ich in meinem kurzen Leben auf eine Ölquelle gestoßen.

Dennoch, wegen eines einzigen Glücksgriffs bricht man nicht mit seinen alten Gewohnheiten, und als ich all die feisten Steuerzahler sah, die ihre letzten Weihnachtseinkäufe auf der High Street machten, streckte ich wie gewöhnlich meine Hand aus.

»Hätten Sie ein bißchen Kleingeld, bitte?« sagte ich wie immer. »Für eine Tasse Tee. Für ein Bett in der Nacht. Für ein warmes Essen.«

Und wie immer ließen sie herablassend etwas aus oder rieten mir, eine Arbeit zu suchen. Diese Nacht lief es ganz gut. Am besten mache ich es, wenn ich nicht unter Druck stehe. Als ich dann die Strecke hinunter bis zur Station abgeklappert hatte, hatte ich einen netten kleinen Stoß beisammen. Aber es ist nicht ratsam, herumzulungern und die Einnahmen in der Öffentlichkeit zu zählen, also sprang ich in die U-Bahn nach Paddington.

Meine Schwester hat dieses Zimmer in Paddington. Sie lebt mit ihrem Freund in Camberwell, so daß dieses Zimmer nur fürs Geschäft ist. Dem Freund meiner Schwester vertraue ich nicht, dafür aber meiner Schwester bis zu einem gewissen Grad, und deshalb ging ich auch zu ihrer Geschäftsadresse. Dort kann man die verschiedensten Arten von seltsamen Typen treffen, nicht aber ihren Freund, und das paßt mir. Ihm paßt es auch, wenn du die Wahrheit wissen willst: Er mag mich auch nicht mehr als ich ihn.

Als wir in die Stadt gekommen waren, Dawn und ich, waren wir voneinander abhängig, wir hatten ja niemanden sonst, an den wir uns wenden konnten. Aber nachdem sie sich mit ihm eingelassen und ihr Geschäft gegründet hatte, brauchte sie mich nicht mehr so wie früher, und wir entfernten uns voneinander.

Das Problem mit Dawn ist, daß sie immer einen Mann braucht. Sie sagt, sie fühlt sich nicht wirklich ohne einen. Sich wirklich fühlen ist für Dawn wichtig, also sollte ich es nicht kritisieren, glaube ich. Aber ihre Männer waren eine einzige Enttäuschung. Du könntest sagen, ich hätte Glück mit einer Schwester wie Dawn: Sie ist ein Vorbild für mich. Aber lieber würde ich sterben, als so wie sie zu werden.

Trotzdem, sie ist meine Schwester, und wir haben eine Menge miteinander durchgemacht, vor allem in diesem letzten Jahr, als wir miteinander in die Stadt kamen. Und davor, als unsere Mama uns hinauswarf – oder eher Dawn hinauswarf, wegen des Babys. Und danach, als Dawns Freund Dawn hinauswarf, wegen des Babys.

Noch nie war ich hungriger als letztes Jahr, als ich versuchte, mich um Dawn zu kümmern. Schließlich verlor sie das Kind, was für mich eine Erleichterung war. Ich weiß nicht, wie wir damit zurechtgekommen wären, wenn sie es bekommen hätte. Ich glaube, sie wäre damit auch nicht so richtig fertig geworden. Es ist viel schwerer, an einen Mann heranzukommen, wenn man ein kleines Kind hat, um das man sich kümmern muß.

Wie auch immer, das ist alles Vergangenheit, und Dawn hat ein Geschäftslokal in Paddington.

Ich wartete draußen, bis ich sicher war, daß sie alleine ist, dann ging ich hinauf und klopfte an die Tür.

»Crystal!« sagte sie, als sie die Tür öffnete. »Was machst du hier? Du mußt vorsichtiger sein – ich hätte Besuch haben können.«

»Du hast aber keinen«, sagte ich. Sie ließ mich hinein, rümpfte ihre Nase und zog ihren Kimono enger um sich. Der Kimono gefällt mir nicht – er wirkt ziemlich geil und schlüpfrig. Seit sie sich Farbstreifen in die Haare machen ließ, neigte Dawn dazu, Farben zu tragen, die einem Baum im Herbst stehen würden, die sie jedoch hart machten.

»Mein Gott«, sagte sie, »wie schlampig du ausschaust! Kannst du dir nicht deine Haare schneiden lassen? Der Mantel sieht aus, als ob Ratten drin wohnen würden.«

Ich zog den Mantel aus, aber sie mochte den darunter auch nicht.

»Was für ein Mief!«, sagte sie.

»Letzte Woche habe ich mich gewaschen«, erzählte ich ihr. »Aber ich würde gerne dein Bad benützen.« Ich wollte irgendwo allein sein, um mir anzuschauen, was ich dem Toten abgenommen hatte.

»Du kannst nicht hierbleiben!« sagte sie besorgt. »In einer halben Stunde kommt jemand zu mir.« Sie sah auf ihre Uhr.

Ich saß in ihrem Badezimmer und sah mir die Uhr des Toten an. Auf der Vorderseite stand Cartier, und sie war tatsächlich aus Gold. Qualität, dachte ich, und wurde etwas traurig. Eigentlich sollte ein Mann mit einer Uhr wie dieser nicht in den Trenches enden ohne einen Faden am Leib. So würde er nämlich jetzt sein, nackt und blaß im Mondlicht. Ohne seinen Mantel, seinen Anzug und seine Schuhe würde ihn niemand erkennen. Er würde gerade so aussehen wie irgendwer. Recycling kennen wir längst in den Trenches.

Um mich aufzumuntern, warf ich einen Blick in seine Brieftasche, und als ich mit dem Zählen fertig war, stellte ich fest, daß ich siebenhundertdreiundvierzig Pfund und neunundachtzig Pence besaß. Und nicht einmal die Hälfte davon verwenden konnte.

Stell dir mich vor beim Versuch, eine Fünfzigpfundnote zu wechseln! Die Chance, daß eine Katze mit Milch auf ihren Barthaaren eine Kuh gemolken hat, ist eins zu einer Million, aber das ist immer noch gut im Vergleich zu der Chance, daß ich auf ehrliche Weise zu einem Fünfziger gekommen bin. Nicht einmal die Uhr konnte ich versetzen. Ein Blick auf eine Uhr wie diese, und jeder ehrliche Pfandleiher würde mich abliefern. Und ein unehrlicher würde mich ganz schnell übers Ohr hauen. So oder so, die Uhr hatte keinen Wert für mich.

Ich lieh mir die Zahnbürste meiner Schwester und genehmigte mir noch eine Dosis von ihrem Deodorant, bevor ich wieder zu ihr ging. Du weißt nie, wann du wieder einmal sauberes Wasser findest, also zahlt es sich aus, zu verwenden, was da ist.

»Tu mir einen Gefallen, Crystal«, sagte sie, als sie mich sah, »hau ab, bevor du die Pferde scheu machst!«

»Ich hab dir ein Weihnachtsgeschenk mitgebracht«, meinte ich und überreichte ihr die Uhr.

»Du bist daneben, Crystal.« Sie starrte auf die Uhr wie auf eine Spinne in ihrem Bett. »Wem hast du die abgenommen?«

»Ich doch nicht!« versicherte ich ihr. »Ich habe sie gefunden.« Und das war die Wahrheit, denn der Typ war tot. Sie gehörte ja wirklich nicht ihm, denn es gab kein »ihm« mehr, dem sie gehören konnte. Wenn du tot bist, ist es aus. Und zwar endgültig. Tote besitzen keine Uhren.

Trotz des Weihnachtsgeschenks wollte Dawn mich nicht über Nacht bei ihr bleiben lassen. Es ist komisch, wenn ich nicht siebenhundertdreiundvierzig Pfund und neunundachtzig Pence in meiner Tasche hätte, hätte ich gar nicht gewollt. Wenn es nur die neunundachtzig Pence gewesen wären, wäre es mir ganz recht gewesen, draußen zu schlafen.

Aber Sachen besitzen ist gefährlich. Sachen besitzen macht dich zur Zielscheibe. Es ist wie hübsch sein. Wenn du mir nicht glaubst, schau dir Dawn an. Sie ist hübsch, und sie ist eine Zielscheibe seit der Zeit, als sie elf war. Hübsch sein bringt ihr nichts als Belästigungen. Immer braucht sie wen, der sie beschützt. Ich bin froh, daß ich nicht hübsch bin.

In der Harrow Road unten ist ein Spital, also ging ich dort hin. Ich konnte mich zu nichts entschließen, und so saß ich in der Ambulanz, bis sie mich hinauswarfen. Schade, daß es nicht mehr Plätze gibt, wo man in der Nacht sitzen und so vor sich hin sinnieren kann. Es ist schwer, unterwegs zu sein und zu denken, und wenn dir kalt ist oder du hungrig bist, kommst du gar nicht auf die Idee zu denken.

Nach einer Zeit schien mir der Platz, wo ich letzte Nacht geschlafen hatte, der beste zu sein. Manche würden sagen, es ist keine gute Idee, an so einen Platz zurückzukehren, aber ich dachte mir, wenn die Polizei letzte Nacht da war, würde er heute verlassen sein.

Alma-Tadema Road siebenundzwanzig ist ein Abbruchhaus. Man sagt, es ist unsicher. Im Dach sind Löcher und in den Fußböden sind Löcher, aber wenn man nüchtern ist, sorgfältig auftritt und kein Feuer macht, ist es völlig sicher. Das war es auch, was letzte Nacht schief ging: Wir hatten zwei Sandler drinnen, und dem einen von ihnen war kalt in der Früh.

Als ich hinkam, sah ich, daß sie noch mehr Bretter über das Eingangstor und die Fenster im Erdgeschoß genagelt hatten. Ich konnte zwar hinein, aber es würde eine Zeitlang dauern. Es waren noch immer Leute unterwegs, und ich müßte, um ganz sicher zu gehen, später zurückkommen, wenn ich mich mehr als ein paar Minuten hinlegen wollte.

Ich ging vorbei und zum Ufer hinunter. Es ist eine ziemlich lange Strecke, und ich war hungrig, als ich dort eintraf. Eigentlich bin ich immer hungrig. Dawn sagt, sie glaubt, ich müsse Würmer haben, und vielleicht habe ich auch welche, aber meistens glaube ich, daß es nur mein Alter ist. Jemand wie Bloody Mary ist fast genauso viel zu Fuß unterwegs wie ich, aber sie braucht anscheinend nicht einmal halb soviel Treibstoff. Vor Jahren schon hat sie zu wachsen aufgehört.

Es gibt eine Menge Frauen wie Bloody Mary, ich erwähne sie aber deswegen, weil sie es war, die ich diese Nacht am Ufer traf, wo sie keuchend und außer Atem mit ihrem Korb auf Rädern unterwegs war.

»Au, meine armen Krampfadern«, jammerte sie, und wir zogen gemeinsam weiter. Ich ging ein bißchen langsamer, damit sie Schritt halten konnte.

»Ein Stand bei den Arches ist offen«, sagte sie. »Ich hab heute gar nichts zusammengebracht.«

Früher hat sie in den Straßen gesungen – die Oxford Street hinauf und hinunter mit aufgehaltener Hand hat sie Paper Moon gebellt –, aber nach einer ordentlichen Portion Bronchitis letztes Jahr ist ihr die Stimme vergangen.

Bei den Arches besorgte ich uns beiden eine Tasse Tee und ein Wurstsandwich.

»Zu Geld gekommen, Crys?« fragte Johnny Pavlova. Es ist sein Stand, und er hat ein Recht, Fragen zu stellen, denn hie und da, wenn niemand in der Gegend ist, der zuschaut, gibt er mir eine Tasse gratis. Wie er immer zu sagen pflegt, er ist keine Fürsorgestelle, aber wenn man ihn in der richtigen Stimmung erwischt, steckt er dir etwas zu wie sonst nur die besten.

Trotzdem erinnerte es mich daran, vorsichtig zu sein.

»Weihnachten«, sagte ich, »in der High Street kamen sie sich großzügig vor.«

»In der High Street?« sagte er. »Du warst nicht vielleicht auf dieser Baustelle, oder? Ich habe gehört, daß sie dort heute abend diese Leiche splitternackt gefunden haben.«

»Wirklich?« sagte ich, als ob ich mir nichts daraus machen würde. »Ich habe nichts gehört. Ich habe bloß die High Street abgeklappert.«

Ich ging hinüber und setzte mich zu Bloody Mary unter die Arches. Johnny Pavlova wollte nicht, daß wir uns zu nahe bei seinem Stand aufhielten. Er sagte, wir würden die respektablen Leute von ihren Hot Dogs abschrecken.

»Schau dir diesen Mond an«, sagte Bloody Mary und zog ihre Mäntel enger.

Er stand jetzt höher am Himmel und war kleiner, aber er gab noch immer genug Licht, um etwas zu sehen.

»Wo bist du heute abend einquartiert, Crystal?« fragte sie. Ich wußte, was sie meinte. Ein Mond wie dieser bedeutet Frost in dieser Jahreszeit.

Genau da kam Brainy Brian zwischen uns hereingerutscht, so daß ich nicht antworten mußte. Wie üblich hustete er sich die Lungen heraus und sagte eine Zeitlang nichts. Ich glaube, er stirbt. Man kann nicht so husten und lange leben. Früher besuchte er ein College in Edinburgh, aber dann fing er an, Drogen zu nehmen, und fiel bei allen Prüfungen durch. Hier in der Stadt machte er sich ganz gut, denn anfangs war er sehr fesch. Aber Fixer halten ihr Aussehen nicht länger als ihre Versprechen. Jetzt hat er ein Gesicht wie eine Geige und auf seinen Armen und Beinen überall Geschwüre.

Nachdem er seinen Atem wiedererlangt hatte, bat er: »Teilst du deinen Tee mit mir, Crystal?«

Wir hatten bereits ausgetrunken, also sagten wir eine Zeitlang nichts. Aber Brian sah so erbärmlich aus, daß ich mich schließlich doch auf die Beine machte und noch zwei holte, einen für ihn und einen für Bloody Mary. Während sie ihn tranken, verschwand ich.

»Paß auf, Crys«, sagte Johnny Pavlova, als ich vorbeiging. Er warf mir einen seltsamen Blick zu.

Das erste, was man macht, wenn man in ein Haus einbricht, ist, einen anderen Ausgang zu finden. Ein gutes Haus muß mehr als einen Ausgang haben, denn man will ja nicht Hals über Kopf durch dieselbe Tür abhauen müssen, bei der die Bullen hereinkommen.

Das Haus auf der Alma-Tadema Road hat einen Kücheneingang durch den Garten. Ich lockerte dort die Bretter, bevor ich mich zum Schlafen niederlegte. Ich schaute auch nach, ob ich die Schlangenlederbörse sicher bei mir hatte.

Ich hatte richtig entschieden: Niemand war da außer mir. Ein feuchter Haufen Asche bezeichnete den Platz, wo die Besoffenen ihr Feuer gemacht hatten, und kleine Aschenkringel trieben im Luftzug umher. Sonst rührte sich nichts.

Ich ging durch das Haus und sammelte alles Papier und alle Fetzen, die ich finden konnte, um mir ein Nest zu bauen, dann rollte ich mich darin zusammen und schloß meine Augen.

Die Nacht ist nicht meine beste Zeit. Wenn ich nichts zu tun habe und meine Gedanken nicht unter Kontrolle sind, drängen sich unangenehme Erinnerungen und Träume aus meinem Hirn. Es ist schwer, allein im Dunkeln gut aufgelegt zu bleiben, und das heißt, daß ich sehr, sehr müde sein muß, bevor ich mich niederlege und meine Augen schließe. Manchmal sage ich etwas in Gedanken immer und immer wieder, bevor ich einschlafe – etwas wie Zeilen aus einem Lied oder einem Gedicht, das ich in der Schule gelernt habe – immer und immer wieder, so daß für das Unangenehme kein Platz mehr ist in meinem Hirn.

Diese Nacht muß ich sehr müde gewesen sein, weil ich »What's Love Got To Do With It« nur teilweise schaffte und dann wegkippte. Dawn spielte dieses Lied die ganze Zeit, als wir noch zu Hause lebten. Sie spielte es so oft, daß es mich die Wand hinauf trieb. Aber jetzt sind es Lieder wie dieses, Lieder, von denen ich nicht einmal wußte, daß ich den Text auswendig konnte, die mir durch die Nacht helfen.

Das nächste, was mir auffiel, war, daß jemand hustete. Ich öffnete meine Augen, aber es war noch immer dunkel, und da kam dieses ständige Husten zu mir. Brainy Brian, dachte ich, und entspannte mich ein bißchen. Das ist etwas, wo man achtgeben muß – Leute, die dir in die Nähe kommen, wenn du im Dunkeln alleine bist.

»Es ist kalt«, sagte er, als er mich gefunden hatte, »es ist ordentlich kalt da draußen.« Er kroch in mein Nest. Mir war recht warm, und ich wollte nicht aufstehen, aber ich wußte, daß sein Husten mich wachhalten würde.

»Laß mich zu dir, Crystal«, meinte er, »ich muß mich aufwärmen!«

»Hau ab!« sagte ich. Seine Hände erinnern mich an eine Gabel. Manche tun es, damit ihnen warm wird. Ich nicht. Ich habe zuviel gesehen und wollte in Unschuld sterben.

Er fing wieder zu husten an. Dann sagte er: »Hast du Geld, Crystal?«

»Genug für einen Tee am Morgen«, antwortete ich. Ich wollte wirklich nicht gehen. Es war eines meiner besseren Nester, und es schien mir nicht gerecht, es wegen Brian aufzugeben.

»Sie suchen dich«, setzte er fort, »jemand hat dich in den Trenches gesehen.«

»Mich doch nicht«, behauptete ich. »Wer hat mich gesehen?«

»Kennst du den Kleinen?« fragte er. »Marvin, glaube ich, heißt er. Ja, dem haben sie schwer zugesetzt. Er sagte, er hat dich gesehen.«

»Wer will da was wissen?« Ich setzte mich auf.

»Leg dich nieder!« sagte er, »mir muß warm werden.« Er faßte mich an und zog mich nieder, aber er machte nichts weiter, also blieb ich ruhig.

Nach einer Zeit meinte er: »Johnny Pavlova sagt, du hast Geld. Ihn haben sie auch gefragt.«

Ich wartete, bis er zu husten aufhörte, dann sagte ich: »Wer fragt? Die Bullen?«

»Nein, nicht die«, antwortete er. Er wußte etwas, dachte ich mir. Und dann dachte ich mir, er hat mit Johnny Pavlova gesprochen, er hat mit Marvin gesprochen, und Marvin hat mich in den Trenches gesehen. Vielleicht hat Brian mit allen gesprochen, die nach mir suchen.

Ich sagte: »Haben die dich geschickt, Brian? Haben die dich geschickt, um mich zu finden?«

Er krümmte sich vor Husten zusammen. Später meinte

er: »Du verstehst mich nicht, Crystal. Ich muß zu Geld kommen. Ich habe meine Ausrüstung verloren und seit Tagen nicht mehr gepunktet.«

Das war es also. Ich ließ ihn zurück und ging über die Küche hinaus. Brian hatte recht – draußen war es ordentlich kalt. Und ich hatte auch recht – etwas besitzen macht dich zur Zielscheibe. Ich warf die Schlangenlederbörse im Garten weg, bevor ich über den Zaun kletterte. Dann kletterte ich zurück und hob sie wieder auf. Wenn ich die Börse wegwerfe, halte ich niemanden davon ab, nach mir zu suchen. Sie nicht mehr zu haben, wäre kein Schutz. Marvin hatte sie nicht, und er zahlte drauf. Ich dachte nach, warum sie sich gerade Marvin zum Prügeln geholt hatten. Vielleicht hatte er die Schuhe des Toten oder seinen Mantel. Vielleicht sahen sie ein Kind in einem großen, schweren Mantel und erkannten den Mantel.

Noch nie bin ich gesucht worden. Das hat noch keinen interessiert. Ich dachte, ich sollte vielleicht davonlaufen – irgendwohin in den Norden oder vielleicht ins West Country. Aber als ich das erste Mal davongelaufen bin, war ich mit Dawn zusammen. Und es war schwer, weil wir die Stadt nicht kannten. Wir brauchten lange, um damit fertig zu werden.

Darüber dachte ich nach, als ich die Straße hinunterging. Der Mond war weg, und der Himmel hatte dieses dreckige Aussehen, das er kurz vor Tagesanbruch annahm. Vor Kälte tropfte meine Nase, und ich war hungrig, also ging ich zum Kashmir. Das Kashmir ist ein gutes Selbstbedienungslokal, denn es gibt dort nicht einmal zwanzig Schritte entfernt eine Mülltonne. Was sich da abspielt, ist folgendes: Wenn die Lokale schließen, zieht es eine Menge Leute zu so einem indischen Laden, aber weil sie Bier getrunken haben, bestellen sie zuviel und werfen das, was übrigbleibt, in diese Mülltonne. Hier habe ich schon oft gefrühstückt. Das Gute an einem Kashmirfrühstück ist, daß das Essen, obwohl es schon kalt ist, wenn du es erwischst, scharf ist durch die Gewürze. Das wärmt dich lange auf. Von da her gesehen ist indisches Essen das beste in der Stadt.

Nach dem Frühstück fühlte ich mich schon viel besser und fand eine beleuchtete Auslage mit einem Eingang, in dem man sitzen konnte. Erst dort schaute ich mir die Börse genauer an. Zuvor, im Geschäftslokal von Dawn, hatte ich nur das Geld gezählt und es in den Taschen meines Mantels verteilt. Jetzt überprüfte ich die Kreditkarten, die Büchereiausweise und den geschäftlichen Inhalt.

Für gewöhnlich interessiere ich mich nicht so für diese Sachen. Ich kann sie nicht brauchen. Jetzt aber, schien mir, war der einzige Weg aus den Problemen, sie wieder zurückzugeben. Der Tote in den Trenches ist zwar tot, aber noch immer gefährlich.

Er hatte Philip Walker-Jones geheißen. Er war Mitglied eines Bridgeclubs und eines Schachvereins gewesen. Er hatte zwei Geschäftskarten – Data Services Ltd. und Safe Systems Plc – besessen. Er war doppelter Managing Director gewesen, was recht schlau schien, denn beide Firmen hatten dieselbe Adresse auf der Southwark Road. Southwark Road ist nicht weit von der Stelle entfernt, wo ich ihn gefunden hatte. Vielleicht ist er aus seinem Büro herausgekommen und auf dem Weg zur U-Bahnstation gestorben. Aber das erklärt auch nicht, was er in den Trenches verloren hatte. Niemand seinesgleichen geht in die Trenches.

Ich erinnerte mich an Philip Walker-Jones, wie er dagesessen war, im Mondlicht an die zerfallene Mauer gelehnt. Er hatte ausgesehen, als ob er sich gerade niedergesetzt hätte, um kurz zu verschnaufen. Aber er hatte sich nicht ausgeruht. Er war tot. Soweit mir vorkam, war keine Verletzung zu sehen gewesen. Es hatte nicht so ausgesehen, als ob ihn jemand umgelegt hätte – er war bloß mit all seinem Prunk dagesessen. Und zwar recht würdevoll.

Der kleine Marvin wird wohl auch dagewesen sein und auf der Lauer gelegen haben wie ich, vielleicht auch noch ein paar andere – um Ausschau zu halten, ob es sicher war, einen Griff zu tun. Da haben wir uns aber getäuscht.

Ich wollte nicht zu nahe zu den Trenches zurückgehen, aber wenn ich die Börse zurückgeben wollte, mußte ich wohl. Für den öffentlichen Verkehr war es noch zu früh, also begann ich zu marschieren. Ein gutes Frühstück wirkt Wunder für das Hirn, und ich überlegte im Gehen weiter.

Über Daten und Systeme wußte ich nichts weiter, als daß sie so klangen, als ob sie etwas mit Computer zu tun hätten, ich wußte aber, daß Bridge und Schach Dinge waren, die man im Sitzen machte. Philip Walker-Jones hatte keine Karten, die besagten, daß er zu einem Squash-Club oder einem Schwimmverein gehörte, und wenn er seine ganze Zeit im Sitzen verbracht hatte, war er vielleicht nicht sehr fit. Wenn er nicht sehr fit war und plötzlich zu laufen begonnen hatte, hätte er einen Herzanfall bekommen können.

Dieses Nachdenken war recht zufriedenstellend und brachte mich zum Fluß hinunter, ohne daß es mir richtig aufgefallen wäre. Beim Überqueren fiel mir ein, daß Computer, Bridge und Schach alles Dinge sind, mit denen sich Hirnmenschen abgeben, und meiner Erfahrung nach tragen alle Hirnmenschen Brillen und kommen nicht weit herum. Ein richtiger Hirnmensch würde nach Einbruch der Dunkelheit nicht in die Trenches laufen, außer er wird verfolgt. Ein Mann, der verängstigt und körperlich nicht fit ist und in die Trenches läuft, könnte ohne Schwierigkeit einen Herzanfall bekommen. Ganz leicht.

Der Wind vom Fluß her war scharf und kalt, aber er war nicht alles, was mich schaudern ließ. Wenn nämlich Philip Walker-Jones einen Grund hatte, zu Tode verängstigt zu sein, hatte auch ich ihn.

Gib die verdammte Börse zurück, dachte ich, und zwar möglichst bald. Sag: »Hier ist euer Geld, und jetzt laßt mich in Ruh!« Und dann schnell wegrennen. Darin bin ich gut.

Ich blieb bei einer Flasche Milch stehen, um nachzutanken. Und ich durchsuchte meine Taschen, um einige der Fünfzigpfundscheine zu finden, die ich wieder in die Börse steckte, damit es besser aussähe.

Ich war gut aufgelegt. Ich hatte einen Plan, und mir war schon fast so, als ob ich die Börse nicht mehr besäße. Sie war so gut wie weg, und als ich die Southwark Road erreichte, versuchte ich gar nicht mehr, in Deckung zu bleiben. Im Tageslicht waren jetzt auch andere Leute auf der Straße, und Autos, und wie üblich schien mich niemand zu bemerken.

Dennoch machte ich einen Umweg um die Trenches. Keck ging ich die Southwark Road hinunter und schaute auf Hausnummern und Firmentafeln. Und als ich eine fand, die Safe Systems Plc lautete, ging ich schnurstracks zur Tür.

Es war eine neue Tür in einem alten Haus, und sie war versperrt. Vielleicht war es noch zu früh. Da ich selbst keine Uhr hatte, konnte ich die Bürozeiten nicht so genau abchecken. Ich stand da und überlegte, ob ich zur Station sollte, wo es eine Uhr und eine Tasse Tee gab, als die Tür von innen geöffnet wurde. Ich erschrak so, daß ich fast davongerannt wäre. Aber die Person, die die Tür geöffnet hatte, war eine junge Frau, und Frauen machen mir üblicherweise nicht viele Probleme. Sie hatte rote Ränder um ihre Augen und einen wirklich traurigen Ausdruck in ihrem Gesicht. Sie hatte auch einen schlimm aussehenden Bluterguß auf ihrem Backenknochen, was mich an den kleinen Marvin denken ließ.

Sie sagte: »Wo willst du denn hin?« Sie war nicht freundlich, machte aber ein Gesicht, als ob sie andere Sachen im Kopf hätte.

»Safe Systems Plc«, gab ich an.

»Was willst du?« fragte sie. »Das Büro ist geschlossen. Und hast du noch nie von so etwas wie Seife und Wasser gehört?«

»Ich habe etwas für Safe Systems«, sagte ich und hielt ihr die Börse entgegen.

»Jesus!« rief sie und brach in Tränen aus.

So standen wir da – ich hielt die Börse, sie starrte darauf und weinte sich die Augen aus.

Schließlich sagte sie: »Ich will sie nicht. Nimm sie wieder mit!« Und versuchte, die Tür zuzuschlagen.

Aber ich hatte meinen Fuß schon drinnen. »Was soll ich damit tun?« fragte ich.

»Wirf sie weg!« meinte sie, und weil ich sie die Tür nicht schließen ließ, fuhr sie fort: »Schau, du blöde kleine Kuh, komm mir mit dem Zeug nicht in die Nähe. Wirf es in den Fluß – von mir aus kannst du es Steve geben. Ich habe von dem Ganzen genug.«

Sie begann, die Tür gegen meinen Fuß zu schlagen, also sprang ich zurück. Die Tür krachte zu, und sie war weg.

Ich war so überrascht, daß ich dastand, die Tür anglotzte und den großen Typen gar nicht von hinten herankommen sah, bis er mir seine Hand auf die Schulter legte.

»Bist du die, die Crystal heißt?« fragte er aus großer Höhe.

»Ich nicht«, antwortete ich, »nie von ihr gehört!« Die Börse steckte ich unter meinen Mantel zurück, ohne daß er es bemerkte.

»Was machst du dann beim Büro?« fragte er weiter und ließ nicht aus.

»Die Lady gibt mir manchmal ihr Kleingeld«, log ich und schaute auf seine Füße. Es ist nicht gut, in ihre Augen zu schauen. Wenn du wissen willst, was so ein Kerl tun will, schau dir seine Füße an. Die Füße des großen Mannes ruhten auf dem Boden. Daß er meinen Namen wußte, war mir nicht recht.

»Wie heißt du denn dann?« sagte er.

Fast hätte ich »Dawn« gesagt, verschluckte es aber halb.

»Was?« fragte er.

»Doreen«, log ich wieder. »Und wer fragt danach?« Wenn er Steve war, würde ich ihm die Börse geben und davonrennen.

»Detective Sergeant Michael Sussex«, sagte er. Das war

ja noch ärger, als ich geglaubt hatte. Jetzt kannten die Bullen schon meinen Namen. Trotz der Kälte begann ich zu schwitzen.

»Ich hab ein paar Fragen an dich«, kündigte er an, und der Griff seiner Hand auf meiner Schulter wurde fester.

»Ich weiß nichts«, sagte ich. »Worüber denn?«

»Darüber, wo du letzte Nacht warst«, antwortete er, »und wen du gesehen hast.«

»Ich habe gar nichts gesehen!« rief ich, jetzt wirklich nervös.

»Natürlich nicht«, meinte er. »Komm! Ich kauf dir ein Frühstück und dann können wir reden.« Und er lächelte.

Nie, nie vertrau den Bullen, wenn sie lächeln.

Noch nie zuvor war mir so etwas passiert. Du mußt wissen, ich habe kaum jemals in meinem Leben mit einem Polizisten gesprochen. Dazu bin ich viel zu schnell unterwegs.

»Wo wohnst du, Crystal?« fragte er und begann wegzugehen.

»Ich heiße Doreen«, wiederholte ich und versuchte, mich seiner großen Hand zu entwinden.

»Wo wohnst du, ... Doreen?« verbesserte er sich.

Die Sache, die du in bezug auf die Bullen wissen mußt, ist, daß sie die Fragen stellen und du sie beantwortest. Du mußt ihnen irgend etwas sagen, sonst werden sie echt sauer. Genauso ist es mit Sozialarbeitern. Wenn sie eine Antwort wollen, gib ihnen eine, aber behalte die Wahrheit für dich. Ich sagte Detective Sergeant Michael Sussex die Adresse eines Quartiers in Walworth.

Er ging Richtung Trenches, wohin ich nicht gerade wollte. Also sagte ich: »Mein Frühstück habe ich schon hinter mir, und ich muß gehen, ich habe einen Termin mit meiner Sozialarbeiterin.«

Das war ein Fehler, denn jetzt wollte er wissen, wer

meine Sozialarbeiterin war und wann ich dort sein müßte. Lügen bringen Lügen hervor. Es ist viel besser, mit den Bullen gar nicht zu reden, denn dann kannst du dich an die Wahrheit halten.

Nach einer Weile sagte er: »Bist du nicht ein bißchen zu jung, um ganz alleine zu leben, ... Doreen?«

»Ich bin achtzehn!« behauptete ich. Ich war deprimiert. Seit sich seine große Hand auf meiner Schulter niedergelassen hatte, hatte ich kein einziges wahres Wort zu dem Mann gesagt. Wie sollte man auch? Ein einziges Mal habe ich mit einer Sozialarbeiterin gesprochen, und sie hatte versucht, Dawn und mich in ein Heim zu bringen. Nie mehr wieder! Sie würden uns trennen, und Dawn würde dann nie mehr einen Mann für sich finden. Über Dawns Freund kannst du sagen, was du willst, aber er hat sie ins Geschäft gebracht, und sie verdient gut. Sie fühlt sich wirklich. Niemand kann sich in einem Heim wirklich fühlen.

Jetzt waren wir ganz nahe bei den Trenches. Zur Abwechslung wirkten sie ganz verlassen – keine Sandler, keine Feuer, keiner von uns, der sich durch den Mist arbeitete, der über Nacht hier abgeladen worden war. In Wirklichkeit ist es nur ein riesiges Abbruchgelände, aber da es niemand sonderlich eilig hat, hier zu bauen, wurde es zum Heim für alle möglichen Leute.

Detective Sergeant Michael Sussex hielt an und sagte: »Hier haben wir letzte Nacht eine Leiche gefunden.«

Ich sagte nichts. Das Mauerstück, bei dem der Tote gesessen war, konnte ich nicht sehen, wußte aber, wo es war.

»Ja«, meinte er, wie wenn er über etwas anderes nachdenken würde. »Völlig ausgeplündert war er. Wenn es mit mir so weit ist, möchte ich irgendwo sein, wo niemand seine diebischen Hände an mich legen kann.«

Noch immer sah ich mir seine Füße an, und auch jetzt noch wirkten seine Stiefel, wie wenn er über etwas anderes nachdenken würde. Also haute ich ab.

Ich entkam seiner Hand, duckte mich an zwei vorübergehenden Leuten vorbei und sprang über den Drahtzaun. Dann ließ ich mich in die Trenches hinunterfallen.

Es war der letzte Ort, an dem ich mich aufhalten wollte, und als ich über den Schutt rannte, konnte ich seine Füße auf dem Boden aufschlagen fühlen. Für einen großen Mann war er fürchterlich schnell.

»Bleib stehen!« rief er, und ich lief weiter. Hierhin, dorthin, über Reste von Ziegelmauern, um Schutthalden, in Keller hinunter, Stiegen hinauf. Immer konnte ich seine Füße und sein Atmen hören. Ich konnte ihn nicht abhängen.

Ich wurde bereits müde, als ich das Kanalrohr sah. Ich legte einen Endspurt ein und tauchte mit dem Kopf voran ein. Es war das einzige, was mir noch einfiel. Es war der einzige Ort, wohin er mir nicht nachkommen konnte.

Es war der einzige Platz, wo ich nicht mehr heraus konnte.

Ich kannte das Kanalrohr. Ich war schon früher hier drinnen gewesen, um dem Wind zu entkommen, aber es führt nirgendwohin. Zehn Meter von der Öffnung macht es eine Kurve, und danach ist es sehr feucht und mit Erde verstopft.

Wie auch immer, ob ich wollte oder nicht, ich tauchte geradewegs hinein und kroch weiter. Sogar für mich gab es hier nicht viel Platz. Ich mußte bis zur Kurve kriechen, bevor ich mich umdrehen konnte.

Im Kanal war es völlig dunkel. Bei der Öffnung hätte ein Lichtkreis sein sollen, aber Detective Sergeant Michael Sussex stak mit Kopf und Schultern drinnen.

Er rief: »Sei nicht dumm, Crystal. Komm hier raus!« Seine Stimme dröhnte. »Schau, ich möchte ja nur reden«, sagte er, »ich werde dir nicht weh tun.«

Er würde mir nicht weh tun, solange ich im Kanal und er draußen blieb.

»Kommen Sie, fangen Sie mich!« rief ich. Wenn es nicht so dunkel und feucht gewesen wäre, wäre ich ganz zufrieden gewesen.

»Ich weiß nicht, was du vorhast, Crystal«, rief er, »aber du bist in ziemlicher Gefahr. Ich kann dir helfen.«

Ich mußte fast lachen. »Ich kenne keine Crystal«, entgegnete ich, »wie können Sie mir helfen?«

»Du hast Feinde«, rief er, »der Typ, der gestorben ist, hatte dieselben Feinde. Du hast ihm etwas abgenommen, und jetzt sind sie hinter dir her. Sie sind nicht zimperlich, Crystal, und du brauchst meine Hilfe.«

»Ich kenne keine toten Typen«, sagte ich, »ich habe nichts genommen. Was soll ich gestohlen haben?«

»Du vergeudest meine Zeit«, kam es zurück.

»Na gut«, sagte ich, »dann gehe ich.« Ich konnte nirgends hingehen, aber ich glaubte nicht, daß er das wußte.

»Warte«, rief er wieder, »geh nicht weg, bis du gehört hast, was ich zu sagen habe!« Er war still. Es war das, was ich immer gedacht hatte. Du sagst ihnen etwas. Sie würden eher Würmer fressen, bevor sie dir irgend etwas sagen.

Nach kurzer Zeit fragte er: »Bist du noch da?«

»Ich bin noch da!« rief ich. »Aber nicht mehr lange. Ich werde naß.«

»Gut«, erwiderte er, »du wirst das nicht verstehen, aber ich werde es dir trotzdem sagen. Der tote Typ war ein Systemanalytiker.«

»Was ist das?« fragte ich.

»Er war ein Computerexperte.« Detective Sergeant Michael Sussex seufzte. Ich konnte es bis zu meinem Ende der Röhre hören. Geräusche pflanzen sich in einer Röhre ganz gut fort.

»Er schrieb Computerprogramme. Er entfernte Viren aus Programmen. Was aber das Wichtigste ist, er schrieb Antivirenprogramme.« Er seufzte wieder.

»Das verstehst du sicher nicht«, fuhr er fort. »Warum kommst du nicht da raus wie ein braves Mädchen und gibst mir die Nummer.«

»Welche Nummer?« sagte ich. Er hatte recht. Ich verstand nichts davon. Ich war ziemlich durcheinander. Ich dachte, ich hätte Schwierigkeiten, weil ich die Börse genommen hatte. Ich versuchte, sie wieder zurückzugeben, aber die Frau wollte sie nicht nehmen. Das war verwirrend. Wer hat jemals davon gehört, daß jemand kein Geld angenommen hätte, wenn es ihm angeboten wurde.

»Es ist ganz gleich, welche Nummer.« Es klang verärgert. »Dieser Typ, dieser Philip Walker-Jones, arbeitete für einige recht seltsame Leute. Die haben ihre Geschäftsaufzeichnungen nicht mehr in Büchern oder Ordnern gesammelt. Nein. Sie speichern sie auf Computerbändern oder Disketten, wo ein gewöhnlicher Polizist nicht weiß, wie sie zu finden sind. Das ist jetzt alles diese beschissene Datenverarbeitung.«

Er klang ziemlich fertig, und ich konnte nicht sagen, ob es deshalb war, weil ich in einem Kanal außer Reichweite war oder weil er von Datenverarbeitung nicht mehr verstand als ich.

In diesem Moment hörte ich Schritte, und jemand sagte: »Was machst du da unten, Chef?«

»Ich nehme ein beschissenes Schlammbad«, verkündete Detective Sergeant Michael Sussex. »Oder wie sieht das aus, was ich mache?«

»Du hast sie also verloren?« fragte die andere Stimme.

»Natürlich nicht. Das ist eine neue Interviewtechnik. Befehl von ganz oben: ›Macht es in einem beschissenen Kanal!‹« Er klang so fertig, daß ich fast lachen mußte.

»Bist du noch da?« rief er.

»Nein«, sagte ich. »Auf Wiedersehen!« Und ich kroch in die Biegung der Röhre und zog die Knie an meine Brust, so daß ich nicht mehr zu sehen war.

»Scheiße!« rief Detective Sergeant Michael Sussex. »Du hast sie verscheucht, du beschissener Trottel!«

Ich konnte ihn stöhnen und fluchen hören, und dann sagte er: »Zieh mich doch da raus, Hibbard!«

Stöhnen und Fluchen folgte, und dann hörte ich seine

Stimme aus weiterer Entfernung: »Wo kommt dieser beschissene Kanal wieder heraus?«

»Du kannst mich schlagen, ich weiß es nicht, Chef«, sagte Hibbard. »Könnte beim Fluß sein, soviel ich weiß.«

»Dann geh doch endlich und schau nach!« rief Detective Sergeant Michael Sussex. »Und wenn du sie findest, laß sie nicht los, oder du landest schneller wieder in der Uniform, als du ›Scheiß-Crystal‹ sagen kannst!«

»Bist du sicher, daß das die Richtige war?« fragte Hibbard. Er klang so, als ob er sich sträubte, auf den Trenches Runden zu drehen und das andere Ende eines Kanals zu suchen.

»Du hast doch den Steckbrief gesehen – zwei wie sie kann es nicht geben.«

Die Art, wie er das sagte, gefiel mir nicht, und die Art, wie er sich über meinen Namen lustig machte, gefiel mir auch nicht. Mir war fürchterlich kalt, und ich war durchnäßt, aber ich hatte nicht vor, zu jemandem mit dieser Einstellung herauszukommen.

So ging es weiter, er draußen in den Trenches und ich zusammengekrampft am Ende des Kanalrohrs in Erwartung, daß er aufgab und wegging. Manchmal leuchtete er mit einer Lampe herein – um irgend etwas zu tun, nehme ich an. Ich aber blieb völlig still und machte kein Geräusch.

Manchmal ging er auf und ab und führte schweinische Selbstgespräche. Er erinnerte mich an den Freund unserer Mama, wenn er glaubte, ich hätte ihm etwas gestohlen. Wir waren alle so drauf damals. Er stahl Sachen aus der Handtasche unserer Mama, und Dawn und ich stahlen ihm Sachen. Dawn und ich versteckten uns normalerweise unter den Stiegen, während er sich austobte und schwor, er würde uns die Seele aus dem Leib schlagen. Manchmal versteckte ich mich auch vor dem Schulwart.

Verstecken bin ich gewöhnt. Alles, was man benötigt, ist Geduld und ein gutes Frühstück im Bauch. Aber versuch es nicht irgendwo, wo es naß und kalt ist – dafür braucht man wirkliches Talent, und Anfängern kann ich es nicht empfehlen.

Später kam Hibbard wieder zurück. Jetzt klang er nur mehr halb so keck. »Sie wird schon lange weg sein«, meinte er, »ich konnte nicht entdecken, wo dieses Ding herauskommt.«

»Irgendwo muß es doch rauskommen«, sagte Detective Sergeant Michael Sussex. »Nimm dein Funkgerät. Verlange mehr Leute. Verdammt, streng dich etwas an!«

Er blieb, wo er war, und ich blieb, wo ich war.

Einmal sagte Hibbard: »Warum lassen wir nicht die Leute von der Stadtverwaltung kommen, um diesen ganzen verdammten Platz aufzugraben, und damit Schluß?«

Und ein anderes Mal ordnete Detective Sergeant Michael Sussex an: »Durchkämmt das ganze Scheißareal. Sie könnte es weggeworfen oder irgendwo hinterlegt haben.« Auch er klang verkühlt und müde.

»Und das alles für eine Scheißzahl«, sagte er, »und wenn wir sie nicht kriegen, ist dieser ganze beschissene Fall im Eimer. Warum konnte sich dieser Trottel nicht einen anderen Platz zum Abkratzen suchen?«

Hibbard fragte: »Warum sind wir so sicher, daß er sie bei sich hatte? Und warum sind wir so sicher, daß sie sie jetzt hat?«

»Wir wissen, daß er sie hatte, weil er sie zu mir bringen wollte«, antwortete Detective Sergeant Michael Sussex, »und wir wissen, daß sie sie hat, weil sie seine Brieftasche geschnappt hat. Alles andere haben wir wieder zurückbekommen, und wenn er sich die Nummer nicht auf seinen Scheißschädel unter seine Scheißhaare tätowiert hat, dann muß sie da drinnen sein.«

»Konnte er sie nicht bloß im Kopf haben?« schlug Hibbard vor. »Sie auswendig gelernt haben?«

»Fünfundzwanzig beschissene Ziffern? Also bitte. Er sagte, sie sind aufgeschrieben, und er sagte, ich kann sie haben. Du willst bloß zum Essen zurück. Gut, niemand kriegt irgendein Essen, bis ich dieses Kind habe.«

So saßen wir alle ohne unser Essen da. Detective Sergeant Michael Sussex ließ jeden völlig sinnloserweise hungern. Ich hatte nämlich keine Nummer aus fünfundzwanzig Ziffern.

Aber es ist sinnlos, sich den Kopf über das zu zerbrechen, was man nicht hat, vor allem, wenn man dabei ist, genau das zu bekommen, was einem Sorgen macht. Ich machte mir immer Sorgen, daß ich einmal Lungenentzündung bekommen könnte. Wenn du krank wirst, kannst du dich nicht selbst ernähren. Wenn du dich nicht selbst ernähren kannst, wirst du schwach, und dann schnappen dich entweder die Bürokraten und stecken dich ins Krankenhaus, oder du stirbst. So was habe ich schon miterlebt.

Und ich werde dir noch etwas sagen – ein ganz komisches Ding passierte, als ich aus dem Kanal herauskam. Eigentlich war es kein Ding, und es passierte nicht wirklich. Aber ich dachte, daß es passierte, und es erschreckte mich ziemlich.

Ich wurde eine alte Frau.

Es geschah, als ich um die Biegung blickte und den Lichtkreis am Ende des Kanalrohrs nicht sehen konnte. Ich spitzte meine Ohren und konnte da draußen keinerlei Bewegung hören. Und auf einmal dachte ich, ich bin taub und blind geworden.

Ich versuchte, mich zu bewegen, aber ich war vor Kälte so steif, daß es eine Ewigkeit dauerte, bis ich meinen Weg zur Öffnung entlanggekrochen war. Ob mich Detective Sergeant Michael Sussex erwischte, war mir gleichgültig. Ja, ich habe sogar nach ihm gerufen, und meine Stimme war ganz schwach und heiser geworden. Ich wollte, daß er da ist, wenn du mir das glauben kannst. Schau, ich wollte tatsächlich, daß er mir hilft, weil ich dachte, ich bin blind geworden, und ich hatte Angst.

Aber er war nicht da, es war dunkel und es schüttete. Und ich konnte mich nicht aufrichten. Mein Rücken war verbogen, meine Knie waren verbogen. Keine Kraft war in meinen Beinen. Ich hätte nicht rennen können, auch wenn sie mir die Hunde nachgehetzt hätten.

Ich war eine alte Frau hier draußen in der Dunkelheit – die gebeugt die Pfützen im Schlamm anschaute im Weiterschlurfen. Und Bloody Mary fiel mir ein, wie sie in der Früh aussah. Einige von denen gibt es, sogar noch älter als sie, die sich niemals runterbeugen müssen, um in Mülltonnen zu schauen, weil das die Gestalt ist, die sie immer haben.

Natürlich habe ich meine Sinne schnell wiedererlangt. Mein Kreislauf erholte sich wieder, und die Steifheit rieb ich aus meinen Beinen. Und ich wußte, daß es echt finster war. Ich war nicht blind. Aber meine Angst hörte nicht auf.

Auch als ich aufrecht stand, fühlte ich mich hilflos. Auch mit siebenhundertdreiundvierzig Pfund und neunundachtzig Pence in meinen Taschen. Die Bullen waren hinter mir her. Die Schweine, die den kleinen Marvin geprügelt hatten, waren hinter mir her. Und ich wußte nicht, wohin ich gehen konnte. Ich fühlte mich alt und krank, und ich brauchte Hilfe. Was ich brauchte, dachte ich, war mein eigenes Opfer.

Sobald ich das gedacht hatte, ging es mir etwas besser. Aber nicht sehr, denn seit diesem Curryfraß vor Tagesanbruch hatte ich nichts mehr zu essen gehabt, und Hungrigsein bringt die ärgsten Depressionen. Aber ich riß mich zusammen und machte mich auf den Weg, um nach meinem Opfer Ausschau zu halten.

Ihren Namen wußte ich nicht, aber ich wußte, wo sie zu finden war. Ich war am anderen Ende der in den Norden führenden U-Bahnlinie. Nicht um alles in der Welt wäre ich diese Nacht zu Fuß gegangen. Also nahm ich die U-Bahn nach Chalk Farm und trieb mich in der Nähe eines dieser Buchläden herum.

Einmal dachte ich, ich hätte sie schon, aber sie preßte ihre Einkaufstasche noch fester an sich und eilte davon. Es war ein Fehler aus Hunger. Normalerweise mache ich bei mittelalterlichen Frauen keinen Fehler.

Endlich sah ich sie. Sie trug einen rehbraunen Regenmantel und ein Halstuch mit Schottenmuster. Sie hatte einen grünen Regenschirm und mühte sich mit ihren Weihnachtseinkäufen ab.

Ich sagte: »Darf ich Ihnen die Taschen tragen, gnä' Frau?«

Sie zögerte. Aber ich kannte sie. Sie ist die, die ihre Handtasche schon offen hat, bevor du fragst. Sie ödet dich nicht an mit Sachen wie einen Job finden oder Geld fürs Trinken ausgeben. Sie schaut bloß irgendwie bekümmert und schaut dir nach, wenn du weggehst.

Sie zögerte, aber dann gab sie mir eine Tasche zum Tragen. Und nicht einmal die schwerste. Sie ist nett. Sie möchte mir vertrauen. Oder wenigstens möchte sie mir nicht mißtrauen. Ich kannte sie. Sie war mein Opfer.

Sie sagte: »Danke sehr! Das Auto ist gleich um die Ecke.«

Ich folgte ihr und stand im Regen, während sie mit ihrem Regenschirm und den Autoschlüsseln herumwerkte. Ich stellte ihre Tasche in den Kofferraum und war ihr bei den anderen behilflich.

Sie schaute mich an und zögerte wieder. Nicht im Traum dachte sie daran wegzufahren, ohne mir etwas zu geben. Diese Sorte will nur eine höfliche Art herausfinden, um das zu tun.

Sie sagte: »Na dann, danke sehr!« Und begann, wieder in ihrer Handtasche herumzukramen. Ich ließ sie das Geld herausnehmen, und dann sagte ich: »Ich will nicht Ihr Geld, gnä' Frau, danke trotzdem für den Gedanken.«

Sie meinte: »Nein, aber ich möchte dir etwas geben.«

Ich stand bloß da, schüttelte meinen Kopf und schaute mitleiderregend drein.

»Was ist los?« fragte sie mit diesem bekümmerten Ausdruck auf ihrem Gesicht.

Das war der entscheidende Zeitpunkt. Ich sagte: »Ich

habe etwas Geld, gnä' Frau, aber ich kann es nicht ausgeben.« Und ich hielt ihr einen der Fünfzigpfundscheine entgegen.

Sie schaute das Geld an und schaute mich an.

Ich fuhr fort: »Ich weiß, was Sie sich denken. Genau das ist es, warum ich es nicht ausgeben kann. Ich möchte mir normale Kleider kaufen, denn ich bekomme keinen Job, wenn ich so aussehe. Aber jedesmal, wenn ich es versuche, schauen sie mich an, wie wenn ich das Geld gestohlen hätte, und gehen weg, um die Bullen zu rufen. Niemand vertraut Leuten wie mir.«

Sie schaute noch immer zuerst mich, dann das Geld an und sagte: »Ich möchte ja nicht mißtrauisch klingen, aber wo hast du den Fünfzigpfundschein wirklich her?«

»Eine nette Lady hat ihn mir gegeben«, antwortete ich. »Sie muß geglaubt haben, es war ein Fünfer. Sie war eine wirklich nette Lady, denn niemand hat mir je einen Fünfer gegeben. Aber als ich wo hineinging, um mir eine Tasse Tee und Chips zu kaufen, ging der Mann weg, um die Bullen zu rufen, und da sah ich erst, daß sie einen Fehler gemacht haben muß.«

»Verstehe«, sagte sie.

»Nein, Sie verstehen nicht«, warf ich ein, »dieses Geld zu besitzen, ist schlimmer, als gar nichts zu besitzen.«

»Das verstehe ich«, meinte sie. »Und wie kann ich helfen?«

Jetzt hatte ich sie soweit. »Bitte, gnä' Frau«, sagte ich, »bitte helfen Sie mir beim Ausgeben. Alles, was ich möchte, ist ein guter Mantel und Schuhe. Da um die Ecke ist gleich ein Laden von einem Wohltätigkeitsverein, und ich treibe mich da schon ewig herum, aber ich trau mich nicht alleine hinein.«

So gut wie Gold war sie, mein Opfer. Für bloß zwei Pfund kaufte sie mir einen großen Wollmantel, und während ich nach Jeans und Jacken Ausschau hielt, tratschte sie mit der Frau im Geschäft.

Es war alles Qualitätsware, und vielleicht war das alles

dem Wohltätigkeitsverein von Frauen wie ihr geschenkt worden. Dem Wohltätigkeitsverein geben sie kein altes Zeug. Und noch etwas möchte ich dir sagen – mein Opfer erlebte einen Höhepunkt ihres Lebens. Für sie war es wie ein wahr gewordener Traum. Da wollte jemand wirklich und wahrhaftig ihre Hilfe bei etwas, was sie noch dazu gutheißen konnte. Sie mußte sich keine Sorgen machen, daß ich ihr Geld für Alkohol oder Drogen ausgebe, weil es nicht ihr Geld war, und weil ich es da vor ihren Augen für warme Kleidung ausgab.

Sogar die Frauen hinter dem Ladentisch hatten eine Art Glänzen in den Augen, als ich hinter den Kleiderständern mit vollen Armen hervorkam. Wahrscheinlich hat sie ihnen hinter meinem Rücken im Flüsterton meine Geschichte erzählt. Und das war es auch, weshalb ich ihre Hilfe wirklich gebraucht hatte. Denn diese netten Damen hinter dem Ladentisch hätten mich hinausgejagt, wenn ich alleine hereingekommen wäre. Sie hätten Angst gehabt, ich könnte ihnen ihre Wohltätigkeit stehlen.

Es regnete noch immer in Strömen, als wir das Geschäft verließen. Diesmal war ich es, die alle Taschen trug.

Ich war drauf und dran wegzugehen, als sie sagte: »Schau, sei nicht beleidigt, aber was du brauchst, ist ein heißes Bad und einen Platz zum Umziehen.« Sie sagte es hastig, als ob sie wirklich Angst gehabt hätte, meine Gefühle zu verletzen.

»Ich lebe am Hügel oben«, erklärte sie, »es wird überhaupt nicht lange dauern.«

»Nein«, sagte ich, »ich werde Ihre Autositze ganz schmutzig machen.«

»Das macht nichts«, meinte sie, »bitte!«

Und ich dachte mir: Warum nicht? Sie hat diese Genugtuung verdient.

Sie ließ mir ein heißes Bad ein und spritzte eine Menge Duftöl hinein. Sie gab mir ihr Shampoo und einen ganzen Berg sauberer Handtücher. Und dann ließ mich mein liebes Opfer in ihrem Badezimmer allein.

Ich könnte schwören, daß sie Tränen in ihren Augen hatte, als ich in meinen neuen Kleidern wieder herauskam.

»Crystal«, sagte sie, »du siehst wie ein neuer Mensch aus.« Genau das war es, was ich hören wollte.

»Du siehst ganz wie meine eigene Tochter aus, als sie noch jünger war«, fügte sie hinzu. Das war ganz gut, denn die Bullen und die Schweine, die den kleinen Marvin geprügelt hatten, suchten nicht nach einer, die aussah wie die Tochter meines Opfers. Und niemand würde auch nur mit dem Auge zwinkern, wenn die einen Fünfzigpfundschein hätte. Die Tochter meines Opfers würde sich nicht in eine alte Frau verwandeln, die sich nicht einmal bücken mußte, um in Mistkübeln herumzukramen.

Und, dachte ich, ich würde es auch nicht tun, wenn es sich vermeiden läßt.

Sie briet mir Eier und Kartoffeln, und als ich wegging, gab sie mir einen Fünfer und ihren grünen Regenschirm.

Es war wirklich eine Schande, daß ich ihre Seife mitgehen ließ. Aber mit alten Gewohnheiten kann man nicht so plötzlich brechen.

Sie wollte mich sogar noch einmal mit dem Auto irgendwohin bringen. Aber das ließ ich nicht zu. Sie war zwar eine liebe Dame, aber ich glaube, das mit Dawn hätte sie nicht verstanden. Sowas verstehen liebe Damen nicht.

Was man tun muß, um sein Opfer zu finden, darüber könnte ich Nachhilfestunden geben, und die letzte würde heißen: Treib es nicht zu weit. Wenn du es nämlich zu weit treibst und sie zu stark werden läßt, dann fangen sie an, dir das zu geben, wovon sie glauben, daß du es brauchst, nicht das, was du willst. Hätte mein Opfer zuviel über Dawn gewußt und was mit ihr wirklich los war, hätte sie sofort mit der Sozialhilfe Verbindung aufgenommen. Und statt eine liebe Dame zu sein, hätte sie sich in eine alte Kuh verwandelt, die sich überall einmischt.

Ich habe ihr wirklich etwas Gutes getan. Ich bin sicher, daß sie lieber eine nette Dame ist, als eine alte Kuh, die sich überall einmischt.

Niemand, der mich in Paddington an Dawns Tür klopfen sah, wäre auf die Idee gekommen, daß ich den ganzen Tag in einem Kanalrohr verbracht hatte. Dawn jedenfalls nicht.

»Peng, Crystal«, sagte sie, als sie mir öffnete, »du siehst aus wie eines der Mädchen von dieser versnobten Schule am Hügel bei uns.«

Ich wußte, was sie meinte, und es gefiel mir nicht sehr. In Wirklichkeit aber war ich glücklich. Ich hatte sie in einer Flaute erwischt, als sie bloß herumlag, ihre Comics las und Platten hörte. Und jetzt, wo ich ganz sauber und respektabel war, machte es ihr nichts aus, wenn ich mich auf ihr Bett setzte.

»Die Haare mußt du dir aber noch schneiden lassen!« empfahl mir Dawn.

Sie nahm ihre Schere und ihr Manikürzeug heraus, und wir saßen auf ihrem Bett, als sie meine Haare schnitt und meine Nägel bearbeitete. Dawn könnte in einem Schönheitssalon arbeiten, wenn sie nur wollte. Das Problem ist nur, daß sie die Ausbildung niemals durchgestanden hätte und daß ihr das Geld nicht reichen würde. Dawn ist ihre leiblichen Genüsse jetzt schon gewöhnt.

Es war ein bißchen wie früher – Dawn und ich zusammen beim Schallplattenhören, und sie bearbeitete meine Haare. Ich wollte das Ganze zwar nicht verderben, aber ich mußte wegen der Uhr fragen.

Als ich nämlich im Bad der lieben Dame war, hatte ich die Brieftasche des Philip Walker-Jones noch einmal durchsucht.

Dawn fragte: »Was ist los mit der Uhr?« Und sie bearbeitete meinen Daumen mit ihrer kleinen Nagelfeile.

»Sie war echt Gold«, erinnerte ich sie. »Ein Weihnachtsgeschenk für dich.«

»Ich kann doch keine Herrenarmbanduhr tragen«, meinte sie. Dawn kann manchmal recht wählerisch sein.

»Wo ist sie?« fragte ich.

»Willst du sie zurückhaben?« fragte sie. »Ein schönes

Weihnachtsgeschenk, wenn du sie wieder zurückhaben willst.«

Ich schaute sie an und sie schaute mich an. Dann meinte sie: »Gut, Crystal, wenn du es unbedingt wissen willst, ich wollte sie meinem Freund zu Weihnachten schenken.«

»Sie war nicht für ihn«, stellte ich fest, »sie war für dich.«

»Eine Herrenarmbanduhr?« sagte sie lachend. »Ich wollte seinen Namen auf der Rückseite eingravieren lassen: ›In ewiger Liebe von Dawn.‹ Aber da war kein Platz. Da waren diese ganzen Ziffern auf der Rückseite, und der Juwelier sagte, ich würde zuviel Gold verlieren, wenn ich sie abschleifen ließe.«

»Aha!« rief ich. Und kam mir klug vor. Denn alles, was man braucht, um zum Denken zu kommen, ist eine gute, warme Mahlzeit. Und das war mir wie eine Erleuchtung gekommen, als ich meinen letzten Bissen Eier und Kartoffel geschluckt hatte.

Ich sagte: »Wetten, es waren fünfundzwanzig.«

»Ordentlich viele Ziffern«, meinte sie. Sie legte die Nagelfeile in ihr Maniküreug zurück.

»Wenn du es unbedingt wissen willst, Crystal«, fuhr sie fort, »ich habe sie versetzt. Und ich habe ihm statt dessen ein echt goldenes Feuerzeug gekauft.«

Und dann gab sie mir den Pfandschein.

Für die echt goldene Uhr hatte sie nicht sehr viel bekommen. Dawn ist nicht so praktisch eingestellt wie ich, also hat der Pfandleiher sie betrogen. Aber das machte nichts. Erstens war es ja nicht ihre Uhr, und dann würde es mich weniger kosten, sie wieder zurückzubekommen. Wenn ich sie überhaupt zurückhaben wollte.

Arme Dawn. Sie braucht es dringend, daß ich mich um sie kümmere. Sie weiß das nicht, weil sie glaubt, daß ihr Freund es macht. Sie ist nicht wie ich. Sie will sich nicht um sich selbst kümmern. Das ist nicht ihre Aufgabe. Und wenn ich ihr sagen würde, was ich heute durchgemacht habe, um meine Probleme zu lösen, würde sie sagen, ich sei eine Närrin.

Aber schau dir das alles einmal von der Seite an – Detective Sergeant Michael Sussex bin ich entwischt. Ich war so angezogen, daß er mich nicht einmal erkannt hätte, wenn ich frontal mit ihm zusammengestoßen wäre. Brainy Brian genausowenig. Also konnte er den Schweinen, die den kleinen Marvin verprügelt haben, keinen Hinweis geben. Ich habe gebadet und Eier und Kartoffeln gegessen. Ich hatte Geld, um so viele Nächte, wie ich wollte, in einem Bett zu schlafen. Und jetzt hatte ich die Uhr.

Oder ich könnte sie jederzeit haben. Aber dort, wo sie war, war sie sicherer. Ich wußte zwar noch immer nicht, warum die Zahl so wichtig war, aber ich war sicher, daß sie mir früher oder später etwas bringen würde.

Ich bemerkte, daß Dawn mich ansah.

»Bilde dir ja nicht zu viel ein, Crystal«, riet sie. »Du siehst vielleicht aus wie ein Mädchen von der versnobten Schule, aber du bist immer noch so eine wie ich.«

Die hatte vielleicht eine Ahnung.

Susan Moody
Freiheit

Der Tod hatte ihn aus der Stadt verbannt.
Kein anderer hätte ihn wieder zurückbringen können. Nur dieser eine.
Emotionslos sah er zu, wie der Sarg seiner Mutter in die feste, rote Erde hinuntergelassen wurde, und ihn fröstelte, als der brutale Wind sich in die weichen Ränder seines Gesichts verbiß. Er hielt Blumen in der Hand, ein paar steife Nelken, ein halbes Dutzend Treibhausrosen, alles, was er in dieser toten Jahreszeit auftreiben konnte. Er fragte sich, ob er es gewagt hätte, in die Stadt zurückzukommen, wenn sie im Sommer gestorben wäre. Ohne die Kälte als Ausrede hätte er sich nicht hinter den Falten seines Wollschals verbergen können.
Die Handvoll anderer Trauergäste war ihm fremd. Wie hätte es auch anders sein sollen nach all den Jahren, die er weg war? Er lockerte die wollenen Schichten und beobachtete seinen fedrigen Atem in der eisigen Luft. Obwohl bereits die Mitte des Nachmittags erreicht war, waren die rauhen Wände des Grabes immer nach mit einer Frostschicht versiegelt, die glitzerte, wo die dicke rote Sonne sie erreichte. Hinter der kleinen Kapelle marschierten endlose Fichtenwälder in einen muschelgrauen Himmel. In seinem Rücken lag etwa ein Dutzend kleiner Holzhäuser verstreut, aus denen sich dieses Dorf am Rande der Stadt zusammensetzte. Ihre gestrichenen Fassaden waren verblaßt, das grüne Schnitzwerk und die einst leuchtenden Blumen nun fast unsichtbar vor dem rissigen Verputz. Sonst hatte sich der Ort nur wenig verändert in den zehn Jahren, seit er zum letzten Mal hier war. Er und seine Mutter hatten einen Bus aus der Stadt hinaus genommen. Sommer war damals gewesen; man hatte auf dem Gras sitzen können. Eine Weile waren sie dem Fluß gefolgt, bevor sie die mit-

gebrachte Wurst und das Brot aßen und dazu das starke Pilsener tranken, für das ihr Land berühmt war. Der Fluß war voll Bewegung gewesen, die Oberfläche gerippt durch die Gewalt seines Laufs von den kalten Bergen zum Meer; jetzt lag er eingesperrt unter einer dicken Eisschicht.

In seiner Erinnerung glänzte jener ferne Sommertag mit der Durchsichtigkeit polierten Glases. Zugleich mit dem Sonnenschein und dem Glitzern des Wassers stellte sich das ungewohnte Gefühl von Freiheit ein. In der vom Staat diktierten eintönigen Routine war ein freier Tag etwas Seltenes. Seine Mutter hatte die Schuhe ausgezogen und ihre Röcke hochgesteckt; er blickte auf ihre festen, braunen Schenkel wie auf die eines hübschen Mädchens, dem er auf der Straße begegnete, und bemerkte dabei, daß er sie nie zuvor als ein eigenes, weibliches Wesen gesehen hatte, sondern immer nur als einen Elternteil, immer nur in Verbindung mit sich selbst. Als sie knietief im klaren Wasser stand, den Kopf zur Sonne hin zurückgeneigt, so daß ihre Brüste sich rund unter ihrer weißen Bluse abzeichneten, schien sie sorgenfrei und glücklich. Zum ersten Mal wurde ihm bewußt, daß sie einmal jung gewesen war, daß sie immer noch eine attraktive Frau war, daß ihr Körper vielleicht von den gleichen Begierden erfaßt wurde wie seiner.

Sie hatte über ihre Schulter geblickt und zu ihm gesagt: »Das ist ein schöner Platz. Hier würde ich gern begraben sein.« Und sie hatten beide gelacht über die Ferne des Todes.

Ein paar Monate später nur hatte der Tod sein Leben für immer verändert.

Der Priester erhob seinen Arm über dem offenen Grab. Sein cremefarbenes und goldenes, besticktes Gewand hing schwer von seinen Schultern; der kalte Wind zerrte an den Säumen. Als das Zeichen des Kreuzes die Luft weihte, fand sich Erben in seiner Erinnerung wieder...

Nacht. Schatten, fest wie verschlossene Türen, zwischen ihnen gelegentliche Pfützen gelben Lichts. Die leere Brücke. Das Geräusch des Regens, der auf die Pflastersteine zischte, durchbohrt vom schwachen Nachtschrei einer Möwe, die die Hoffnung auf Beute in der Stadt stromaufwärts gezogen hatte. Die Statuen standen schwarz gegen den noch schwärzeren Himmel, zwölf im ganzen, sechs auf jeder Seite, ihre Basis auf der Brüstung verankert.

Bei der größten blieb er stehen. Seine Gefühle der Erniedrigung und des Schmerzes hatten ein Ausmaß erreicht, daß er glaubte, sich wie ein Kreisel zu drehen, schneller und schneller, außer Kontrolle. Sollte er sich über die Brüstung werfen? Es wäre eine Möglichkeit, seiner Aufregung Herr zu werden. Er starrte in den Fluß hinunter. Noch in der Dunkelheit wiesen lange, weiße Linien aus Schaum auf die Stellen, wo das Wasser über die seichten Wehre strömte.

Er war sich seines Herzschlags bewußt; er sah es in seiner Brust rot glühen, wie ein kleiner Backofen, wie es Liebe, Wut und Verzweiflung durch das Adernetz seines Körpers pumpte. Sein Schlag dröhnte ihm in den Ohren; er konnte nichts anderes hören. Später hatte er keine Vorstellung davon, wie lange er ins Wasser hinuntergesehen hatte, bevor er die Schritte kommen hörte.

Noch immer konnte er sie hören, würde sie immer hören, wie sie sich aus der feuchten Nacht ihm näherten, würde ihr Geräusch nie vergessen, das wie der Schlag einer Axt oder der Aufprall eines Spatens klang, und dann die plötzliche, schockierende Stille, als der Mann von der Brücke geworfen wurde, wortlos, ohne Drohung oder Erklärung, um mit umherschlagenden Armen ins schwarze Wasser, in seinen Tod zu stürzen.

Seit damals hatte Erben sich gefragt, welche Gefühle zu der mörderischen Tat geführt haben könnten. War sie nur ein zufälliger Impuls, der regennassen Luft entrissen? War sie ein Bedürfnis, sich eine Art von Einzigartigkeit – wie pervers auch immer – in einer Gesellschaft aufzubürden, sie auf Konformität bestand, die die Rechte des einzelnen dem wichtigeren Wohl der vielen unterordnete? Oder war sie ganz einfach ein Racheakt, das Ausreißen eines Auges für ein anderes durch die Bestrafung eines anderen für die Strafe, die man selbst empfangen hatte?

Und was wäre nachher geschehen, wenn es keinen Zeugen für die schockierende Tat gegeben hätte? Hätte es weitere Morde gegeben, weitere Opfer nach diesem ersten, wenn nicht ein Dritter mit starrem Gesicht und einem vor Entsetzen und Angst aufgerissenen Mund aus den Schattenteichen ins Licht getreten wäre?

In den Jahren seit seiner Flucht aus der Stadt hatte er sich unaufhörlich mit Was-wenn und Wenn-nur gequält und Erklärungen für die Vorfälle dieser Nacht gesucht. Er konnte keine finden. Diese einmalige Verkettung von Ereignissen, exakt diese Abfolge von Handlung und Ergebnis hatten stattgefunden; darüber nachzudenken würde nichts ändern. Wäre irgend etwas anders abgelaufen, wenn Nadja freundlicher gewesen wäre und seinen Stolz weniger verletzt hätte, nicht diese Wörter gewählt hätte, um ihn darüber zu informieren, daß sie ihn nicht mehr sehen wollte? Oder wenn er zehn Minuten länger in dem warmen Mief des Cafés sitzengeblieben wäre und noch ein Bier getrunken hätte, während er versuchte, den verächtlichen Zug um ihren Mund und die Worte, die sie ihm entgegengeschleudert hatte, zu vergessen? Oder wenn vielleicht das Wetter anders gewesen wäre, wenn es in jener Nacht nicht geregnet hätte und die Leute nicht zu Hause geblieben wären; was dann? Hätte das Opfer dann seinen Weg in Sicherheit fortgesetzt? Wäre der Mord durch die Nähe anderer verhindert worden?

Wie oft schon war dieser Film auf der Leinwand seiner Gedanken abgelaufen: der Regen, die Dunkelheit, die undeutlich sichtbaren Statuen auf der leeren Brücke über dem schwarzen Fluß. Und die drei, Opfer, Mörder und Zeuge, für immer in dieser unheimlichen Verbrüderung zusammengeschweißt.

Später konnte er sich kaum entsinnen, wie er den Weg nach Hause gefunden hatte. Der Schock hatte seine Füße unsicher gemacht. Er war in sein Zimmer gestolpert, vorbei an seiner Mutter, die bereits auf dem Ausziehsofa in dem winzigen Wohnzimmer schlief, und in die muffigen Polster auf seinem Bett gefallen. Sein ganzer Körper bebte. Seine Augen brannten, als ob sie in Flammen standen. Er hielt seine Hand gegen das Licht und sah, wie das ganze feine Gebilde aus Knochen, Haut und Blut wie ein Drachen im Wind zitterte. Ein Mann war tot, von einem Moment zum nächsten vorsätzlich ins Vergessen gestoßen. Und was die geheime Tat eines einzelnen hätte bleiben sollen, war zu einem Stahlseil geworden, das Mörder und Zeuge enger aneinander fesselte als Zwillinge. Denn als sie einander plötzlich im Regen nach der Tat getroffen hatten, hatte einer den anderen unfehlbar von Angesicht zu Angesicht gesehen.

Am nächsten Morgen war er bereits zum Gehen entschlossen. Für ihn war die Stadt zu klein, um kaltschnäuzig zu sein, die Chance, einander wieder zu treffen, war so groß, daß er keine andere Wahl hatte, als davonzulaufen. Es war die einzige Art, wie er frei bleiben konnte.

Seine Mutter hatte geweint und ihn nicht verstanden. Er wollte es ihr erklären, aber die Worte kamen einfach nicht. Er hätte ins Polizeihauptquartier in den alten Teil der Stadt gehen, hätte erklären sollen, was geschehen war, um dann die Folgen auf sich zu nehmen. Zähneknirschend mußte er sich eingestehen, daß er die moralische Stärke dazu nicht hatte. Statt dessen hatte er eine Tasche gepackt und war nach Süden gereist, in die einzige andere Stadt, die groß genug war, ihn zu verbergen. Anfangs hatte er daran gedacht, das Land zu verlassen, nach England, Rußland oder sogar Amerika auszuwandern, aber dazu hätte er um Visa und Paß ansuchen müssen, was Verzögerung und Menschenschlangen bedeutet hätte. Beides hätte eine Katastrophe wahrscheinlicher gemacht. Der einzige Weg, um zu überleben, war sicherzustellen, daß Mörder und Zeuge einander nicht mehr begegnen konnten, weder damals noch...

Jetzt konnte er die Vorbereitungen bei einem anderen Grab hören, irgendwo hinter der kleinen barocken Kapelle. Das regelmäßige Aufschlagen der Spaten auf der frostgehärteten Erde klang wie der heisere Schrei einer Krähe. Er wollte um seine Mutter weinen, konnte aber nicht. Die Rückkehr war in Wirklichkeit unnötig, belanglos gewesen: Für sie war es gleichgültig, ob er kam oder nicht. Dennoch konnte er sie nicht begraben lassen, ohne dabei zu sein.

Er warf seine Blumen auf den Sarg hinunter. Seine Mutter hatte Schnittblumen gerne gehabt. Als er sich vom Grab, von dem unbekannten Priester und den Gesichtern von Fremden abwandte, begannen die ersten winterlichen Flocken zu fallen.

Die vernünftigste Entscheidung war, sich in sein häßliches, vom Staat hergestelltes Auto zu setzen und zu dem Ort zurückzufahren, den er jetzt sein Zuhause nannte. Dennoch zögerte er, und sein Verstand tastete andere Entscheidungsmöglichkeiten ab, weitere Alternativen. Jetzt, wo er wieder in der Stadt seiner Jugend war, reizte es ihn, altvertraute Orte wiederzusehen. Schließlich konnte es sein, daß er nie wieder zurückkehrte.

Es war ihm klar, daß er dem Stadtzentrum nicht fernbleiben würde. Die kleine Fläche mit gepflasterten Straßen und den unmöglich spitzen Dächern, von Gäßchen, Statuen und goldbespitztem Schmiedeeisen zog ihn an. Hier war er Student gewesen, hatte sich in Nadja verliebt, unendlich viel Bier in den Cafés getrunken, der großen Glocke im Rathaus zugehört, wie sie die Stunden schlug, und mit anderen Bürgern zugeschaut, wenn die Figur des Todes mit dem Knochenkinn gewackelt und das Stundenglas geschüttelt hatte. Schon einmal war er gegangen; ein zweites Mal zu gehen, würde noch schwerer sein. Im Scheinwerferlicht, hinter den Schneeflocken, die vom tiefhängenden Himmel fielen, lag das alte Schloß in der Dämmerung auf seinem Hügel wie ein schlafender Löwe. Eine dicke Schneeschicht lag bereits auf dem Boden unter seinen Füßen; Leute mit Pelzkappen und schweren Mänteln, die Schultern gegen die Kälte hochgezogen, gingen vorbei. Er fühlte sich sicher und unerkennbar. Zehn Jahre hatten ihn zu einem anderen gemacht als dem jungen Mann, der er einmal war. Jeder, der ihm mehr als einen flüchtigen Blick zuwarf, sah bloß ein von lange ertragenem Streß gezeichnetes Gesicht mit an den Schläfen bereits ergrauendem Haar und hinter der randlosen Brille wachsame Augen.

Zwischen gelbgestrichenen Mauern, zwischen denen der Schnee dahintrieb, kam er am jüdischen Friedhof mit seinen dichtgedrängten schwarzen Grabsteinen und an den Eingängen gotischer Kirchen vorbei auf den großen Hauptplatz. Hier hatten sich seine Landsleute in der Vergangenheit den vordringenden Panzern entgegengestellt und den Unterdrückern Widerstand geleistet. Jetzt war wieder eine Menschenmenge mit erhobenen Transparenten hier versammelt, Stimmen forderten Freiheit und Demokratie. Er blieb am Rand der Menge stehen und schaute zu.

»Frei-heit! Frei-heit!« Das Löwengebrüll trieb zwischen den Schneeflocken. Einige Leute hielten Blumen in ihren Händen; sie schienen die Kälte nicht zu bemerken. Ein paar zerrissene und feuchte Flugblätter auf den Pflastersteinen riefen zu Streiks und Demonstrationen auf. Die Auslagen waren unbeleuchtet; überall wiesen Schmutz und Verfall auf das bis jetzt unterdrückte Leben der Menschen hin.

»Frei-heit! Frei-heit!«

Alles schien ihm fern, ohne Bezug zu ihm selbst. Er wandte sich in die Seitenstraßen, wo schwarze Schatten Falten in den Schnee zeichneten. Die Luft war rein und durchdringend kalt. Stimmen zogen sich vor ihm in Einfahrten zurück, als er in seinem Mantel zitterte. Der Fluß hinter den hohen Gebäuden war ihm ständig bewußt.

Die Schreie der Demonstranten ebbten in der Dunkelheit auf und ab und bedeckten die beschneiten Dächer mit einem dünnen, festen Gewebe aus Hoffnung. Als es später wurde, schienen die Straßen sich zu leeren, als ob der Platz das ganze Leben der Stadt aufgesaugt hätte. Verminderte oder verstärkte das die Wahrscheinlichkeit, daß das nächste Gesicht, das er sehen würde, der Person gehörte, mit der er am meisten fürchtete zusammenzutreffen, seinem Mitverschworenen in den zehn Jahren des Schweigens? Sein Verstand konnte den Gedanken nicht fest genug halten, um ihn weiter zu verfolgen. Zu lange schon hatte er sich darüber Sorgen gemacht und in Schrecken phantasiert, daß die Erfordernisse seiner Arbeit ihn unversehens in die Gesellschaft mit einem Fremden versetzen könnten, dessen Gesicht ihm bekannt war. Jetzt, in seine eigene Stadt zurückgekehrt, erwartete er fast freudig ein mögliches Zusammentreffen. Er fragte sich, ob sein Widersacher die vergangenen zehn Jahre in demselben Zustand nervöser Isolierung verbracht hatte. Hat auch er unter dem Zufall gelitten, der ihn an diesem kalten Abend zur Brücke gebracht hatte? Sehnte er sich auch nach Freiheit?

Es bestand auch die Möglichkeit, daß er schon tot war. In diesem Fall könnte Erbens Alptraum aufhören. Aber wie sollte er es erfahren? Er hatte nichts, woran er sich halten könnte, keine Möglichkeiten der Identifizierung, keine Handhaben zur Überprüfung. Seine einzige reale Alternative war, so weiterzuleben wie bisher und niemals völligen Frieden zu finden.

Oder doch nicht? Zehn Jahre sind eine lange Zeit, ein zu großer Teil des Lebens, um ihn der Angst zu opfern. Vielleicht war die Zeit gekommen, seinem Schicksal entschlossen entgegenzutreten. Vielleicht war es ihm die ganze Zeit bewußt gewesen, daß sein Bestehen auf dem Besuch des Begräbnisses seiner Mutter den Drang verdeckte, die Zustände zu verändern. Er konnte nicht mehr so weitermachen wie früher. Vor kurzem hatte er eine Frau kennengelernt. Es war nicht so wie bei Nadja: Obwohl noch einiges von der alten Leidenschaft da war, war sie doch schwächer geworden, wie auf Seide gestickte, in der Sonne ausgebleichte Blumen. Er wußte, daß sie ihn liebte; sie war bereit, sich um ihn zu kümmern, wenn er sie ließ. Aber bis zur Lösung seiner Probleme glaubte er, sich den Luxus von Zuneigung nicht leisten zu können. Hierher zurückzukehren, war die einzige Möglichkeit.

»Frei-heit!« Der Schrei wogte durch die fröstelnden Straßen; und er richtete sich auf und machte sich bereit zum Kampf. Er würde die Stadt nicht verlassen, bis er das Gesicht aufgespürt hätte, das ihn verfolgte. Obwohl jede Art systematischer Suche unmöglich war, mußten die beiden früher oder später in einer so kleinen Stadt wie dieser einander über den Weg laufen.

Und wenn es soweit war, was dann?

Es war jetzt ruhig in den Straßen. Erben war schon seit Stunden auf den Beinen, und trotz seiner dicken, pelzgefütterten Stiefel und seines Schaffellmantels begann ihm kalt zu werden. Gelegentlich warfen Fenster ein buttergelbes Leuchten in das Dunkel. In einem engen, zwischen hohen Häusern verlaufenden Gäßchen sah er Blut auf dem Schnee, das fast schwarz war, wo es das schwache Gaslicht der Lampen an den Hauswänden einfing. Das Blut hatte einen kleinen Krater in den Schnee geschmolzen; rund um seinen Rand waren hellere Spritzer. Einen Augenblick lang ertränkte das Schlagen seines Herzens jedes Geräusch. Blut bedeutete Tod. Hatte der Mann, der von der Brücke gefallen war, geblutet, bevor er ertrunken war? Er starrte um sich, und, als ein weiterer Tropfen bei seinem Stiefel niederging, blickte er nach oben. Etwas hing kopfüber vom verzierten Balkon des fünften Stocks. Es war schwer, sich bei dieser Beleuchtung sicher zu sein; war es ein heimlich gejagter Fasan oder ein Hase? Beinahe mußte er lächeln.

Er befand sich jetzt in der Nähe der staatlichen Amtsgebäude. In vielen Räumen brannte noch Licht; sie waren voll von Bürokraten, die die endlosen Details austüftelten, ohne die der Staat aufhören würde zu funktionieren, oder die die Folgen der in der Stadt verbreiteten Unruhe überdachten. Er war gerade im Vorübergehen, als sich eine der großen Doppeltüren aus poliertem Holz öffnete und drei Leute heraustraten. Für einen Augenblick blieben sie auf der kurzen Treppe stehen, unterhielten sich ruhig, zogen ihre Handschuhe an und legten sich Schals um, bevor sie in entgegengesetzte Richtungen davoneilten. Ein Mann ging alleine, die beiden anderen, ein Mann und eine Frau, wandten sich dem Stadtzentrum zu. Als sie vorbeigingen, sah Erben fast ohne Überraschung, daß das Gefürchtete nun eingetreten war.

Das Gesicht des Mannes war ihm so vertraut wie sein eigenes.

Verärgert bemerkte er, daß er nicht, wie Erben selbst, gelitten zu haben schien. Er war warm gekleidet, sein Mantel dick und sein Schal fein. Auch er war gealtert. Irgendwie hatte Erben das nicht erwartet. In seiner Vorstellung hatte er ihn immer so gesehen, wie er damals war, mit blassem Gesicht, offenem Mund und vor Furcht und Überraschung schwarzen Augen.

»Frei-heit! Frei-heit!« Der Lärm war jetzt schwächer, aber nicht weniger eindringlich.

Er drückte sich nahe an die Wand und folgte mit gesenktem Kopf dem Paar. Der Wind trieb ihm eine frierende Mischung aus Regen und Schnee in sein Gesicht. Der Mann hielt den Arm der Frau. In einer Seitenstraße trennte sie sich von ihm und winkte kurz, bevor sie in die Dunkelheit davoneilte. Erben folgte ihm weiter. Einmal blickte der Mann vor ihm über seine Schulter zurück. Vielleicht war er so verängstigt, wie Erben selbst immer war. Vielleicht hatte auch er das zufällige Zusammentreffen erwartet, hatte Straßenbiegungen gefürchtet oder das Aufgehen einer Tür, das ihn vor das Angesicht seines ihm unbekannten und doch viel zu vertrauten Gegners gebracht hätte.

Sie gingen auf den Fluß zu. Außer gelegentlichen Passanten, die mit vom Schnee gedämpften Schritten der Wärme ihres Heims zueilten, war niemand unterwegs. Sie erreichten die verlassene Brücke, deren Brüstung die Statuen säumten, unerbittlich wie Geschworene. Erben hielt für einen Augenblick an. Sollte er rufen? Sollte er dem anderen rasch nachlaufen, ihm auf die Schulter klopfen und ihn herumdrehen, so daß sie einander wieder anblickten, wie sie es vor zehn Jahren für einen Moment getan hatten? Sollte er versuchen, sich zu erklären oder zu entschuldigen?

Er dachte an die Frau, die in der Stadt weiter im Süden auf ihn wartete. Nadjas verächtliches Gesicht fiel ihm ein, auch seine eigenen brodelnden Gefühle, als er in diesen schicksalhaften Sekunden, bevor ihn die Umstände in den Mord verwickelt hatten, in den Fluß hinunter blickte. Er wußte es, die Entscheidung lag bei ihm. Er sagte sich, daß er für diesen Augenblick vor zehn Jahren genug bezahlt hatte, bezahlt hatte in Furcht, Einsamkeit und Verbannung. Jetzt endlich war die Gelegenheit da, die Dinge zu seinen Gunsten zu ändern.

Er rannte der davoneilenden Gestalt nach; seine Stiefel rutschten auf dem eisglatten Pflaster. Der Schnee war in Regen übergegangen; er konnte die parallelen Linien davon gegen die Straßenlampen sehen. Zur Linken war das Schloß; unter ihm bewegte sich grau der Fluß an Wohnhäusern aus Beton und entlaubten Bäumen vorbei.

Schon halb über der Brücke, blieb der andere Mann unter der größten Statue stehen und blickte zur Figur der Gerechtigkeit mit ihren verbundenen Augen auf, die die Mitte der Brücke beherrschte. Was überlegte er? Gegen das Licht zeichneten sich sein schwarzer Hut, sein stämmiger Nacken und sein kräftiger Körper ab. Seine Hände in den wollenen Handschuhen wirkten riesig.

Erben fiel mit Verbitterung ein, wie er all die Jahre zuvor es nicht gewagt hatte, sich der Polizei zu stellen. Nur eine Woche vorher hatten er und seine Mitstudenten an Demonstrationen gegen neue Ungerechtigkeiten des Staats teilgenommen. Mit einigen seiner Freunde war er von den Sicherheitskräften eingekreist, in Polizeitransporter verladen und ins Hauptquartier gebracht worden. Zwei Tage lang war er geschlagen und erniedrigt worden. Schließlich war er mit der Warnung freigelassen worden, daß es nächstes Mal Schwierigkeiten geben würde, denn die Polizei würde sich an ihn erinnern. Seine Reaktion darauf, seine gut sichtbare Angst, war es, was ihm das verächtliche Ende mit Nadja eingebracht hatte.

Und deshalb war er unfähig, mit der Geschichte von den Ereignissen auf der Brücke zur Polizei zu gehen.

»Frei-heit!« Der Schrei der Menge rollte über die Brücke zu ihm. Er holte den Mann vor ihm ein. Ohne zu überlegen, packte er ihn mit einem Arm um den Hals und hob ihn an den Schößen seines schweren, grauen Mantels in die Höhe. Er kippte ihn über den granitenen Rand der Brüstung und stieß ihn hinaus in die Dunkelheit. Der lange Schreckensschrei des Mannes, wie der einer Möwe, klang noch einen Augenblick nach, um dann abrupt unterbrochen zu werden. Danach war nur mehr Schweigen.

Erben keuchte etwas und blickte die feuchte Länge der Brücke auf und nieder. Würde die Geschichte sich wiederholen? Würde wieder ein Zeuge aus den Schatten treten wie schon einmal zuvor, mit blassem, anklagendem Gesicht, den Mund geöffnet vor Schreck? Aber außer dem dahintreibenden Schnee rührte sich nichts auf der Brücke.

Zum ersten Mal seit Jahren fühlte er Ruhe. Die Verkettung der Ereignisse war zerbrochen. Zeuge, Mörder und Opfer waren seit jenem verhängnisvollen Augenblick aneinander gekettet gewesen: Jetzt war nur noch er übrig.

Er hatte die Schatten auf der anderen Seite der Brücke bereits erreicht, als er sich zu fragen begann, welcher von den dreien er eigentlich war.

Laura Grimaldi
Väter und Töchter

Mit zehn Jahren war Maria nur an einem einzigen Sonntag im Monat glücklich, wenn sie mit ihrer Mutter und ihrer Schwester die Großmutter auf dem Friedhof besuchte. Sie kauften Blumen bei dem kleinen Stand vor dem Gittertor und gingen dann auf dem Kiesweg zum Grab mit dem Gedenkstein. Die Großmutter blickte Maria aus der ovalen Photographie an und sprach mit ihr, aber Maria war die einzige, die ihre Stimme hören konnte. Die Großmutter nannte sie »mein Schatz« und sagte ihr, was zu tun war. Auch dieses Mal sagte sie es ihr, und von dem Augenblick an wartete Maria auf eine Gelegenheit, dem Rat der Großmutter zu folgen.

An den übrigen Tagen der Woche und des Monats kauerte sich Maria, kaum daß sie aus der Schule nach Hause gekommen war, in einer Ecke der Küche auf den Fußboden und blieb dort mit geschlossenen Augen, damit die anderen sie nicht sehen konnten. Vor allem der Vater nicht.

Nachts jedoch lag sie bis zur Morgendämmerung mit weit aufgerissenen Augen da und lauschte dem Schnarchen, das aus dem Zimmer der Eltern zu ihr herüberdrang. Wenn das Schnarchen schwächer wurde oder einen Moment lang ganz aussetzte, begann sie zu zittern in der Erwartung, daß ihr Vater im nächsten Augenblick das Zimmer betreten würde, das sie mit ihrer Schwester teilte. Wenn dann der Vater tatsächlich herüberkam, mit nackten Füßen, die sie auf dem Fußboden des Ganges hören konnte, versteckte sie den Kopf unter dem Kissen, um nicht mitanzuhören, wie die Schwester weinte und der Vater ihr zuflüsterte, brav zu sein. Es war ihr lieber, wenn er zornig wurde, wenn ihre Schwester nicht aufhörte zu weinen, und der Vater sagte, er würde sie umbringen.

In der Schule hatte Maria begonnen zu stottern und

schlechte Noten zu bekommen und sogar in die Hose zu machen, zu Hause aber machte sich niemand Gedanken darüber. Die Mutter hielt weiterhin Möbel und Fußböden blitzblank und schrie viel mit den Töchtern, wenn sie Schmutz oder Unordnung verursachten. Wenn sie nicht gerade die Möbel oder den Fußboden polierte, kochte sie, aber seit einiger Zeit aß Maria wenig, und manchmal erbrach sie selbst das wenige, das sie gegessen hatte.

Es war auch vorgekommen, daß Maria auf dem Rückweg von der Schule hingefallen war und nicht mehr aufstehen konnte, weil sich ihre Beine plötzlich wie aus Holz anfühlten. Man hatte sie auf dem Arm nach Hause getragen, und der Vater hatte begonnen, sie zu massieren und sie dabei so sonderbar angeblickt und gesagt, vielleicht sollte Maria diese Nacht lieber bei ihnen im Ehebett schlafen. Da war Maria aufgesprungen und davongelaufen, und ihre Beine waren plötzlich wieder ihre Beine geworden und hatten ihr wieder gehorcht.

Eines Tages hatte Marias Schwester mit der Mutter gesprochen. Maria hatte nicht jedes ihrer Worte verstanden, aber intuitiv hatte sie erfaßt, daß die Schwester von der Sache berichtete, die sich nachts mit dem Vater zugetragen hatte. Die Mutter war fürchterlich böse geworden, riß die Tochter an den Haaren und schrie dabei wie eine Verrückte, sie sei eine Schlampe und sie dürfe bestimmte Dinge nicht sagen, oder sie würde sie ins Irrenhaus stecken. Maria aber hatte begriffen, daß auch die Mutter am liebsten geweint hätte.

Am selben Abend aber hatte die Mutter gesagt, als ob nichts gewesen wäre: »Geht nun und kämmt euch und wascht euch die Hände, der Vater wird bald nach Hause kommen.«

Sie hatten sich wie gewöhnlich zu Tisch gesetzt, mit dem Vater, der als einziger aß und mit der Zunge schnalzte, zum Zeichen, daß ihm das Essen schmeckte.

Manchmal verprügelte der Vater die Mutter, und Maria sah es mit Genugtuung. Sie kam aus ihrer Ecke hervor und öffnete die Augen, um zuzuschauen, wie der Vater seine Frau gegen die Wand warf und die Fäuste auf ihren Kopf und ihr Gesicht niedersausen ließ. Maria hoffte, er würde die Mutter umbringen, dann wäre sie tot und die Gendarmen würden kommen und ihn abführen. Doch das geschah niemals. Die Mutter versteckte sich höchstens im Bad, um zu weinen und sich ein Tuch auf das blutunterlaufene Auge zu legen, und an solchen Abenden, an denen es Schläge gab, kam der Vater immer zu ihrer Schwester ins Zimmer.

Die Lehrerin hatte eine Sozialarbeiterin geschickt, um herauszufinden, weshalb Maria keine Aufgaben mehr machte und abmagerte und fast nicht mehr sprechen konnte, aber die Sozialarbeiterin hatte die Wohnung sauber vorgefunden und die Mutter ordentlich und ruhig.

»Auch die Große hat es so gemacht«, sagte die Mutter. »Als sie etwa zehn Jahre alt war, hat sie aufgehört zu essen und angefangen zu stottern. Aber später, nach der Pubertät, war dann alles wieder in Ordnung.«

Sie erwähnte nicht, daß man sie hatte aus der Schule nehmen müssen und daß damals dieser häßliche Tick angefangen hatte, der ihr Gesicht entstellte. Maria dachte, die Sozialarbeiterin würde viele Fragen stellen und die Mutter würde erzählen, was nachts in ihrem Haus vorging. Sie hielt den Atem an, vor Hoffnung und auch vor Scham und Furcht, aber die Sozialarbeiterin fragte nichts, und als die Mutter bemerkte, daß Maria sie anstarrte, dachte Maria, daß sie zornig werden und sie ins Irrenhaus stecken würde, und so schloß sie die Augen, um ihr Gesicht nicht sehen zu müssen.

»Du hast deine Mamma lieb, nicht wahr?« fragte die Sozialarbeiterin zerstreut, während sie sich zum Gehen wandte, und Maria nickte und hielt die Augen weiterhin geschlossen.

In diesem Augenblick kam der Vater nach Hause, und er war zur Sozialarbeiterin und auch zu ihr und zur Mutter sehr freundlich.

Er fragte, ob sie dem Fräulein wohl etwas aufgewartet hätten, und nahm die Sozialarbeiterin beiseite und sagte ihr vertraulich, wie schwierig es sei, zwei Töchter großzuziehen.

Zur Abendessenszeit hatte sich der Vater schon zu Tisch gesetzt, nachdem er zuerst den Revolver, den er als Wachebeamter im Dienst trug, oben auf die Kredenz gelegt und sich den Rock ausgezogen hatte, weil ihm immer heiß war. Da bemerkte er, daß Marias Schwester nicht zu Hause war. Die Mutter rief aus dem Fenster nach ihr und ging in das obere Stockwerk hinauf, um sie bei ihrer Freundin zu suchen, aber sie fand sie nicht. Maria lief und versteckte sich im Zimmer hinter dem Bett. Sie begriff, daß ihre Schwester von zu Hause fortgelaufen war und nicht mehr zurückkommen würde. Sie hörte, wie der Vater fluchte und die Mutter schlug, wie die Sessel mit Gepolter zu Boden fielen. Dann ging die Mutter ins Badezimmer und blieb lange dort. Schließlich kam sie wieder heraus, packte Maria am Handgelenk und befahl ihr, sich zu Tisch zu setzen.

An dem Abend aß nicht einmal der Vater. Er schob das Besteck immerzu hin und her und brummte irgend etwas. Er war bleich, und Maria verstand plötzlich, daß er Angst hatte. Es war eine ganz neue Entdeckung für sie. Das Entsetzen, das sie bis zu diesem Augenblick vor ihm empfunden hatte, verschwand, und sie sah nur einen häßlichen Menschen mit verquollenen Augen vor sich.

»Was sollen wir tun? Was sollen wir bloß tun?« stöhnte die Mutter unentwegt.

»Warten wir doch bis morgen«, antwortete der Vater.

Maria wollte nicht mehr vom Tisch aufstehen, denn sie wußte, daß die Angst dann wieder zurückkehren würde. Sie zog die große Schüssel mit den Nudeln zu sich heran und begann, eine Gabel voll nach der anderen in den Mund zu stopfen und, ohne zu kauen, hinunterzuschlingen. Die Mutter sah sie aus traurigen Augen vorwurfsvoll an. »Wie kannst du bloß essen?« fragte sie.

Maria fühlte sich von der Schwester verraten und haßte sie, weil sie weggegangen war. Im Dunkeln in ihrem Zimmer erschien ihr das leere Bett neben dem ihren wie eine weite, verlassene Ebene.

Sie wartete auf das Schnarchen aus dem Nebenzimmer, aber es verging eine lange Zeit, und das Schweigen blieb ohne Unterbrechung, so als wäre auch das Bett dort leer und die Eltern hätten sie für immer allein zurückgelassen. Aber sie wußte, der Vater war dort, und diesmal würde er zu ihr kommen.

Sie lag steif da und horchte in die Dunkelheit, und als das Bett im Nebenzimmer knarrte, stellte sie sich den Vater vor, wie er aufstand, um zu ihr zu kommen, mit den großen Füßen, die auf den Fliesen des Fußbodens näherkamen. So verharrte sie, den Kopf ein wenig erhoben, mit den Händen die Decke fest umklammernd, bis es langsam Tag wurde und das Schnarchen im Nebenzimmer einen regelmäßigen Rhythmus annahm. Da stand sie auf und ging in die Küche.

Sie schob einen Sessel zur Kredenz und stieg hinauf, um den Revolver zu holen. Als der Vater seinen Posten als Wachebeamter angetreten hatte und das erste Mal mit dem Revolver nach Hause gekommen war, hatte er ihn ihr und ihrer Schwester und der Mutter gezeigt und ihnen gesagt, wie gefährlich er sei und daß sie ihn nicht anrühren dürften, auch wenn er ihn immer gesichert aufbewahren würde. Das hier sei die Sicherungsvorrichtung und so funktioniere sie, für den Fall, daß einmal Diebe kämen, wenn er nicht zu Hause wäre. Wenn er nicht da ist, ist auch der Revolver nicht da, hatte Maria gedacht, und verstanden, daß der Vater sich bloß wichtig machte, weil er jetzt einen Revolver tragen durfte. Die Waffe war schwer, und Maria mußte sie auf die Sitzfläche des Sessels legen, um heruntersteigen zu können. Dann nahm sie sie wieder auf, entsicherte sie, wie der Vater es ihnen damals gezeigt hatte. Sie hielt sie in beiden Händen und ging ins Zimmer der Eltern.

Der Vater schlief mit dem Gesicht im Kissen vergraben, ein behaarter Arm hing über die Bettkante, die fleischigen, gebräunten Schultern wurden vom Weiß des Unterhemds unterbrochen. Maria setzte den Lauf des Revolvers an sein Ohr und drückte ab. Der Lärm betäubte sie, und einen langen Augenblick stand sie da mit dem Revolver, der zwischen ihren Händen tanzte, den Blick unverwandt auf den Körper des Vaters gerichtet, der nach einigen Zuckungen regungslos dalag, während Blut auf das Leintuch tropfte, ein dunkler Fleck, der im fahlen Licht der Morgendämmerung schwarz erschien.

Marias Mutter setzte sich mühsam auf, ihre Augen waren Abgründe aus Angst, der Mund war weit aufgerissen. Sie streckte der Tochter die Hände entgegen. Die Mutter versuchte zu schreien, aber es gelang ihr nicht, ihre Kehle war wie zugeschnürt, und sie drohte zu ersticken. Sie warf sich quer über den Körper ihres Mannes, um zu Maria zu gelangen, mit immer weiter aufgerissenem Mund rang sie nach Atem, wenige Zentimeter vom Lauf des Revolvers entfernt.

Maria drückte ab und dann noch einmal und noch einmal, sie feuerte Schüsse in den Mund der Mutter und drückte wieder und wieder ab, bis es klickte.

Dann ging sie zu Bett; zum ersten Mal seit Jahren schlief sie sofort ein und schlief tief und lange.

BERTHA RECIO TENORIO
Geschichte einer Regennacht

Der Tag begann wie viele andere. Keine Wolke am Himmel, das Meer tiefblau, nur hin und wieder ein Schaumstreifen auf der glatten Oberfläche. Ich ging zeitig aus dem Haus und tauchte sofort ein in den hin- und herwogenden Menschenstrom. Die Leute hatten es eilig, zur Arbeit zu kommen, drängten und rempelten einander an. Hatten nur Augen für die Ampel, die gleich wechseln mußte, oder für den Zeitungsverkäufer, der schon zu weit entfernt war, um ihn noch einzuholen.

Es war ein Tag wie jeder andere. Ein gewöhnlicher Donnerstag, an dem ich nichts Besonderes vorhatte. Ein Tag, der vorbeigehen würde wie alle anderen, weil mir immer wieder der Spruch entfiel, den ich einmal gelesen hatte: »Lebe jeden Tag, als ob es dein letzter wäre!« Der Spruch gefiel mir so sehr, daß ich ihn sogar ausschnitt und jahrelang aufhob. Allerdings dachte ich nicht weiter daran... Bis zu diesem Morgen, als ich in die Redaktion kam und den Zettel mit der Adresse fand: Alborada 407, Nr. 21, zweiter Stock, zwischen Acervo und Almeria. Auf die Gelegenheit, über einen Kriminalfall schreiben zu dürfen, hatte ich schon lange gewartet. Ich war daher einigermaßen aufgeregt, als ich in der Wohnung ankam. Die Genossen von der Untersuchungskommission waren schon da. Für sie war es ein alltäglicher Fall. Routine, die längst mechanisch, nach altbewährten Regeln, ablief. Für mich war es etwas gänzlich Neues: meine erste Erfahrung mit einem Mord. Drinnen waren alle an der Arbeit. Nur eine einzige Frau war anwesend: die Nachbarin, eine wichtige Zeugin.

Sie öffnete soeben die Wohnzimmerfenster, um frische Luft und das Licht des strahlenden Tages hereinzulassen.

Im Gespräch mit ihr wurde mir klar, daß ich dich seit vielen Jahren kannte: seit der Zeit des Gymnasiums, als du anfingst, dich für die Züchtung bunter Zierfischchen zu begeistern. Ich ging zum Aquarium, das das Wohnzimmer dominierte, und sah die winzigen zarten Wesen mit den Bäuchen nach oben im gelbgrünen Wasser treiben, wo sie noch vor ein paar Tagen, ahnungslos, daß ihnen bald Futter und frisches Wasser ausgehen würden, dahingeschwommen waren.

Ich sah mich um: die Wände in einem verwaschenen Altrosa, einfache Möbel, die noch aus den 30er Jahren stammten, zwei Bilder in verzierten Metallrahmen und ein hübscher geschliffener Kristallkrug.

Am wichtigsten war mir das Buch. Es lag aufgeschlagen auf dem Sofa, und der schwere Aschenbecher mit den zwei Kippen hatte wohl verhindern sollen, daß sich die Seiten umblätterten. Du warst auf Seite 204, und es blieben noch 39 Seiten bis zum Ende. Es war ein Science-Fiction-Roman, und einige Absätze waren unterstrichen.

Ich wandte mich um und gesellte mich zu einem der Genossen im Wohnzimmer. Es war anspruchsvoller eingerichtet, mit einem Glastisch und verzierten Stühlen. Nichts, was an dich erinnerte. Unpersönlich. In der Küche erkannte ich dich wieder. Du hast gefrühstückt und abgewaschen, aber nichts weggeräumt.

Das Geschirr stand noch in der Spüle, und in einem Behälter auf dem Tischchen war ein bißchen Butter übriggeblieben. Du hast die Brotbrösel nicht weggewischt, und eine zerknüllte Zigarettenschachtel und eine leere Kugelschreibermine lagen herum.

Als sie deine Leiche wegbrachten, wandte ich das Gesicht ab, weil ich es nicht mit ansehen wollte. Ich brauchte Luft und ging in den Hof hinaus. Einige Pflanzen in rostigen Dosen, andere in Tongefäßen. Zwei leere Bierdosen. Auf der Wäscheleine hingen zwei Handtücher mit Monogramm. Sie bewegten sich im Wind und streiften dabei die Wand.

Ich dachte daran, daß man sie sofort abnehmen müßte, als mich die Stimme von Leutnant Dionisio Darias rief, der mit dem Fall betraut war. Sie kam aus dem Gang, der die Zimmer und das Bad voneinander trennte.

Dort hingen die Fotos aufgereiht – nach Aussage der Nachbarin deine »private Galerie«. Momentaufnahmen – für immer verewigt und doch nur von Wert für denjenigen, der sich erinnerte, wie sie entstanden waren. Oder für jemanden, dem sie mehr bedeuteten, als ein in einer Pose erstarrtes menschliches Wesen.

Auffallend war, daß sie symmetrisch und chronologisch angeordnet waren. Es gab viele von dir. Eines, auf dem du ein Entlein gegen deine Kinderwange drückst; dann eines, auf dem du, zehnjährig, bei einem Sportwettbewerb mit einer Medaille ausgezeichnet wirst. Von einem zum anderen bist du gewachsen, während deine Eltern immer älter wurden. Da waren Fotos von dir am Strand, beim Schultor, von deinem 15. Geburtstag, bei der Tomatenernte mit deinen Klassenkameraden, eines lachend, mit deiner Mutter... Auf dem aus dem ›Tropicana‹ siehst du sehr hübsch aus... eine reife Frau. Daneben bist du im langen weißen Kleid am Tag deiner Hochzeit. Die Braut allein. Es folgt eines, auf dem du ein Baby im Arm hältst. Und dann kommt ein ganz gelungenes. Der etwa siebenjährige Junge neben dir sieht dir sehr ähnlich.

Auf einen Wink des Leutnants folgte ich ihm in die beiden hinteren Zimmer. Das eine war zweifellos das deines Sohnes. Ein kleines Bett, ein Schreibtisch, viel Jungenzeugs. Aber kaum Wäsche im Schrank. »Der Bub wohnte nicht bei ihr«, erklärte mir der Leutnant.

Das andere Zimmer war deines. Ich warf nur einen flüchtigen Blick hinein. Bücher, Krimskrams, Bilder, Vorhänge, Dinge, die nicht mehr zu erkennen waren, voll Blut; diesem fast schwarzen Rot deines Blutes, das das ganze Bett getränkt hatte.

Ich wartete lieber draußen, der undefinierbare, merkwürdige Geruch war auch noch auf dem Gang zu spüren. Ich lehnte den Kopf an die Wand und schloß die Augen, um die Leute nicht zu sehen, die an mir vorübereilten und mich neugierig anstarrten. Ich war die einzige, die keinen weißen Mantel trug...

Dein unerwartetes Ende hat mich tief berührt. Daß dein Leben so plötzlich vorbei war, die Folge deiner Tage so brüsk unterbrochen. Was hast du wohl in den letzten Augenblicken deines Lebens gemacht? Es war kurz nach dem Frühstück. Ein Sonntag. Vermutlich hast du lange geschlafen. Bis 10 Uhr? Oder bis 11? Oder warst du Frühaufsteherin? Hast du den Mann erwartet? Daß es ein Mann war, wird nicht bezweifelt. Mit deinen 70 Kilo hätte dich eine Frau kaum von einem Zimmer ins andere schleppen können, meint Darias. Aber genau das hat jemand getan, weil einer deiner Schuhe im Wohnzimmer lag, während der andere noch an deinem Fuß steckte, als sie dich vom Bett hoben und ins medizinische Institut brachten.

Warum hast du es zugelassen, warum hast du dich nicht gewehrt? Hat er dich schon vorher auf den Kopf geschlagen, ehe er dich ins Zimmer trug? Oder erst auf dem Bett? Von der Antwort hängt es ab, ob man deinen Mörder unter deinen engeren Bekannten suchen muß oder ob ein größerer Kreis dafür in Frage kommt, Arbeitskollegen, Nachbarn, Freizeitpartner...

Vermutlich sollte ich gar nicht hier sein, bestimmt wäre es aufschlußreicher, einen der Ermittler zu begleiten, der die Nachbarn befragt oder deine Arbeitskollegen.

Aber ich blieb und wartete auf dem Gang, obwohl ich das Ergebnis der Autopsie ohnehin bei der Besprechung erfahren würde, die Darias der gesamten Truppe für 18 Uhr 30 vorgeschlagen hatte.

Bis jetzt habe ich dich nicht bei deinem Namen genannt, nicht einmal in Gedanken. Irgendwie fällt es mir schwer bei jemandem, der eigentlich keinen mehr hat. Deshalb sage ich »du« und nicht Ligia.

Der Polizeiarzt legte mir die Hand auf den Arm und redete, aber ich nahm nur den durchdringenden Geruch der Desinfektionsmittel wahr, den seine Kleider ausströmten. Ich schrieb mit, was er mir über die Todesursache erzählte, ich will es hier lieber nicht wiederholen. Erwähnenswert scheint nur, daß zwei deiner Verletzungen tödlich waren. Aber das interessiert dich bestimmt nicht mehr.

»Wie ich Ihnen schon sagte, waren es die unmittelbaren Nachbarn, die uns wegen des unerträglichen Gestanks in Apartment 21 verständigten. Nach Feststellung des Arztes ist Ligia Acevedo Huerta, 39 Jahre alt, seit vier Tagen tot. Es gibt keine Anzeichen, daß sie sich gegen ihren Angreifer gewehrt hat. Der Täter hat nichts gesucht und auch nichts gestohlen, obwohl Gegenstände von Wert sowie Geld offen herumlagen. Es gibt auch keine Hinweise, daß sie sexuell mißbraucht wurde.«

Der Leutnant drückte sich klar aus, und ich kam mit meinen Notizen gut mit. Ich saß nicht beim Tisch, sondern in einem Fauteuil, nahe des Eingangs in den Sitzungssaal. Auch von hier aus verstand ich bestens und schrieb mit, was die Genossen eruiert hatten.

Ohrenzeugen: Eine der Nachbarinnen gab an, daß Ligia früh aufgestanden war, sie hatte sie gehört, als sie den Hof aufkehrte. Das war um 9 Uhr früh. Als sie ihr um 11 Uhr zurief, sie könne zur Maniküre kommen, gab sie keine Antwort mehr. Die beiden verständigten sich immer über den Luftschacht zwischen ihren Küchen. Die Zeugin dachte sich nichts dabei, sie nahm an, Ligia sei einkaufen oder nehme ein Bad. Nachdem sich in Ligias Wohnung nichts rührte, rief sie sie später nicht mehr.

Augenzeugen: Es gibt niemanden, der in der fraglichen Zeit jemanden in Ligias Wohnung hineingehen oder herauskommen sah. Allerdings gab ein Zeuge an, daß Ligia Freitagabend mit ihrer Mutter telefoniert und ihr gesagt hatte, sie werde ihren Sohn an diesem Wochenende nicht besuchen, weil sie vorhabe, die Wohnung aufzuräumen. Statt dessen wolle sie den Sohn am Samstag anrufen. Um die Mittagszeit telefonierte sie tatsächlich mit ihm. Sie erzählte ihm, daß sie gerade vom Reisebüro käme und für die Schulferien die Campingreise gebucht habe, wie versprochen. Die Mutter hätte sich nicht gewundert, daß Ligia nicht mehr angerufen habe, es kam oft vor, daß sie sich tagelang nicht meldete.

Ich schrieb schnell mit und paßte auf, wie Daria seine Leute über jedes Detail unterrichtete. Seine Aussagen waren so direkt, kurz und präzise, daß es keine Mißverständnisse geben konnte. Als echter Profi ging er nach einem vielfach erprobten Schema vor, ohne ein einziges »ich glaube« oder »ich vermute«.

Es war noch zu früh für irgendwelche Hypothesen. Zuletzt gab er jedem Anweisungen für die nächsten Schritte.

Inzwischen kritzelte ich die letzten Aufzeichnungen des Tages in mein Notizbuch: Ligia war seit eineinhalb Jahren geschieden. Ihr Ex-Mann hatte wieder geheiratet. Zwischendurch hatte sie eine Romanze, die aber schon seit Monaten vorbei war.

Leutnant Darias und ich aßen mittags gemeinsam in der Kantine. Obwohl allgemein empfohlen wird, beim Essen nicht über die Arbeit zu sprechen, machten wir eine Ausnahme, um einige Punkte herauszuarbeiten, die mir nicht klar waren. Beim Kaffee erzählte er mir, daß die Tatwaffe vermutlich ein Mehrzweckmesser war. Daß der Tod innerhalb von wenigen Minuten eingetreten und das Opfer – wegen des Schlages auf den Hinterkopf – bereits bewußtlos gewesen war. Ob der Schlag von einem schweren Gegenstand oder der bloßen Faust herrührte, wußte man noch nicht. Falls letzteres zutraf, mußte der Mörder entweder sehr kräftig sein oder einen Kampfsport beherrschen. Mit einer merkwürdigen Mischung aus Angst und Neugier folgte ich Darias aus dem Speisesaal.

»Komm, Genossin, wir wollen uns die Verdächtigen vornehmen...«

Der Mann war groß, etwa 45 Jahre alt, gutaussehend, dunkel, elegant, mit buschigem Schnurrbart: Ramiro Nuñez Betancourt, von Beruf Zeichner-Kartograph.

»Ehrlich, der gewaltsame Tod Ligias hat mich schwer getroffen... sie hat mir... hat mir viel bedeutet... immer, obwohl wir uns getrennt hatten.« Er sah verstört aus, oder wirkte zumindest so. Er hatte dunkle Ringe unter den Augen und strich sich unbewußt ständig über die Wange. »Ich verstehe nicht, wie das geschehen konnte.«

Der Leutnant beobachtete ihn scharf, ohne ihn zu unterbrechen. Als Ramiro eine Pause machte, sagte er: »Bitte erzählen Sie uns doch etwas über Ihre Beziehung zu Ligia und weshalb Sie sich trennten?«

Mir fiel auf, daß sich sein Gesicht kaum merklich veränderte, als ob er auf einmal unsicher wäre.

»Schauen Sie, wir kannten uns seit langer, langer Zeit und... und sie hat mir immer gefallen. Sie war eine sehr attraktive Frau, ich war gern mit ihr zusammen... Aber geliebt hab' ich sie nie. Zwischen gefallen und lieben ist ein Unterschied. Und so hab' ich eines Tages mit ihr Schluß gemacht... endgültig... aber trotzdem sind wir Freunde geblieben.«

Er seufzte, erleichtert darüber, daß der schwierigste Teil hinter ihm lag. Gelassen fragte Darias: »Können Sie uns etwas über ihre Bekanntschaften, ihre Gewohnheiten erzählen?«

»Sie war ein guter Kerl, amüsant, klug. Ihre beste Freundin war Consuelo Jimenez, sie kannten sich seit vielen Jahren. Ich glaube, sie haben einmal nebeneinander gewohnt... Feinde hatte sie keine, nicht, daß ich wüßte... sie ging gern an den Strand... und in Restaurants, vor allem ins ›Alborada‹. Sie war kokett und zog sich gut an, modisch. Ich hab unvergeßliche Stunden mit ihr verbracht. Sie war eine großartige Partnerin, man fühlte sich wohl bei ihr. Bitte«, er sah Darias fast verzweifelt an, »darf ich rauchen?« Darias nickte. Als Ramiro die Zigarettenschachtel herausnahm, fielen mir seine muskulösen Hände auf. Der ganze Mann war kräftig gebaut, ihm wäre es nicht schwer gefallen, Ligia zu tragen...

»Können Sie mir sagen, wo Sie am Morgen des vergangenen Sonntags waren?«

Ramiro sog an seiner Zigarette und fuhr sich einmal mehr mit der Hand über die Wange. Ich bemerkte, daß sie leicht zitterte. »Ich... ging früh aus dem Haus, so... so... um halb acht... ich wollte zum Gemüsemarkt... als ich an Ligias Haus vorbeikam, beschloß ich, sie aufzusuchen. Obwohl wir Schluß gemacht hatten, besuchte ich sie von Zeit zu Zeit... das können die Nachbarn alle bestätigen... aber als ich die Stiegen hinaufging, fiel mir ein, wie oft ich ihr schon versprochen hatte, ihr eine Gasbombe mitzubringen, und da bekam ich ein schlechtes Gewissen... also machte ich kehrt und ging, wie ursprünglich geplant, zum Gemüsemarkt.«

»Hätten Sie ihr nicht einfach sagen können, Sie hätten sie zu Hause vergessen?« fragte Darias.

»Wenn Sie Ligia gekannt hätten, würden Sie mich verstehen. Wenn man ihr etwas versprach, mußte man es halten. Sie hätte mir furchtbare Vorwürfe gemacht, es war besser, gar nicht erst...«

»Sie können gehen. Im Moment ist das alles. Halten Sie sich zur Verfügung, falls wir Sie noch brauchen...«

Der Verdächtige erhob sich mit einem Ausdruck der Erleichterung. Er drückte seine Zigarette aus und verließ den Raum. Warum ließ ihn Darias gehen, wenn noch so viele Fragen offen waren? Er kam mir mit seiner Antwort zuvor:

»Du wunderst dich? Hast du gedacht, ich werde ihn festnehmen? Das ist nicht so leicht. Schau, es gibt vorläufig keinen direkten Hinweis, daß Ramiro was damit zu tun hat. Ich hab ihn nur befragt, wie alle anderen, die Ligia gut kannten.«

»Aber er hat doch zugegeben, daß er am Tatort war... und ließ durchblicken, daß Ligia manchmal ziemlich unangenehm werden konnte.«

»Ja, das stimmt. Aber weißt du, warum er es zugegeben hat? Weil er annimmt, daß ihn jemand gesehen hat. Der Mann ist schlau, vorsichtig und, ich bin überzeugt, er hat sich auf meine Fragen gut vorbereitet, er wußte, was er sagte. Viel mehr als sein Alibi interessiert mich, seit wann er Ligia kannte und was für eine Beziehung sie miteinander hatten. Ist dir nicht aufgefallen, wie er mit der Antwort zögerte, als hätte er Angst, die Wahrheit zu sagen?«

»Mir kam er die ganze Zeit nervös vor.«

»Weil du vor allem auf die Augen, auf sein Mienenspiel geachtet hast. Bei unserer Arbeit muß man aber mehr auf die Reaktion der Leute achten als auf das, was sie sagen. Ob die Hände zittern, ist nicht von Bedeutung, das läßt sich sogar vortäuschen. Auf die unbewußten Reaktionen kommt es an, die sind wichtiger.«

»Könnte er sie getötet haben?« fragte ich, und eine Gänsehaut überzog mich bei dem Gedanken, Seite an Seite mit einem möglichen Kriminellen gesessen zu sein.

»Er? Gut möglich, Genossin.«

Es klopfte an der Tür, und wenig später erschien Raúl Espinosa, Physikotherapeut im Orthopädischen Spital, Ligias Ex-Mann, jünger als Ramiro und um einiges größer.

Auf die Fragen des Leutnants antwortete er emotionslos, fast gleichgültig. Von Ligia sprach er wie von einer Fremden.

»...und an diesem Morgen beschloß ich, sie zu besuchen. Ich wollte mit ihr über unseren Sohn sprechen... ich hatte nämlich den Eindruck, daß sie sich nicht genug um den Jungen kümmerte, sich zu sehr auf ihre Mutter verließ... ich finde das nicht in Ordnung. Ich kam zu ihrem Haus... so gegen halb neun. Ich klopfte mehrere Male... sie machte nicht auf, also nahm ich an, sie sei ausgegangen und ging wieder nach Hause. Meine Frau ist zur Zeit nicht da, sie ist seit zwei Wochen aus beruflichen Gründen verreist. Ich fing an, das Fenster zu reparieren, und so verging die Zeit...«

»Sie haben sie nicht angerufen?«

»Nein, ich war so beschäftigt, daß ich darauf vergaß...«

Als Raúl Espinosa ging, blieb in mir ein Gefühl der Leere, der Unzufriedenheit zurück. Etwas stimmte nicht mit ihm, auf mich machte er nicht den Eindruck eines glücklichen Menschen. Der Leutnant sah auf die Uhr und machte mich darauf aufmerksam, daß ich an der Vernehmung von Consuelo Jimenez durch einen seiner Untergebenen teilnehmen konnte, allerdings müßte ich dazu in ihre Wohnung, da sie wegen eines verletzten Beines im Bett lag. Klar, ich wollte, und so fuhren wir durch die halbe Stadt, um die Frau zu sehen, die Ligias Freundin und Vertraute gewesen war. Auf dem Weg dachte ich darüber nach, wie verschieden doch die beiden verdächtigten Männer waren. Und das brachte mich erneut auf die Frage: Was war Ligia für ein Mensch gewesen? Wie war sie mit den beiden ausgekommen? Hatten sie etwas Gemeinsames oder waren es gerade die Gegensätze, die sie reizten? Wer warst du, Ligia?

Ein junges Mädchen öffnete und führte uns hinein. Consuelos Augen waren gerötet, und ihre Hände lagen verkrampft auf der Decke, die über ihre Beine gebreitet war.

»Entschuldigt, Genossen, aber mir geht es nicht gut... wie soll man auf so was gefaßt sein?« Sie fuhr sich mit der Hand über die Augen. Der Mann, der sie befragte, redete beruhigend auf sie ein, bis sie fortfuhr.

»Ich weiß nicht, was passiert ist. Sie hatte mit niemandem Streit. Es muß ein Unbekannter gewesen sein, der sich unter irgendeinem Vorwand einschlich, ein Kammerjäger oder ein Hausierer... mir sind schon solche Dinge erzählt worden.«

Der Beamte wollte Näheres über ihre Freundschaft mit Ligia und deren Ehe wissen. Ich kramte meinen Notizblock heraus.

»Ich kannte sie seit zwanzig Jahren. Wir haben uns immer blendend vertragen, sie hat mir alles erzählt. Wenn es etwas gegeben hätte, das sie beunruhigte, hätt' ich es gewußt... deshalb glaube ich, daß es ein Irrtum war, eine Verwechslung... das kommt vor... hab' ich in Filmen gesehen.«

Sie schwieg, als sie bemerkte, daß man keinen Wert auf ihre Spekulationen legte. »Bevor ich Ihnen etwas über ihre Ehe erzähle, möchte ich noch etwas über Ramiro Nuñez

sagen. Er war der Mann ihres Lebens. Keinen hat sie so geliebt wie ihn. Aber er war und ist ein labiler Typ, unfähig zu einer festen Beziehung. Deshalb heiratete Ligia Raúl Espinosa, der ihr die Sicherheit gab, die sie brauchte. Sie waren glücklich miteinander, und es sah so aus, als würden sie für den Rest ihres Lebens zusammenbleiben. Sie hatten einen Sohn, Raúl liebte ihn. Alles war Harmonie, der Schlag kam aus heiterem Himmel: Raúl verliebte sich in ein Mädchen, das er von der Arbeit her kannte, und bat Ligia um die Scheidung. Sofort danach heiratete er die andere. Ligia hat schrecklich gelitten, bis sie wieder mit ihrer alten Liebe Ramiro eine Beziehung anfing. Aber es hat nicht lange gedauert, sie begriff bald, daß er sich nie ändern würde. Außerdem war er ihr inzwischen gleichgültig geworden, sie empfand keine Leidenschaft mehr für ihn, und so wurden aus dem Liebespaar Freunde...«
»Haben sich denn die beiden während Ligias Ehe mit Raúl nie gesehen?«
»Doch. Ramiro besuchte sie manchmal, als alter Freund. Raúl war nicht eifersüchtig. Meiner Meinung nach hat es ihn nicht einmal überrascht, daß Ligia nach der Scheidung wieder mit Ramiro ausging... Raúl ist sehr verliebt in seine neue Frau. Seit er sie kennt, ist Ligia ihm vollkommen egal, und wenn es nicht den Jungen gäbe, hätte er sie glatt vergessen.«
Ich ging in die Redaktion und tippte meine Notizen ins reine. Mir war noch nicht klar, wie ich den Bericht anlegen sollte, und obwohl ich mehrere Versionen verfaßte, gefiel mir keine. Mir ging es vor allem darum, dem Leser meine Eindrücke so plastisch zu vermitteln, daß er sie nachempfinden konnte. Beim Durchlesen merkte ich, daß meiner Geschichte Leben fehlte: Sie war kalt, und es kam nichts Menschliches durch, nichts von der Tragik, daß ein Mensch, ein Zeitgenosse, auf so gewalttätige Art ums Leben gekommen war. Welche Motive hatten den Mörder dazu getrieben? Was konnte ihn so gereizt, so aufgebracht haben, daß er die Regeln der zivilisierten Gesellschaft ver-

gaß? War es möglich, daß sich so jemand frei in unserer unmittelbaren Umgebung bewegte, neben uns im Bus oder Restaurant saß, vielleicht nebenan wohnte, ja vielleicht sogar ein Verwandter war?

Ich empfand Verachtung für den unbekannten Verbrecher und erschrak gleichzeitig darüber, daß mich nur dieser eine beschäftigte, während es bedauerlicherweise noch viele solcher Individuen gab, die ständig oder vorübergehend dem Gesetz den Rücken zukehrten.

Die Zeit drängte, und ich nahm eilig meine Unterlagen auf, weil ich rechtzeitig zum Treffen des Untersuchungsteams kommen wollte. Als ich aus der Redaktion kam, war der Himmel bewölkt, bald würde es regnen. Zum Glück erwischte ich den Bus, bevor die ersten Tropfen fielen. Keine fünfzehn Minuten später ging ich durch die Tür des Gebäudes, wo Hunderte von Männern ihr Leben der Aufgabe widmeten, Ordnung in dem Chaos zu schaffen, das diejenigen verursachten, die sich gegen das Gesetz vergingen. Sobald ich die vorschriftsmäßigen Formalitäten am Empfang erledigt hatte, betrat ich den Sitzungssaal. Die Kollegen begrüßten mich herzlich, sie hatten sich bereits an meine Anwesenheit gewöhnt. Alle versuchten mir zu helfen und beantworteten geduldig die Fragen, die ich ununterbrochen stellte.

Ich hörte zu, wie sie sich gegenseitig über ihre Fortschritte informierten, bewunderte insgeheim ihren Fleiß, die Art, wie sie sich in scheinbar unwesentliche Details vertieften und nach und nach alle Unklarheiten ausräumten.

Das wichtigste Ereignis der letzten Stunden war das Verhör von Armando Suarez gewesen, Ligias letztem Liebhaber, den man dank einer Arbeitskollegin aufgespürt hatte. Ihrer Aussage nach hatte er Ligia seit Wochen täglich von der Arbeit abgeholt. Sie wußte auch seinen Namen und wo er wohnte.

Ich machte mir ein großes Fragezeichen in meinem Notizblock und sah zu Leutnant Darias hinüber, der dabei

war, einige Kassetten zu ordnen. Unsere Blicke kreuzten sich für einen Moment, bevor er sich ans Kollektiv wandte: »Beim Abhören der Aufnahmen, die wir bei dem Gespräch mit Suarez machten, sind uns seine Unsicherheiten und einige Ungenauigkeiten bei der Beantwortung ganz einfacher Fragen aufgefallen. Mitunter wirkte er zerstreut, als ob er eine fixe Idee im Kopf hätte und sich überhaupt nicht bewußt wäre, wie wichtig seine Aussagen für uns sind. Ich denke nicht, daß er unsere Arbeit geringschätzt, sondern daß ihn etwas Wichtiges beschäftigte – und das interessiert uns natürlich sehr – vor allem, weil er, wie er selbst zugab, zur Tatzeit in Ligias Haus war. Noch einer! Ich wage zu behaupten, daß wir den Täter schon kennen. Jeder der drei Männer, die mit ihr Beziehungen unterhielten, könnte es gewesen sein. Aber nur einer hatte ein Motiv für die Tat. Und das müssen wir finden, ehe wir anderen hypothetischen Tätern hinterherlaufen. Ich schlage vor, daß wir...«
Ich hatte das Bedürfnis, Suarez persönlich kennenzulernen. Er war der einzige, der mir fehlte. Ich konnte zwar seine Aussage nachlesen, aber unabhängig davon interessierte mich, was für eine Art Mensch er war. Ich setzte bei meinem Chef durch, daß ich einen Bericht über das Arbeitszentrum, wo Suarez beschäftigt war, machen durfte.
Unter einem glaubwürdigen Vorwand fiel es mir nicht schwer, mit dem Direktor von LEDA einen Termin zu vereinbaren, bei dem ich mir das Labor, in dem Suarez arbeitete, ansehen konnte.
Man erwartete mich schon, und von Anfang an erklärten sich alle Angestellten bereit, mir meine Fragen zu beantworten. Es dauerte nicht lange, bis das Eis gebrochen war, und alle waren begeistert, daß ich in einer so weitverbreiteten Zeitung über ihre Forschungen berichten wollte.
Alles, was ich über die Produktion des riesigen Kosmetikherstellers erfuhr, war außerordentlich interessant, besonders faszinierten mich die Perspektiven für die Zukunft. Ich wußte, daß Suarez anwesend war, aber ich

wußte nicht, wer er war. So bat ich alle, die ich interviewte, um ihre Namen. Als ich mich über die industrielle Verwertung eines bestimmten Derivates aus der Bienenzucht erkundigte, meldete er sich zu Wort. Meine Hand zitterte ein wenig, als ich seinen Namen notierte.

Ein selbstsicherer Mann. Helles Haar, gebräunte Haut, eloquent, mit einer tiefen, angenehmen Stimme. Ich fand ihn anziehend. Bestimmt hatte er mit Ligia über seine Arbeit gesprochen, wenn sie miteinander ausgingen. Er hatte zugegeben, daß ihm Ligia sehr gefiel, daß sie ihn aber nicht liebte, Darias hatte es mir erzählt. Wortwörtlich hatte Suarez gesagt: »Ich liebe sie, aber sie wies mich zurück, ohne mir zu sagen, warum. Trotzdem ging sie mit mir aus und war nett zu mir.«

Ich sah ihm in die Augen. Konnte jemand mit so sanften Augen je außer Kontrolle geraten und töten? Nein. Ja. Niemals. Oder doch? Sein Gesicht gab mir keine Antwort.

Der Leutnant hielt es für zielführend, Consuelo Jimenez zum Tatort zu bringen, damit sie feststellen konnte, ob etwas verschwunden oder verändert worden war. Sie mußte es am besten wissen, sie war dort aus- und eingegangen. Ich konnte mir ihren Gemütszustand gut vorstellen, war ich doch selbst bedrückt, als ich die Wohnung wieder betrat.

Consuelo lehnte sich im Gang an die Wand und ruhte sich kurz aus. Zuerst dachte ich, ihr würde das Bein weh tun vom Gehen. Dann verstand ich, daß es etwas anderes war, etwas, das auch Leutnant Darias ins Auge stach. Ich folgte Consuelos Blick, der buchstäblich ins Leere gerichtet war: Ein Foto fehlte.

Es war mir bisher entgangen, aber in der symmetrischen Anordnung der Fotos, die Ligias Leben darstellten, fehlte eines. Eines aus der Serie mit ihrem Sohn. Das eine mit ihm als Baby war da, und auch das letzte von ihm, mit sieben Jahren. Sieben Jahre, ohne ein einziges Foto dazwischen? Wieso war mir das nicht schon früher aufgefallen?

»Da fehlt das Foto«, stotterte Consuelo, als verstünde sie nicht, warum sie dieser einfache Umstand so aufregen konnte.

»Welches?« fragte Darias leise.

»Eines, auf dem alle drei drauf sind, Ligia, das Kind und der Vater...«

Diese Antwort warf eine Menge Fragen auf. Warum war das Foto so wichtig? Wer konnte es abgenommen haben? Ligia? Raúl, ihr Ex-Mann? Nuñez, mit dem sie liiert gewesen war? Suarez, der sie unerwidert liebte? Warum? Sicher war nur eins: Es hatte etwas mit dem Mord zu tun. Consuelo war ganz sicher, daß es zwei Tage vor dem Mord noch dagewesen war, weil sie noch darüber gesprochen hatten, daß es höchste Zeit wäre, die »Galerie« zu erweitern. Der Junge war inzwischen so gewachsen, daß er seinem letzten Bild kaum noch ähnlich sah...

Ich war wie vor den Kopf gestoßen. Ich hatte jeden der drei verdächtigen Männer kennengelernt und hatte von allen einen durchaus angenehmen Eindruck gewonnen. Und doch mußte einer von ihnen – wenn er nicht jedes menschlichen Gefühls entbehrte – ständig das Bild seines Verbrechens vor Augen haben: Den blutigen Körper, dessen Leben er ausgelöscht hatte, als ihn, nur einen Augenblick lang, seine primitivsten Instinkte übermannten.

Intensiver als je zuvor beschäftigte ich mich in Gedanken mit Ligia. Stellte mir vor, wie sie sich an jenem Sonntagmorgen durch ihre Wohnung bewegt hatte, ohne zu ahnen, was sich wenig später ereignen würde. Wie die Türklingel sie bei ihrer Arbeit unterbrochen hatte und dieser Mann vor ihr stand. Jemand, den sie gut kannte und den sie einließ wie immer. Hat sein Gesichtsausdruck sie sofort gewarnt? Wann hatte sie bemerkt, daß er dabei war, sich in ein gewalttätiges Monster zu verwandeln? Ihr Herz mußte wie verrückt geschlagen haben, als ihr klar wurde, daß er kein menschliches Wesen mehr war. Was mag sie in diesem Augenblick gefühlt haben? Wieviele Sekunden hatte es noch gedauert, bis er sich auf sie stürzte? Fünf, vielleicht nur drei, ihre letzten drei Sekunden. Vielleicht hatte sie sich noch im letzten Moment gewünscht, daß ihr Leben anders verlaufen wäre!

Bei den anschließenden Verhören traf Darias Frage: »Was haben Sie mit dem Foto gemacht?« bei einem der drei Männer ins Schwarze. Er war ein ganz normaler Mann. Nicht besser oder schlechter als andere. Ausgeglichen. Wie er imstande gewesen war, einen Menschen zu töten, dafür gab es eine simple, plausible und wissenschaftlich fundierte Erklärung: Die Tat sei auf eine vorübergehende geistige Verwirrung in Verbindung mit starkem psychischem Streß zurückzuführen.

Mit leiser, ruhiger Stimme gab er zu, daß er es getan hatte. Als er die Wahrheit erfahren hatte, ging er zu ihr, um ihr ins Gesicht zu schreien, daß er alles wußte. Er mußte den Schmerz herauslassen und den Druck loswerden, der ihm den Atem nahm. Sie bestritt ihre Schuld nicht. Aber es war zu spät, er schlug schon auf sie ein, packte sie und warf sie aufs Bett. Mit dem Messer, das auf dem Nachttisch lag, stach er zu, bis sie sich nicht mehr rührte. Als er aus dem Zimmer taumelte, völlig benommen von dem, was er getan hatte, sah er das Foto. Er riß es herunter. Seine Beine wollten ihn kaum tragen. Er wankte in die Küche. Öffnete den Kühlschrank, nahm den Krug mit kaltem Wasser und schüttete sich einen Schwall ins Gesicht und über den Nacken. Danach fühlte er sich besser. Er setzte sich zum Tisch, an dem sie eben erst gefrühstückt hatte. Einige, wenige Minuten vergingen. Wieder schaute er das Foto an. Zerrte es ungeschickt aus dem Rahmen und riß es in Stücke. Steckte die Fetzen in eine seiner Taschen. Zerbrach den Rahmen und das Glas und warf die Trümmer später in einen Mistkübel. Lief ziellos umher, während ihm ein Satz ständig im Kopf hämmerte: »Wie gut, daß du nicht eifersüchtig bist!«

Das sagten alle, die ihn kannten. Und deshalb hatte es ihn nie gestört, daß Ramiro manchmal zu Besuch kam, obwohl er wußte, daß Ramiro und Ligia ein Verhältnis gehabt hatten. »Was für ein Glück, daß du nicht eifersüchtig bist!« Und er wär's auch nie gewesen, wenn ihm der Arzt nicht am Tag zuvor gesagt hätte, daß seine zweite Frau niemals Kinder haben würde. Weil er nicht zeugungsfähig war! Aber dann war Ligias Sohn nicht von ihm, sondern von Ramiro. Und Ligia hatte es zugegeben.

Ich blickte in Raúl Espinosas Gesicht. Sah mich seinem Schmerz gegenüber... und Ligias Tod. Mußte über den Fall schreiben und wußte noch immer nicht, wie. Ich verließ das Hauptquartier und schlenderte langsam durch die dunkle Nacht. Es regnete, und die Lichter spiegelten sich auf dem naßglänzenden Straßenpflaster. Ich dachte an jenen Sonntag, der begonnen hatte wie viele andere – und der Ligias letzter war.

Helga Anderle
Der Traummann

Es war kurz vor zwölf, jeden Augenblick mußte der Mittagsgong ertönen. Vera drückte sich rasch hinter den Plastikgummibaum in der Nische des dunklen Korridors. Der Staub auf den Blättern kitzelte zwar unangenehm in der Nase, aber sonst war das Versteck ideal. Ohne selbst gesehen zu werden, konnte man von hier aus den ganzen Speisesaal überblicken. Am Montag war Turnuswechsel im Vital-Center, und dies war der günstigste Moment, die Neuen erst einmal aus der Distanz in Augenschein zu nehmen.

Vera war gespannt, wer an ihrem Tisch Platz nehmen würde. Hoffentlich nicht wieder eine dieser schrecklich penetranten Gesundheitsfanatikerinnen, wie die Bohnenstange, die zu ihrer Erleichterung gestern abgereist war. Ausgestattet mit dem Sendungsbewußtsein einer Jeanne d'Arc hatte sie keine Gelegenheit ausgelassen, Vera die Vorzüge der lactovegetabilen Ernährung schmackhaft zu machen. Keine Mahlzeit, bei der sie nicht missionarisch vor den Folgen zu hoher Cholesterin- und Blutdruckwerte auf den menschlichen Organismus warnte. Keine Kaupause, in der sie nicht endlos über die darmanregende und entgiftende Wirkung von geschrotetem Getreide, rohem Wurzelgemüse und Schafmilch-Joghurt dozierte. Die Gehirnwäsche war kaum auszuhalten gewesen. Vor der Tür zum Speisesaal stauten sich die Neuankömmlinge, die darauf warteten, von den Serviermädchen ihren Platz zugeteilt zu bekommen.

Die früheren Gäste saßen alle schon an ihren Tischen: Gleich rechts neben dem Eingang die beiden schwarzen Schafe des Turnus, zwei Schwestern, deren ungebührliches Benehmen allseits Anstoß erregte. Doch nicht nur ihr lautes Gekicher störte die Leute, einmal waren sie dabei ertappt worden, wie sie nachts Dörrzwetschken aus dem Speisesaal stiebitzten, und ein anderes Mal hatte man sie dabei erwischt, wie sie Schnaps ins Haus schmuggeln wollten. Es wurde auch von nächtlichen Orgien in ihrem Zimmer gemunkelt. Jeder rechnete damit, daß die beiden Skandalnudeln demnächst rausfliegen würden.

Hauptverbreiterin dieser Gerüchte war eine altjüngferliche Kirchensteuerbeamtin, die mit ihrer schwerhörigen Mutter an Tisch drei saß. Tisch eins okkupierte ein persischer Teppichhändler, sportlich und gutaussehend, der sich bei den weiblichen Gästen großer Beliebtheit erfreute. Tisch fünf belegte eine walkürenhafte Spielzeugladenbesitzerin mit einem jungen Mann, angeblich ihr Neffe. Lachhaft, die Klatschtante wußte aus sicherer Quelle, daß er ihr Liebhaber war. Auf die restlichen Tische verteilte sich eine Reihe übergewichtiger und frustrierter Anwalts-, Arzt- oder Steuerberatergattinnen, alles unauffällige graue Mäuse, die beim besten Willen keinen Gesprächsstoff hergaben.

Als Veras Blick zurückwanderte, sah sie, wie sich jemand an ihren Tisch setzte. Es war eine Frau in einem modischen, puderrosafarbenen Jogginganzug. Sie trug ihr blondes Haar kunstvoll im Nacken hochgesteckt. Ihr Alter war auf die Entfernung schwer zu schätzen, zumal sie das Gesicht abwandte und zum Fenster hinaussah.

Vera gab sich einen Ruck. Was sollte dieses kindische Versteckspiel? Sie würde früh genug erfahren, mit wem sie es zu tun hatte. Zu dumm, daß sie ausgerechnet heute ihren ausgebeulten alten Jogger angezogen hatte. Ob sie sich noch rasch umziehen sollte? Nicht doch! Wegen dieser Modepuppe würde sie keine Geschichten machen.

Ihre neue Tischgenossin hatte bereits begonnen, die Suppe zu löffeln. Vera stutzte. Das puppenhafte Profil mit der kleinen Himmelfahrtsnase und der runden Stirn kam ihr merkwürdig bekannt vor. Der kleine, zickig weggespreizte Finger an der Hand, die den Löffel zum Mund führte, die Art, mit spitzen Lippen in den Teller zu blasen – das war typisch für Eva.

Vor zwanzig Jahren war Eva ihre beste Freundin gewesen, obwohl es im Grunde eine recht einseitige Freundschaft gewesen war. Eva, als die Hübschere, war es gewohnt, im Mittelpunkt zu stehen, das Kommando zu führen und sich bewundern zu lassen. Und Vera war blöd genug gewesen, diese eitle, oberflächliche Gans zu vergöttern und ihr die intimsten Geheimnisse anzuvertrauen. Eva hatte es selbstverständlich als erste erfahren, als Vera sich in Werner verliebt hatte. Selbstverständlich war die Busenfreundin über alle Ent- und Verwicklungen auf dem laufenden gehalten worden, und ebenso selbstverständlich hatte Vera sich bei ihr Trost und Rat geholt. Und dann hatte sie Eva eines Tages völlig arglos mit Werner bekannt gemacht. Das falsche Luder hatte den etwas naiven und weltfremden jungen Mann von Anfang an mit tausend Tricks umgarnt. Am Ende hatte er Vera sitzengelassen und Eva geheiratet. Vera hatte ihre erste große Liebe nie vergessen können. Noch heute, wenn sie an Werner dachte, wurden ihr die Knie weich, und sie sah ihn vor sich, wie er damals gewesen war: die grünbraunen Augen mit den feinen Lachfalten rundherum, seine gerade Nase mit den ausgeprägten Nasenflügeln, sein hellbraunes dichtes Haar mit dem leichten Rotstich, die vielen Sommersprossen, die seinen ganzen Körper bedeckten... Ob er sich wohl sehr verändert hatte, in den zwanzig Jahren?

Bald nach Evas Hochzeit war Vera in eine andere Stadt gezogen und hatte dort einen Arbeitskollegen, der hartnäckig um sie warb, geheiratet. Die Ehe war von Anfang an nicht glücklich gewesen, sie hatten sich bald scheiden lassen. Vera hatte geglaubt, die Kränkung längst überwunden zu haben. Absurd. Der Schmerz war jetzt noch genauso heftig wie damals, als sie sich zu Hause verkrochen, abwechselnd gesoffen, gekotzt und geheult hatte.

Und nun saß die Frau, der sie ihr verpfuschtes Leben

verdankte, durch eine Ironie des Schicksals ausgerechnet an ihrem Tisch.

Veras erster Gedanke war: Flucht. Doch halt, warum sollte sie davonrennen? Warum nicht hierbleiben und es ihrer Rivalin irgendwie heimzahlen? Oder sie gelegentlich aushorchen und sich schadenfroh am Gejammer über ihr unglückliches Leben weiden? Denn da gab es für Vera keine Zweifel: Eva und Werner konnten keine harmonische Ehe führen, das war ausgeschlossen.

Während sie noch unschlüssig dastand und überlegte, hatte Eva sie bereits entdeckt, war aufgesprungen und kam auf sie zugerannt.

»Dacht' ich's mir doch, daß du es bist. Was für ein unglaublicher Zufall! Laß dich umarmen, Vera. Wo hast du bloß all die Jahre gesteckt?« rief sie und warf sich ihr stürmisch an den Hals.

Neugierig wandten ihnen alle die Köpfe zu. Vera beeilte sich, an ihren Platz zu kommen. Das Aufsehen war ihr peinlich.

»Na, dir scheint's ja vor Überraschung die Sprache verschlagen zu haben. Du ahnst ja nicht, wie ich mich freue, dich wiederzusehen«, sagte Eva. »Ich hab schon gefürchtet, mich hier zu Tode zu langweilen, aber jetzt werden wir gemeinsam die Bude auf den Kopf stellen wie in alten Zeiten!«

Zum Glück brauchte Vera kaum etwas zu sagen. Während sie verbissen ihre kalt gewordene Gemüsesuppe löffelte, redete Eva wie ein Wasserfall. Vera beschränkte sich darauf zu nicken, zu lächeln, und ab und zu murmelnd die Lippen zu bewegen. Umso intensiver konnte sie das Gesicht ihrer Rivalin unter die Lupe nehmen. Zugegeben, Eva sah noch immer phantastisch aus. Aber wirkten die Wangen nicht zu straff gespannt, das Lächeln eigenartig maskenhaft? Und verlief da beim Ohr nicht eine hauchdünne rote Linie, die unverkennbare Spur eines Faceliftings?

Der zweite Gang, Blattsalat mit Tofu-Würfeln, wurde

aufgetragen. Eva quasselte kauend weiter. Plötzlich stoppte sie.

»Was starrst du mich denn so an? Man kriegt ja direkt eine Gänsehaut! Ist mein Make-up verwischt?«

»Aber nein«, antwortete Vera rasch, »ich kann's nur einfach nicht fassen, wie wenig du dich in all den Jahren verändert hast.«

Eva lächelte geschmeichelt und rückte vertraulich näher.

»Erzähl's nicht weiter – ich hab mich liften lassen. Ich geb dir gern den Namen des Arztes, ein Schweizer Experte. Macht dich im Handumdrehen um zehn Jahre jünger.« Sie unterbrach kurz, um sich ein Salatblatt in den Mund zu stopfen. »Wie ich dich kenne, lachst du mich bestimmt deswegen aus. Du hast dir ja nie was aus deinem Aussehen gemacht. Ich frage mich schon die ganze Zeit, was du hier machst.«

Vera sah irritiert auf das Schnittlauchröllchen, das zwischen Evas Vorderzähnen, bestimmt sündteuren Jacketkronen, steckte.

»Ich hab's mit dem Kreuz, und weil mir die Behandlungen guttun, mach ich jedes Jahr eine Kur... Jedenfalls find ich's hier viel erholsamer als auf einem Grillstrand an der Adria.«

Eva machte ein Gesicht, als wüßte sie es besser.

»Also, ich verschanz mich nicht hinter solchen Vorwänden. Ich bin da, um abzuspecken. Mindestens fünf Kilo müssen runter. Mit der 600-Kalorien-Diät und viel Bewegung schaff ich es spielend.«

Nach einem anzüglichen Seitenblick auf Vera meinte sie: »Dir könnten ein paar Kilo weniger auch nicht schaden, willst du nicht mitmachen? Wie wär's denn gleich heute abend mit einer Ping-Pong-Partie?«

Vera sagte zu, um rasch wegzukommen. Sie mußte jetzt unbedingt allein sein und erst einmal den Schock des unerwarteten Zusammentreffens verdauen.

Am Nachmittag auf der Wanderung – zweieinhalb

Stunden zügiges Gehen brachten fünf der ihr laut Kurplan vorgeschriebenen zehn Bewegungspunkte – würde sie in Ruhe über alles nachdenken. Sie freute sich schon darauf. Herr Wagner, ein pensionierter Lehrer und Hobby-Volkskundler, leitete die Exkursion. Er kannte die ganze Gegend wie seine Westentasche und war stets Garant für einen vergnüglichen und lehrreichen Nachmittag.

Der Kleinbus wartete bereits vor dem Haus. Vera, mit einem Fuß schon am Trittbrett, prallte entsetzt zurück, als sie Eva im Fond sitzen sah.

»Komm, setz dich zu mir. Wie ich erfahren habe, daß du mit von der Partie bist, hab ich mich sofort entschlossen mitzufahren.«

Eva schien sich ehrlich zu freuen, daß ihr die Überraschung gelungen war. Vera hingegen hatte Mühe, ihren Ärger zu verbergen. Die Freude am Ausflug war ihr gründlich verdorben.

Im Wald konnten sie zum Glück nicht nebeneinander gehen, denn Herr Wagner führte die Gruppe mitten durchs Dickicht. Eva, in Jeans und dazu passenden neuen Schuhen, ging vor Vera. Mit Genugtuung bemerkte diese, daß Evas Hintern ziemlich ausladend war und die Jeans bei jedem Schritt zu platzen drohten. Auch die Schuhe waren mindestens um eine Nummer zu klein. Bald zeigten sich auf den weißen Socken die blutigen Spuren aufgeplatzter Blasen.

Obwohl Eva alle Register ihrer Überredungskunst zog und an ihre alte Freundschaft appellierte, ließ Vera sich nicht erweichen, mit ihr Rast zu machen. Auch bei Herrn Wagner stieß Evas Gejammer auf taube Ohren, und so kehrte sie schließlich schmollend und allein zum Bus zurück, während die andern die Wanderung fortsetzten.

Veras Hoffnung, daß Eva durch den Zwischenfall beleidigt sein und auf Distanz gehen würde, erfüllte sich nicht. So, als wäre nichts gewesen, holte Eva sie nach dem Abendessen zum Tischtennisspiel ab. Es verlief genauso, wie Vera es befürchtet hatte. Eva wollte um jeden Preis gewinnen und begann beim Zählen zu mogeln. Mehr als alles andere wurmte es Vera, daß die Schwindlerin sie für so blöd hielt, davon nichts zu bemerken. Nach dem Match, als sie im Foyer noch einen Früchtetee tranken, legte Eva ihr tröstend den Arm um die Schultern.

»Mach dir nichts draus, daß du verloren hast, Werner schlag ich auch immer. Wir sind richtige Sportfans, du solltest den Fitnessraum sehen, den wir uns im Keller eingerichtet haben!«

Unsensibel wie sie war, fiel ihr nicht auf, daß Vera bei der Erwähnung Werners rot anlief.

»Wie geht es ihm denn so?« fragte sie beiläufig.

»Werner? Bestens. Ist ein bißchen behäbig geworden, aber ich paß schon auf, daß er kein Fett ansetzt«, antwortete Eva kurzangebunden. Das Thema war ihr offenbar unangenehm. »Erzähl mir lieber von dir. Was hast du eigentlich all die Jahre gemacht?«

Vera war nicht bereit, sich ablenken zu lassen.

»Ich hab mich oft gefragt, ob ihr wenigstens glücklich geworden seid miteinander.«

Eva sah gequält drein. »Du lieber Himmel! Trägst du es mir am Ende noch immer nach, daß er sich für mich entschieden hat? Das ist doch längst verjährt!«

Irgendwie brachte sie es sogar fertig, in ihren Augen Krokodilstränen schimmern zu lassen.

»Wir waren doch einmal die besten Freundinnen, denkst du nicht, wir sollten die alte Geschichte vergessen und uns wieder vertragen?«

Vera sah sich um. Außer ihnen beiden hielt sich niemand mehr in der Sporthalle auf. Alles vergessen! Das würde ihr so passen! Oh nein, sie würde es nie vergessen!

Am liebsten hätte sie ihre aufgestaute Wut, ihren Haß und Schmerz laut herausgebrüllt. Oder besser noch, mit dem Tischtennisschläger auf Evas Puppenkopf eingedroschen, bis er zerplatzte, wie eine überreife Melone. Abrupt stand sie auf, ließ Eva ohne ein Wort sitzen und lief in ihr Zimmer. Trotz der aufwühlenden Szene schlief sie rasch ein. Sie erwachte erst, als das Zimmermädchen wie jeden Morgen auf Zehenspitzen hereinschlich, um ihr den Entschlackungstee auf das Nachtkästchen zu stellen.

Sie hatte die ganze Nacht von Werner geträumt, einen wunderschönen Traum voller Liebe und Harmonie. Heute würde sie die Morgengymnastik schwänzen, im angenehm warmen Bett liegenbleiben und noch ein bißchen weiterträumen.

Es war wie ein Schock, als Eva plötzlich neben dem Bett stand und ihr die Decke wegriß.

»Na los, steh schon auf, du Schlafmütze! Hast du mein Klopfen nicht gehört? Keine Müdigkeit vorgeschützt, denk an die Punkte für die Morgengymnastik!«

Im Turnsaal bevorzugte Vera die letzte Reihe. Die Stirnseite des Raumes war nämlich verspiegelt, und sie haßte es, sich bei der Hüpferei und den gymnastischen Verrenkungen auch noch zusehen zu müssen.

Eva steuerte nach vorne, aber als sie sah, daß ihre Freundin nicht mitkam, machte sie kehrt und plazierte ihre Gymnastikmatte neben Vera. Sie begannen zu flotter Discomusik Arme und Beine auszuschütteln. Noch nie war sich Vera dabei so ungelenk und schwerfällig vorgekommen. Eva hingegen schien sich kaum anzustrengen.

»Schlimm, wie das alles schwabbelt an dir«, stichelte sie boshaft. »Ich an deiner Stelle würde mich beim Essen bremsen. Aber laß mich nur machen, ich sorge schon dafür, daß du mindestens drei Kilo loswirst!«

Bei den anschließenden Kurbehandlungen verloren sie einander aus den Augen. Erst als Vera nach dem Molkebad, eingehüllt in eine duftende Rosenölpackung, im Ruheraum vor sich hindämmerte, war Eva unüberhörbar wieder an ihrer Seite. Zugegeben, es war kein Honiglekken, einen eiskalten Salzwickel verpaßt zu bekommen, aber niemand außer dieser zickigen Gans machte deshalb so ein hysterisches Geschrei.

»Die Salzwickel sind eine Tortur, aber sie wirken Wunder bei meinem Hüftspeck«, vertraute Eva ihr später an, als sie ihre vorgeschriebenen zwanzig Längen im Becken schwammen.

»Das Molkebad und die Ölpackung laß ich mir von der Kosmetikerin auf meinem Zimmer machen, das ist zwar nicht erlaubt, kommt aber billiger!«

Vera mobilisierte ihre letzten Kraftreserven, um dem seichten Geplapper davonzukraulen.

Wie gerne hätte sie sich auf ein Nickerchen in ihr Zimmer zurückgezogen, doch Eva jagte sie statt dessen ins Dampfbad.

Der mit leisem Zischen austretende Dampf nebelte die kleine Kammer so stark ein, daß man kaum noch die eigene Hand vor den Augen sah. Die feuchtheiße Luft verschlug Eva endlich den Atem, für eine Weile kehrte Stille ein.

Vera schloß die Augen und versuchte sich zu entspannen. Vergeblich. Sie brauchte Eva nur anzusehen oder ihre Stimme zu hören und schon war ihr, als müsse sie vor Haß ersticken. Wie konnte Werner, der Ärmste, dieses schreckliche Geschöpf nur aushalten? So viele Jahre, Tag für Tag? Wie sollte sich so ein feinfühliger Charakter wie er gegen diese Dampfwalze behaupten, wenn nicht einmal sie es schaffte? Die Ehe war bestimmt ein einziges Martyrium für den sensiblen, zurückhaltenden Mann. Vermutlich hatte er seinen Mißgriff längst bereut und sehnte sich nach ihr, seiner ersten Liebe. Wenn Eva etwas zustieß und er Witwer wäre, was würde dann wohl geschehen?

Am Abend stand Kegeln auf dem Programm. Die Gäste sollten einander dabei auf zwanglose Art kennenlernen und konnten sich zudem noch zwei Punkte gutschreiben. Vera fand Kegeln vulgär, etwas für gröhlende Saufbolde, die sich im Herdendunst wohlfühlten. Sie hätte sich gerne ausgeschlossen, aber Eva ließ es nicht zu.

»Jetzt sei doch keine Spielverderberin, du wirst sehen, daß es dir Spaß macht!«

Widerwillig ließ sich Vera von ihr zur Bahn schleppen, die richtige Haltung zeigen und den Wurfarm führen. Die Kugel rollte eine Weile auf der Geraden, dann trudelte sie an die Bande.

»So was von ungeschickt! Schau genau zu, so mußt du es machen!« rief Eva und schubste Vera aus dem Weg, um es ihr vorzuführen. Veras vernichtender Blick traf nur ihren Rücken. Sie beteiligte sich nicht mehr am Spiel, blieb beim Tisch sitzen und sah angeekelt zu, wie sich Eva auf die plumpen Avancen des persischen Teppichhändlers einließ, ja, wie sie völlig ungeniert vor aller Augen heftig mit ihm flirtete. Ob sie sich in Werners Gegenwart auch so schamlos benahm?

»Habt ihr eigentlich keine Kinder?« erkundigte sich Vera, als sie am nächsten Morgen im Schwimmbecken ihre Runden zogen. Eva blähte indigniert die Nüstern.

»Ach Kinder, die kosten doch nur Nerven und Geld. Werner hätte sich zwar vermutlich über einen Stammhalter gefreut, aber ich hab heimlich abgetrieben. Kannst du dir mich als Mutter vorstellen?«

Beim besten Willen nicht, dachte Vera grimmig, das arme Würstchen hätte nichts zu lachen gehabt. Besser so. Aber wenn sie keine Kinder hatten, was sollte Werner dann noch bei Eva halten? Es war höchste Zeit, daß sie etwas unternahm...

Sie hatten sich am nächsten Tag erst für elf Uhr verabredet.

Vorher wollte Eva noch ihr Molkebad auf dem Zimmer nehmen. Das Haus war voller Geräusche, doch auf dem Korridor zu ihrem Zimmer war es still. Um diese Zeit waren die Gäste alle im Untergeschoß bei ihren Massagen oder Güssen.

Entschlossen drückte Vera die Türklinke nieder und trat ein.

Eva lag bis zum Hals in der milchigtrüben Molke und las

eine Illustrierte. Vera schlich lautlos näher, warf ihr ein Handtuch über den Kopf und drückte sie mit festem Griff unter Wasser.

Sie hatte nicht damit gerechnet, daß Eva sich so verzweifelt wehren würde. Ihre Arme droschen wild paddelnd auf das Wasser ein, und ihr glitschiger Körper wand sich unter Veras Händen wie ein um sein Leben kämpfender Riesenfisch.

»Stirb endlich, stirb!« murmelte Vera beschwörend und legte sich mit ihrem ganzen Gewicht auf die Zappelnde. Jeden Moment konnte die Kosmetikerin hereinkommen. Endlich spürte sie keinen Widerstand mehr. Evas Körper schwebte leblos in der Wanne.

Vera beeilte sich, mit einem Badetuch das übergelaufene Wasser vom Boden aufzuwischen. Es sollte keine Spuren eines Kampfes geben, sondern so aussehen, als ob Eva in der Wanne eingeschlafen und ertrunken sei.

Auf dem Gang näherten sich Schritte. Vera konnte sich gerade noch rechtzeitig hinter dem Garderobenschrank verstecken. Nach einem diskreten Klopfen öffnete sich die Tür und die Kosmetikerin kam herein. Das junge Ding reagierte völlig hysterisch. Innerhalb von Sekunden schrie sie das ganze Haus zusammen. Im Tumult gelang es Vera, unbemerkt in ihr Zimmer zurückzukehren.

Die Nachricht von dem entsetzlichen Unglücksfall verbreitete sich wie ein Lauffeuer. Die Kosmetikerin, der man die Schuld daran gab, wurde fristlos entlassen. Innerhalb kürzester Zeit artete der sonst so reibungslos funktionierende Tagesablauf in ein Chaos aus. An allen Ecken und Enden standen Therapeuten, Küchenpersonal und Gäste tuschelnd beisammen. Erschüttert wurde das Unglück kommentiert, mitunter sogar die sofortige Abreise erwogen. Die Direktion ließ am schwarzen Brett einen Erlaß aushängen, der Wannenbäder im Zimmer für alle Zukunft strengstens untersagte.

Vera beschloß, die Punktesammlerei bleiben zu lassen und sich statt dessen auszuruhen. Morgen, wenn der Betrieb wieder normal ablief, würde sie sich bei Friseur und Kosmetikerin anmelden. Am Nachmittag wurde der Ehemann der tragisch Verunglückten erwartet.

Je näher die Stunde von Werners Ankunft rückte, desto mehr wuchs Veras Spannung. Eva hatte ihn bestimmt telefonisch über ihr unerwartetes Zusammentreffen informiert, Werner würde nicht überrascht sein, sie hier zu treffen. Trotzdem durfte sie sich unter keinen Umständen ihre Freude und Erregung anmerken lassen, ihn nach so vielen Jahren wiederzusehen.

Um drei Uhr hielt es Vera nicht länger in ihrem Zimmer aus. Sie bezog im Aufenthaltsraum Position und setzte sich so, daß sie die Einfahrt im Auge behalten konnte. Sie durfte nichts überstürzen, keinen falschen Schritt tun. Sie mußte geduldig warten, bis alle Formalitäten erledigt waren. Danach erst würde sie auf Werner zugehen und ihn wortlos und tröstend in die Arme nehmen. Alles weitere war dann nur noch eine Frage der Zeit.

Sie war so vertieft darin, sich die Begrüßungsszene auszumalen, daß sie den schwarzen Mercedes, der langsam die Auffahrt heraufkroch, erst bemerkte, als er vor dem Eingang hielt.

Eine Schar von Gästen lief plötzlich zur Tür und verstellte ihr die Aussicht. Vera vernahm das Geräusch zuschlagender Autotüren, aber sie zwang sich, an ihrem Platz zu bleiben. Wie auf Kommando verstummte das allgemeine Gemurmel, an seine Stelle trat ein beklommenes Schweigen. Was hatte das zu bedeuten? Warum war es plötzlich so still?

Hastig sprang Vera auf und drängelte sich an den Schaulustigen vorbei nach vorne. Sie sah, wie sich der Chauffeur ins Wageninnere beugte, ein armseliges Bündel aus Haut und Knochen heraushob und es wie eine Puppe in den bereitgestellten Rollstuhl setzte.

Werner, ihr Traummann, war ein hilfloser Krüppel.

Verlegen wich die Menge zurück, um dem Rollstuhl Platz zu machen.

Vera fühlte, wie alles in ihr abstarb. Da war nur dieses eine Geräusch, das sich hartnäckig und mit peinigender Schärfe in ihr leeres Bewußtsein bohrte. Es hörte sich an, als würde jedes einzelne Steinchen auf dem Kiesweg von den Rädern des Rollstuhls zermahlen.

Barbara Büchner
Duncan

Ob ich Dr. Ulrike Fellner gehaßt habe? Nein, beileibe nicht. Ich hatte nicht den geringsten Grund dazu. In meinem Leben war nie jemand so gut zu mir gewesen wie sie – und sie war sehr hübsch, auf eine süße, frische Art hübsch, wie eben aus Zellophan gewickelt. Vielleicht denken Sie jetzt an Eifersucht, weil ich nicht besonders hübsches Haar habe und klein bin und flachbrüstig – aber da denken Sie falsch. Ich hatte gar keinen Grund zur Eifersucht, denn ich bin klüger als Doktor Fellner. Sie hatte goldblond gefärbte Locken und immer neue, schicke Kleider, die ihr alle gut standen, und sie war sehr glücklich verheiratet – ich bin nicht verheiratet, und ich habe rot gefärbtes Haar und trage Brillen, aber ich hatte den besseren Verstand – und deshalb war ich nicht eifersüchtig.

Sie wußte eine Menge über mich, aber sie war eben nicht klug genug. Zum Beispiel – und das ist sehr wichtig – hielt sie Duncan für eine bloße Einbildung. Eine sexuelle Wunschvorstellung, meinte sie – bloß weil ich zufällig einmal erwähnt hatte, Duncan sei mein Typ Mann: klein, zart, knochig und schwarzhaarig. Sie war nicht zu überzeugen, daß Duncan auf seine Art sehr real war, auch wenn ich ihn ihr natürlich nicht vorstellen konnte oder ihr ein Photo zeigen. Sie glaubte nicht an ihn.

Ich dagegen habe mich sehr viel mit ihm beschäftigt. Ich kannte ihn sozusagen in- und auswendig – sein glattgelecktes Haar, sein Philisterlächeln, seine schwarzen Anzüge, seinen lila Schlips, und noch besser als die Äußerlichkeiten kannte ich seinen Charakter. Ich wußte zum Beispiel, daß Duncan sehr schlau und sehr grausam war. Er erzählte mir hin und wieder aus seinem Leben – oder genauer gesagt, ich wußte eine Menge aus seinem Leben, aber ich könnte nicht sagen, ob es Geschichte war oder

Gegenwart. Manchmal stand etwas in der Zeitung, von dem ich dachte, Duncan sei es gewesen – ein Mord oder ein Anschlag, eine Bombe in einem schwerbewachten Gebäude. Ich selbst bin ein absoluter Gegner jedweder Gewalt – und das allein müßte schon beweisen, daß ich mir Duncan nicht ausgedacht hatte, daß er keine bloße Vorstellung war. Aber Dr. Ulrike Fellner glaubte das nicht. Sie nahm ihn nicht ernst, und sie nahm mich nicht ernst, weil ich von Duncans Existenz überzeugt war. Das war ihr einziger Fehler – sie nahm mich nicht ernst. Duncan litt genauso darunter wie ich, er konnte es auch nicht vertragen, wenn ihm jemand nicht glaubte. Duncan hatte Brücken gesprengt und Brände gelegt und Höllenmaschinen in U-Bahn-Tunnels deponiert, und nie hatte ihm jemand geglaubt. So wie Dr. Ulrike Fellner nicht glaubte, ihm nicht und mir nicht.

»Im Grunde«, sagte sie immer, »bist du ein nettes kleines Mädchen.« Sie sagte das, obwohl ich fast dreißig bin, aber ich fühlte mich ja auch wie ein kleines Mädchen – ihr gegenüber. Ich brachte ihr oft Blumen mit, einmal sogar eine einzelne blaßrote Rose. Sie freute sich – wie sich Potentaten freuen, wenn ihnen Kinder Blumen schenken. Sie war überhaupt unglaublich lieb zu mir. Sie hatte stundenlang Zeit für mich, sie lieh mir Geld, vermittelte mir Arbeit, machte mich mit netten Menschen bekannt – aber sie glaubte nun einmal nicht an Duncan. Sie versuchte, ihn mit einer ganzen Reihe von Therapien auszutreiben, aber das machte Duncan nur noch zorniger. Er konnte es eben nicht leiden, wenn ihn jemand nicht ernst nahm.

Und um fair zu sein, warnte ich Dr. Ulrike Fellner vor ihm. Sie tat so, als ob sie mir glaubte, wie Psychologen das meistens tun, eine halbe Stunde lang redete sie ganz ernst über ihn. Und dann sagte sie, wenn ich noch ein paarmal zur Therapie käme, dann würde sich Duncan in Luft auflösen. Ich hätte das lieber nicht laut gesagt, denn ich kenne Duncan. Sie redete mir sehr beruhigend zu – oh, wie sie lächelte! Ganz warm wurde einem ums Herz. Sie war richtig verständnisvoll.

Ich hätte noch gern gefragt, ob Duncan auch sicher bloß eine sexuelle Wunschvorstellung sei – denn gerade in dem Augenblick, glaube ich, machte er eine für ihn sehr bezeichnende Geste: Er fuhr mit dem Zeigefinger über die Handfläche, als ziehe er ein sehr scharf geschliffenes Messer ab. Ich kam aber nicht dazu, Doktor Fellner zu warnen, denn sie sah auf die Uhr und sagte: »So, nun gehen wir schön nach Hause, wie ein braves Mädchen, und wenn wir nächsten Donnerstag wiederkommen, wollen wir einmal darüber reden, wie es zu diesem – hm – Duncan gekommen ist.«

Und das war das letztemal, daß ich sie gesehen habe. Ich will sie, wenn es möglich ist, jetzt auch nicht sehen; ich kann mir schon vorstellen, wie sie aussieht. Duncan – wie bitte? Ja, ob es Duncan getan hat oder ich – ist das nicht gleichgültig? Vielleicht hat sie recht gehabt, daß er nur eine Wunschvorstellung war – gut, jetzt kann ich es sagen, sie hat recht gehabt. Es bleibt sich ohnehin gleich, nicht wahr? Jetzt muß sie jedenfalls glauben, daß Duncan die ganze Zeit da war. Ich hab's kommen gesehen – denn Duncan und ich, wir mögen beide nicht, wenn uns jemand nicht ernst nimmt. Und wenn Sie ihn suchen – dann werden Sie schon mich verhaften müssen: denn wo ich bin, da ist Duncan auch.

Edith Kneifl
Maria Theresia – ein Stilleben

Ein Kranz aus Glassplittern und getrocknetem Blut saß einer Dornenkrone gleich auf ihrem Haupt; verkrustetes Blut rund um das Loch in ihrem Kopf färbte das blondierte Haar kastanienrot.

Ihr aufgedunsenes Gesicht war zu einer grotesken Maske erstarrt. Ein dicker, gelber Saft, der aussah wie Eiter, lief über ihre Stirn, verklebte die weit aufgerissenen Augen und tropfte in den erschlafften Mund.

Neben der Leiche lag eine zerbrochene Eierlikörflasche. Blut und Eierlikör verwandelten das bunte Blumenmuster des Morgenrocks in eine abstrakte Struktur. Die Reste des Likörs bildeten kleine, dunkle Lachen auf dem Teppich.

Ihre entblößten Schenkel obszön gespreizt, lag sie ausgestreckt auf dem Küchenboden. Die kurzen, dicken Finger krallten sich haltsuchend in den Saum ihres Flanellnachthemdes, und aus dem Ausschnitt des Hemdes quoll eine weiche, wabbelige Fleischmasse.

Ihm graute vor diesem Stilleben. Er haßte jede Form von Gewalt, und beim Anblick von Blut wurde ihm schlecht.

Den ganzen Tag lang hatte er sein Zimmer nicht verlassen, bekleidet mit Hose und Pullover lag er auf dem Bett, ein aufgeschlagenes Buch neben ihm. Die bunten Bilder verschwammen vor seinen Augen. Er starrte beim Fenster hinaus – gegenüber nichts als graue Häuserfassaden. Es wurde früh dunkel im November. Die Geschäfte hatten noch offen, der Berufsverkehr setzte gerade ein. Wenn der Autolärm einmal für ein paar Minuten nachließ, hörte man den Kohlenhändler vom Nebenhaus seinen Wagen beladen.

Die Pension »Maria Theresia« nahm den ganzen dritten Stock eines alten Zinshauses im zweiten Wiener Gemeindebezirk ein. Das dritte Stockwerk war eigentlich das vierte, wenn man den Mezzanin mitzählte.

Der Zustand des Hauses rief Erinnerungen an die Nachkriegszeit wach. Im Stiegenhaus bröckelte der Verputz ab, das Geländer begann bei jeder Berührung gefährlich zu wackeln, und der Lift, der noch aus der Jahrhundertwende stammte, funktionierte so gut wie nie.

Den Besitzer schienen nur die regelmäßigen Mieteneingänge auf seinem Schweizer Konto zu interessieren.

Die Pensionsinhaberin pflegte die Schuld an der Verwahrlosung des ehemals sehr stattlichen Gründerzeitbaus der Verwaltung in die Schuhe zu schieben.

»Die scheren sich einen feuchten Dreck um uns. Sie wissen, daß der Herr Baron zu alt ist, um die weite Reise nach Wien zu machen. Aber eines Tages werde ich ihm einen langen Brief schreiben...«

Ihre feisten Wangen zitterten vor Empörung, und ihre zusammengekniffenen Äuglein funkelten böse. Aber es blieb bei dieser Drohung, die kein Mensch ernst nahm. Sie war ein eher mütterlicher Typ und wirkte auf den ersten Blick sehr gutmütig.

Der Herr von Zimmer sechs wohnte seit vier Monaten in ihrer Pension. Er konnte sich in seinen vier Wänden kaum umdrehen. Die Vermutung, daß man aus einem Zimmer drei gemacht hatte, lag nahe. Da der Raum jedoch fast vier Meter hoch war, bekam er wenigstens keine klaustrophobischen Zustände.

Das Mobiliar hätte jeder Mönchsklause zu Ehren gereicht; ein schmales Bett, ein Stuhl, ein Spindkasten und ein kleines Waschbecken.

Bad und WC befanden sich auf dem Gang. Er teilte sie mit den ständig wechselnden Pensionsgästen. Außer ihm gab es nur einen anderen Dauergast. Der alte Herr bewohnte das Zimmer neben ihm und störte regelmäßig seine Nachtruhe. Er konnte seine Uhr nach dem Husten seines Nachbarn stellen. Pünktlich jeden Morgen um halb vier bekam er einen Anfall. Zuerst wollte er die Wirtin um ein anderes Zimmer bitten, inzwischen hatte er sich an die Husterei gewöhnt.

Die dicke Pensionsbesitzerin versuchte nicht nur, ihn zu bemuttern, sondern schien auch ein Auge auf ihn geworfen zu haben. Sie fand alle möglichen Vorwände, um unerwartet sein Zimmer zu betreten. Einmal waren es frische Handtücher, einmal ein selbstgebackener Kuchen, ein anderes Mal die Post.

Als er ihr eines Tages zu verstehen gab, daß er ihre ständigen Besuche nicht wünschte, änderte sie schlagartig ihr Verhalten.

Sie erwiderte seinen Gruß nur mehr knapp und forderte die Miete jetzt schon am Ersten des Monats, obwohl sie wußte, daß er die Notstandshilfe erst um den Zehnten herum bekam.

Heute morgen hatte sie ihm mit hoch rotem Kopf und gepreßter Stimme mitgeteilt, daß die Miete wegen der kommenden Feiertage erhöht werden würde, ein Zuschlag von vierzig Prozent, das wäre so üblich.

Er hatte diese Hiobsbotschaft schweigend zur Kenntnis genommen, bemüht, sich nicht anmerken zu lassen, wie schwer sie ihn traf.

Selbst wenn einem schon alles egal war, gab es anscheinend immer noch jemanden, der einen quälte und dem man sich hoffnungslos ausgeliefert fühlte. Jedenfalls gelang es ihr, ihm seine triste Lage bewußt zu machen.

Er würde sich das Zimmer nicht mehr leisten können. Mehr als die Hälfte seiner Notstandshilfe ging jetzt schon für die Miete auf. Sie wollte ihn offensichtlich loswerden. Aber wo sollte er hin?

Er sah sich außerstande, eine eigene Wohnung zu nehmen, konnte weder eine Ablöse noch eine Kaution bezahlen. Und mit Untermieten hatte er auch nur negative Erfahrungen gemacht. Eine Pension schien ihm nach wie vor das kleinere Übel. Und diese Pension war die billigste in der Stadt.

Er überlegte, ob er sich mit seinem Nachbarn verbünden sollte. Gemeinsam könnten sie versuchen, die Wirtin zu überzeugen, daß sie bei Dauergästen wegen des Zuschlages eine Ausnahme machte. Er hatte mit dem alten Herrn, der schon seit einem Jahr hier wohnte, bisher kaum gesprochen. Zwar grüßten sie einander jeden Morgen freundlich, wenn sie vor dem Badezimmer aufeinandertrafen, doch sonst pflegten sie keinerlei Kontakt. Der Alte war immer als erster im Bad. Ohne ein Wort darüber zu verlieren, hatten sie es sich so eingeteilt, und diese stille Abmachung funktionierte reibungslos. Nur die Touristen störten manchmal ihren Rhythmus.

Diese schwachsinnigen Idioten, die von einem Ort zum anderen rasten, um ihrem eintönigen Alltag zu entfliehen, waren eine ständige Quelle des Ärgernisses für ihn. Die dünnen Wände lieferten ihn ihren aufgeregten Stimmen und ihrem hysterischen Gelächter aus. Diese Geräusche erweckten bei ihm immer unangenehme Erinnerungen an das Getuschel und Gekicher in den Klassenzimmern des Mädchengymnasiums, an dem er zuletzt unterrichtet hatte. Am liebsten hätte er sich die Ohren zugehalten. Es bereitete ihm eine gewisse Genugtuung zu wissen, daß die Dicke die Touristen nach Strich und Faden ausnahm.

Sogleich fiel ihm wieder der Zuschlag für Dezember ein.

Das Wort des alten Mannes würde bei der Wirtin nicht viel gelten. Er erinnerte sich, daß sie sich des öfteren über ihn beklagt hatte.

»Dieses alte Ferkel verwechselt meine Pension wohl mit einem Pflegeheim.«

Und all das Theater, nur weil ihm manchmal ein paar Tröpferl danebengingen. In seinem Alter gelang es einem eben nicht mehr, die Blase unter Kontrolle zu halten. Wahrscheinlich hatte er Probleme mit der Prostata. Laut Statistik stand ihm selbst das auch noch bevor.

Er konnte sich über den Alten, abgesehen von seinem Husten, nicht beklagen. Das Bad hinterließ er meist in tadellosem Zustand.

Außerdem merkte man seiner Kleidung an, daß er schon bessere Tage gesehen hatte. Seine Anzüge waren, wenn auch abgetragen, gut geschnitten und aus teurem Stoff. Er war immer ordentlich gekleidet, verließ das Haus nie ohne Weste, Krawatte und Hut. Mittags ging er ins Beisl gegenüber essen, und im Sommer machte er täglich einen Spaziergang im benachbarten Beserlpark. Nur jetzt, während der kalten Jahreszeit, ging er fast nie aus.

Obwohl er mindestens zwanzig Jahre jünger war als der alte Herr, verbrachte auch er oft den ganzen Tag im Bett. Bei zugezogenen Vorhängen und künstlichem Licht wußte er oft nicht, ob es Morgen oder Abend war.

Das Zimmer wurde erst ab Dezember geheizt, und dafür wollte seine liebe Wirtin noch einmal fünfhundert Schilling extra kassieren.

Er zog es vor, weiterhin im Pullover zu schlafen.

Sein Nachbar hatte früher einen Strahler gehabt. Noch heute genierte er sich dafür, daß er den Alten bei der Pensionsbesitzerin angeschwärzt hatte. Der Arme mußte für mehrere Monate nachzahlen. Beschämt erinnerte er sich an das laute Organ der erbosten Dame, das schamlos bis zu ihm gedrungen war. Das Bild des spindeldürren, vor Angst zitternden oder gar weinenden Männchens verfolgte ihn so manche Nacht. Ihm war klar, daß er ihn nur denunziert hatte, um sich bei der Dicken beliebt zu machen. Und er unterließ es, seinen Nachbarn um Unterstützung zu bitten.

Die Pensionsbesitzerin gehörte zu jenen sparsamen Frauen, die jeden Schilling zweimal umdrehten. Angeblich heizte sie nicht einmal ihre eigene Wohnung.

»In kalten Räumen schläft man besser«, lautete einer ihrer Lieblingssprüche.

Wenn sie die Miete nun wirklich um vierzig Prozent erhöhte, mußte er ausziehen. Von zweitausend Schilling im Monat konnte er nicht leben, nicht einmal, wenn er seinen Zigarettenkonsum drastisch einschränkte.

Die Zigaretten waren das letzte Vergnügen, das ihm

noch geblieben war, und er rauchte ohnehin nur die billigste Marke. Mit dem Trinken hatte er längst aufgehört, trotzdem fand er keine Arbeit.

Einmal Alkoholiker, immer Alkoholiker, dachten wohl die Leute.

Auch sein Interesse an den jungen Mädchen hatte während der letzten Jahre merklich nachgelassen. Hin und wieder drehte er sich noch auf der Straße nach einem besonders hübschen Kind um, aber dieses drängende Verlangen von früher spürte er schon lange nicht mehr.

Wenn diese lüsterne Alte nicht gewesen wäre, hätte er sich vielleicht mit seinem Schicksal anfreunden können. Warum sollten sich nur die dem Müßiggang hingeben dürfen, die zu reich waren, um zu arbeiten? War denn das Nichtstun für Arme weniger erfreulich?

Diese Freude am Nichtstun war, seit man ihn unrühmlich aus dem Schuldienst entlassen hatte, sein einziges Laster. Er liebte es, stundenlang über scheinbar nichtige Fragen nachzudenken und fühlte sich durch die aufdringliche Herrin des Hauses in seiner über alles geschätzten Trägheit gestört.

Früher lud sie ihn jeden Nachmittag zum Kaffee ein und bot sich auch an, abends für ihn zu kochen.

»Sie sind viel zu dünn, wir müssen schauen, daß Sie wieder zu Kräften kommen.«

Er lehnte jedes Mal dankend ab und erlaubte ihr auch nicht, seine Hemden zu waschen. Solange er es sich leisten konnte, hielt er dem netten Wäschermädel in der Reinigung am Praterstern die Treue.

Wenn er an die gestärkten, weißen Blusen seiner Wirtin dachte, konnte er sich ein spöttisches Grinsen nicht verkneifen. Sie war immer unvorteilhaft gekleidet, schien eine spezielle Vorliebe für Faltenröcke und unmögliche Hüte zu haben.

Ihre Fürsorglichkeit war ihm nicht nur zuwider, sondern auch suspekt. Eine alleinstehende Frau, verwitwet seit Jahren, und er, obwohl die Fünfzig schon überschritten, ein Mann in den besten Jahren. Groß, dünn, Hakennase, stechender Blick, ein asketischer Zug um den Mund, das Haar schütter und grau, aber der Schnurrbart noch schwarz und dicht.

»Ein aristokratischer Typ!«

Aus ihrem Mund hörte sich das an wie ein Kompliment.

Eines Abends ging er zu ihr fernsehen. Er wollte sich ein Fußballmatch ansehen. Sie redete ununterbrochen, er bekam von dem Spiel nicht viel mit. Seither schlug er auch alle Einladungen zum Fernsehen aus.

An jenem Abend erzählte sie ihm ihre ganze Lebensgeschichte. Und zu fortgeschrittener Stunde verriet sie ihm auch ihre »geheime« Schwäche für Süßigkeiten. Kokett mit den Augen zwinkernd, bekannte sie: »Ich bin halt leider ein kleines Naschkätzchen.«

Bei diesem Geständnis strich sie sich demonstrativ über die ausladenden Hüften und seufzte so schwer, daß ihr mächtiger Busen aus dem Korsett zu rutschen drohte.

Wenn er sie nicht von Herzen verabscheut hätte, würde ihm diese peinliche Szene höchstens ein mitleidiges Lächeln entlockt haben.

Es war allgemein bekannt, daß sie abends gern ein paar Gläschen Eierlikör trank. Er haßte dieses klebrige Zeug, hatte sich sein Leben lang an Bier und eiskalten, gebirgsklaren Schnaps gehalten. In der Rezeption lagen immer Pralinen herum, die sie Neuankömmlingen großzügig offerierte. Selbst der Hinweis auf sein Magengeschwür hielt sie nicht davon ab, auch ihm diese zuckersüßen Bonbons aufzudrängen.

Doch sie beschränkte sich nicht nur auf süße Verführungsversuche, sondern wurde an jenem verhängnisvollen Fernsehabend noch deutlicher.

»Für eine Frau allein macht eine Pension viel zu viel Arbeit. Und dann andauernd diese Scherereien mit den Ausländern. Nein, das ist kein Beruf für eine Frau, da gehört wieder ein Mann ins Haus.«

Der Blick, den sie ihm bei diesen Worten schenkte,

brachte ihn nicht zum Schmelzen, sondern ließ ihn vor Schreck erstarren. Als sie auch noch seinen Schnurrbart »ausgesprochen fesch« fand und alte Fotoalben hervorkramte, um ihm zu beweisen, daß er eine gewisse Ähnlichkeit mit ihrem Großvater väterlicherseits, einem k.u.k. Oberstleutnant, hätte, ergriff er die Flucht.

In jener Nacht dachte er ernsthaft daran, seinen Bart abzurasieren.

Sie war höchstens fünf oder sechs Jahre älter als er und mochte in ihrer Jugend durchaus attraktiv gewesen sein. Ihr ebenmäßiges Gesicht war beinahe faltenlos, was bei dicken Menschen keine Seltenheit ist, und ihr dichtes, langes Haar trug sie hochgesteckt. »Schwalbennest« nannte man diese Frisur in seiner Kindheit. Normalerweise verwendete sie keinerlei Make-up. Nur vor ihren überfallsartigen Besuchen in seinem Zimmer pflegte sie einen gräßlichen orangeroten Lippenstift aufzulegen und ihre zu einem dünnen Strich gezupften Augenbrauen dunkel nachzuziehen.

Er hätte es ihr besorgen sollen, dann wäre er jetzt all seine Sorgen los und vielleicht sogar Teilhaber an der Pension »Maria Theresia«. – Ihm ekelte allein schon bei diesem Gedanken.

Doch das Männerheim in der Meldemannstraße schwebte wie ein Damoklesschwert über ihm. So tief war er noch nicht gesunken – dann lieber gleich in die Donau.

All das Grübeln führte zu nichts. Er sehnte sich nach einer Zigarette, aber es war noch zu früh für die nächste Zigarette. Um mit einem Päckchen pro Tag auszukommen, hatte er sich angewöhnt, nur zu jeder vollen Stunde eine zu rauchen.

Einmal bot sie ihm zum Kaffee eine dicke Zigarre an. Das edle Stück stammte angeblich noch von ihrem verstorbenen Gatten.

»Gott hab' ihn selig!« – Sie bekreuzigte sich und schlug schamhaft die Augen nieder, vergaß aber nicht zu betonen, daß sie der Rauch nicht störte.

»Zu einem richtigen Mann gehört der starke, würzige Duft einer guten Zigarre.«

Er verbrachte den Rest des Nachmittags auf der Toilette.

Einsame, abgewiesene Frauen konnten sich jedoch zu wahren Furien entwickeln. Ihre Gehässigkeiten häuften sich in letzter Zeit.

Er hatte sie in Verdacht, seine Post zu unterschlagen. Private Briefe bekam er höchst selten, doch seit Wochen trafen auch keine Briefe vom Arbeitsamt mehr ein.

Außerdem hatte er die jugoslawische Putzfrau im November kein einziges Mal zu Gesicht bekommen. Vorher räumte sie jeden Samstag bei ihm auf.

Er genoß es, nun auch samstags im Bett bleiben zu können. Seine Aschenbecher leerte er selbst aus. Nur frische Bettwäsche und saubere Handtücher hätte er gern wieder einmal gehabt. Aber er war zu stolz, um seine Wirtin darum zu bitten.

Die anderen Zimmer wurden bestimmt nach wie vor geputzt, sonst wäre nicht einmal der ärmste Rucksacktourist hier abgestiegen. Allerdings war er schon seit Tagen keinem Fremden mehr in der Pension begegnet. Zur Zeit schienen der alte Herr und er die einzigen Gäste zu sein.

Bei dem Gedanken an seinen Nachbarn packte ihn sogleich wieder das schlechte Gewissen. Doch sein Haß auf diese gierige alte Schachtel ließ seinen Schuldgefühlen nicht viel Raum. Er machte sie nicht nur für seine ausweglose und entwürdigende Situation, sondern auch für sein jämmerliches Verhalten dem Alten gegenüber verantwortlich. Tag für Tag führte sie ihm sein Scheitern vor Augen, ließ sie ihn seine Minderwertigkeit und Hilflosigkeit spüren; er fühlte sich erniedrigt, korrumpiert und gedemütigt.

Wenn er das Haus verließ, wechselte er die Glühbirne seiner Nachttischlampe aus und versteckte sie im Kasten unter der Schmutzwäsche. Gleich als er eingezogen war, hatte er eine neue Birne gekauft, die 40-Watt-Lampe hätte seine schwachen Augen nur noch mehr ruiniert. Er las auch tagsüber bei künstlichem Licht.

»Sie lesen zuviel, Herr Professor! Eines Tages werden Sie sich noch die Augen verderben«, tadelte sie ihn immer, wenn sie die vielen Pornohefte und Sexualkunde-Bücher auf seinem Bett liegen sah.

Seine Augen waren schon verdorben, aber er konnte sich keine Brille leisten.

Früher hatte sie ihn respektvoll »Herr Professor« genannt. Von den niedlichen kleinen Schülerinnen in den aufreizenden kurzen Röckchen schien sie zum Glück nichts zu wissen. Trotzdem war er heute nur mehr der Herr aus Zimmer sechs für sie.

Ihre Zwei-Zimmer-Wohnung lag am anderen Ende des düsteren Ganges. Selbst bei der Gangbeleuchtung versuchte sie zu sparen.

Abends hielt sie sich gern in ihrer geräumigen Küche auf, die durch eine Tür mit der Rezeption verbunden war.

Er warf einen Blick auf seine Armbanduhr. 22 Uhr dreißig. Noch nicht zu spät für einen Besuch. Gewöhnlich sah sie bis Mitternacht fern.

Prostitution, und darauf lief es hinaus, war aber auch nicht jedermanns Sache, schon gar nicht die eines Mannes seiner Generation. Außerdem bezweifelte er, ob er überhaupt so etwas Ähnliches wie Sex mit ihr zusammenbringen würde.

Nur widerwillig trennte er sich von seinem nach Schweiß und Nikotin stinkenden Pullover. Das Hemd schien noch in Ordnung.

Bei seinem linken Socken schaute allerdings die halbe Ferse raus. Vergeblich suchte er im Schrank nach einem sauberen Paar ohne Löcher. Schließlich entschied er sich für einen dunkelblauen und einen schwarzen Wollsocken.

Im kleinen Spiegel über dem Waschbecken betrachtete er kritisch seine bleichen, eingefallenen Wangen. Er fand, daß er ziemlich heruntergekommen aussah. Die Bartstoppeln waren mindestens eine halbe Woche alt. Rasieren schien ihm aber ein zu großer Aufwand.

Er strich seinen Schnurrbart glatt und fuhr sich mit dem Kamm durchs Haar. Dann verließ er sein Zimmer.

Zaghaft klopfte er an die Tür mit dem Schild »Privat«. Es wurde ihm sofort geöffnet – als hätte sie geahnt, daß er kommen würde. Sie empfing ihn im Nachthemd, hatte nur ihren scheußlichen Morgenrock übergezogen. Geblümt und wattiert, das war selbst für einen armen Mann wie ihn zuviel.

»So spät noch, Herr Professor? Was verschafft mir die Ehre?«

Keine Spur von Ironie, im Gegenteil, sie schien hocherfreut und errötete wie ein Schulmädchen.

Die Antwort blieb ihm zum Glück erspart. Sie komplimentierte ihn sogleich in ihre ordentlich aufgeräumte Wohnküche und forderte ihn auf, es sich auf dem Sofa gemütlich zu machen. Im Fernsehen lief eine dieser brutalen, amerikanischen Krimiserien, und auf dem Küchentisch stand eine Flasche Eierlikör. Aus der Flasche fehlten höchstens ein, zwei Stamperln.

»Möchten Sie nicht ein Gläschen Eierlikör mit mir trinken, Herr Professor?«

Ljubow Arestowa
Verurteilt

Sie nahm das Urteil gelassen zur Kenntnis, so als würde sie das alles nicht betreffen, als wären die drei Jahre Freiheitsstrafe nicht über sie verhängt worden.

Der Richter sortierte seine Papiere, schaute über die Brille hinweg, die ihm auf die Nasenspitze gerutscht war.

»Bürgerin Uglowa, haben Sie das Urteil verstanden? Sie wissen, daß Sie Berufung einlegen können?«

Sie bemerkte Ungeduld in den grauen, müden Augen des Richters und preßte hervor: »Ja.«

»Die Gerichtsverhandlung ist geschlossen«, verkündete der Richter mit Erleichterung, und die Anwesenden erhoben sich. Sie gerieten in Bewegung, hatten es plötzlich eilig, wobei sie mit neugierigen und zugleich verlegenen Blicken verstohlen zu der hölzernen Schranke herüberschauten, hinter der das Leben so anders war und wo sie, Nadeschda, sich befand.

Der Begleitposten, ein großgewachsener junger Mann, öffnete schweigend die Barriere – es wurde Zeit für sie.

Die Gerichtsverhandlung hatte nur wenige Stunden gedauert, dennoch war sie erschöpft. Ihr Kopf brannte, die Muskeln schmerzten wie nach langer Arbeit. Als hätte sie die Wand eines riesigen Hauses verputzt. Und das bei schlechtem Wetter mit zu dickem Mörtel.

Mit schleppenden Schritten, einer großen Stoffpuppe gleich, ging sie zum Wagen.

Es regnete, der Winter war demnach endgültig zu Ende. Mit diesem Gedanken wollte sich die übliche Sorge einstellen: Die Kinder brauchten leichte Kleidung für den Sommer... Wollte sich einstellen, verflüchtigte sich aber sofort wieder – sie war ja nicht mehr in Freiheit!

Sie kletterte mühsam in den Wagen, der Wachposten half ihr, indem er sie ungeniert hochhob.

In der Ecke, unmittelbar am Gitter, saß bereits Oktjabrina mit dem Spitznamen »Feile«; sie hatte die Hände vors Gesicht geschlagen und schluchzte laut. Ihr Prozeß dauerte schon länger als einen Monat, und jedesmal, wenn sie zum Gericht fuhr, machte sie sich hübsch, steckte sorgsam ihr langes, dichtes Haar auf, das ungeachtet ihrer fünfundvierzig Jahre noch kein bißchen grau war. Vielleicht sah man das aber bloß nicht in dieser aschblonden Fülle. In der Zelle blieb Oktjabrina stets für sich, verachtete ganz offensichtlich ihre Leidensgefährtinnen. Das machte sie unbeliebt. Den Spitznamen »Feile« hatte sie bekommen, weil sie hier als einzige eine winzige Nagelfeile mit weißem Griff besaß. Niemand wußte, wie es ihr gelungen war, diesen verbotenen Gegenstand in die Zelle zu schmuggeln und zu hüten. Man beneidete sie darum, verriet sie aber nicht. Die kleine Feile war in dieser Gefängniszelle so etwas wie ein Sinnbild für jenes andere, freie Leben. Oktjabrina hatte lange auf ihren Prozeß warten müssen. Doch sie weinte nie, beherrschte sich. Nur heute schluchzte sie in der Wagenecke. Auch ihr Urteil war nun gesprochen.

Nadeschda setzte sich ihr schweigend gegenüber.

Nach Oktjabrinas Strafmaß zu fragen, hatte sie weder die Kraft noch das Verlangen. Sie hatte genug mit ihrem eigenen Kummer zu tun.

Die Eisentür fiel krachend ins Schloß. Die Begleitposten steckten sich billige Zigaretten an, stickiger Rauch zog zu ihnen herüber, den »Abgefertigten«, wie es im Knastjargon hieß.

Oktjabrina beruhigte sich, schwieg auch während der Fahrt; erst in der Zelle rief sie: »Zehn!« Dann brach sie erneut in Schluchzen aus.

Alle stürzten zu ihr, um sie zu trösten; auf Nadeschda achtete niemand. Sie ging zu ihrem Platz, setzte sich, ließ kraftlos die Arme sinken. Sie hatte ein quälendes Bedürfnis nach Schlaf. Schon im Auto war sie von regelrechten Gähnkrämpfen befallen worden, die ihr fast die Kiefer ausrenkten.

Wenn es doch bald Nacht würde. Vielleicht würde ihr die Erschöpfung helfen zu vergessen, zu schlafen, sich wenigstens vorübergehend ins Nichts zu flüchten.

Oktjabrina erzählte unter Schluchzen von der Verhandlung. Sie wurde hastig ausgefragt, aber aus diesem gierigen Interesse sprach nicht so sehr Mitgefühl der Gefährtin gegenüber als Sorge um das eigene Schicksal.

Das Unglück Oktjabrinas ließ Nadeschda ungerührt. Na wenn schon. Sie war selber schuld. In der engen Zelle blieb nichts verborgen, jeder wußte von jedem, weshalb er hier saß. Die »Feile« war Bauleiterin gewesen, hatte einen eigenen Wagen besessen – keinen gewöhnlichen, einen »Wolga«.

Von ihrem Mann hatte sie sich mit einem »Schiguli« losgekauft und sich mit dem Chef eines Zulieferbetriebes zusammengetan. Er war es auch, der sie reingeritten hatte: Gutschriften, Scheinposten, »tote Seelen« – und nun die Gefängnispritsche. Ihr Galan saß einen Stock tiefer, im anderen Gebäudeflügel. Sie hatten sich ein schönes Leben gemacht, die beiden, also was sollte es. Oktjabrina hätte mal ein einziges Jahr von ihrer, Nadjas, Zeit durchleben müssen, ein einziges, oder auch bloß den Winter, in dem Verunja zum Krüppel wurde und sie die Kleine allein im Zimmer der Baracke zurücklassen mußte, wenn sie zur Arbeit ging. Wie ein Hündchen lag das Kind auf der breiten Ofenbank; es war angebunden, hatte nur eine Schüssel mit Essen und etwas Milch in Reichweite.

Wie endlos waren doch die Wände der kalten Wohnungen gewesen, die sie verputzen mußte! Sie schmetterte den zähen Mörtel auf diese feindlichen Wände, bearbeitete sie wild mit der Maurerkelle und trieb die Zeit zur Eile an: Vergeh doch endlich, mach hin, laß mich zurück zu meiner verkrüppelten Tochter, die am Ofen festgebunden ist, damit sie nicht herunterfällt, nicht auf dem kalten Fußboden frieren muß...

»Und Kislis«, fragte Irka, die Diebin, »wieviel hat Kislis bekommen?«

Kislis war Oktjabrinas Galan. Der bewußte, der Anstifter. »Auch zehn«, erwiderte die »Feile« befriedigt. »Soll er die Pritsche polieren, der Dreckskerl.«

Der Goldlack war erstaunlich schnell von Oktjabrina abgebröckelt, nun befand sie sich bereits auf einer Stufe mit Irka, der Diebin. In Freiheit hätte sie Abscheu vor ihr empfunden. Hier aber war sie froh über die Anteilnahme, gebrauchte bereits Wörter aus dem Leben, das ihr erst noch bevorstand. Überhaupt, so schien es, war die Bösartigkeit in ihr schon erwacht, ihre Augen glänzten fiebrig, die Hände zuckten nervös, als sie aufgeregt ausrief: »Ich werd nicht so lange sitzen, mein Vater geht bis nach Moskau. Wir haben Geld, Vitka, der Schlaukopf, mein Ehemaliger, hat es in allerletzter Minute vom Sparbuch abgehoben. Fünfzigtausend sind den Bullen auf diese Weise durch die Lappen gegangen!«

Die »Feile« sah siegesbewußt in die Runde und begriff ihren Fehler nicht gleich: Sie hätte das Geld nicht erwähnen dürfen. Diese Frauen waren Gleiche unter Gleichen, besaßen in der Freiheit nichts. Der Reichtum Oktjabrinas ließ das Mitleid ersticken. »Vitka nimmt einen Rechtsanwalt für mich«, fuhr sie fort. »Einen aus Moskau, der sein Geschäft versteht. Ihr werdet sehen, der handelt die Hälfte herunter, und dann wird's irgendwann eine Amnestie geben. Ich habe einen Orden, und Ordensträger fallen alle unter die Amnestie, Vitka hat's gesagt...«

»Dein Vitka ist ein Schwindler!« fiel Irka ihr ins Wort und lachte höhnisch. »Jawohl, ein Schwindler, auf den du lieber nicht bauen solltest. Er wird dein Geld ganz schnell den jungen Weibern unter die Röcke schieben! Du aber kommst als alte Frau aus dem Knast. Wer will dann noch was von dir?«

Oktjabrina schwieg verwirrt.

»Hör schon auf!« schwang sich die dicke, gutmütige Schura zu einer Verteidigung auf. »Was liegst du ihr in den Ohren, sie hat's auch so schwer genug.«

Irka lachte erneut, und Schura rückte näher an Oktjabrina heran. »Laß, meine Liebe, was soll's jetzt noch. Du hast wenigstens keine Kinder, während ich... Na, du weißt ja selbst, mir ist schon ganz elend ums Herz.«

Schura hatte einen Mann und einen kleinen Sohn, der in die erste Klasse ging; die alte Mutter, die ihn betreute, war sehr krank.

Schura war zu acht Jahren verurteilt und aus der Besserungskolonie hierher verlegt worden. Schon bei der ersten Vernehmung hatte sie gestanden, zwei Leute mit einer Frau zusammengebracht zu haben, die ihnen den dringend benötigten Zuzugsstempel im Paß beschaffen sollte. Für diesen Stempel ließen sie dieser Frau über Schura Geld zukommen, die selbst auch nicht leer ausging, obwohl sie sich keineswegs bloß des Geldes wegen ins Zeug gelegt hatte. Nun ja, sie bekam für ihre Bemühungen vierhundert Rubel und acht Jahre. Ihr Mann durfte sie in der Kolonie besuchen, man genehmigte ihm sogar einen Besuch von achtundvierzig Stunden. Nach diesem Wiedersehen war Schura schwanger und wurde hierher überstellt.

Irkas Worte über das Alter indes zeigten Wirkung. Oktjabrina hatte darüber wohl schon selber nachgedacht, und das nicht nur einmal. Angst und bange war ihr bei solchen Gedanken geworden, und nun wurde ihr die bittere Wahrheit mitten ins Gesicht geschleudert: Wenn sie aus dem Gefängnis kam, war sie eine alte Frau, von der niemand mehr etwas wollte.

»A-a-a!« Oktjabrina heulte erneut los. »Ich will nicht mehr leben, ich will nicht! Warum tut man mir das an! Sollen sie mich lieber erschießen, als so zu quälen. Nein, ich will nicht länger leben.«

Schura legte die Arme um sie und preßte, gleichfalls von Weinen geschüttelt, ihr breites, von der Schwangerschaft gedunsenes Gesicht in ihre üppige Schulter.

»Jetzt reicht's aber!« rief, unerwartet für sich selbst, Nadeschda. »Ihr gebt einem ja den Rest!«

Nun fiel den Frauen ein, daß sie auch noch da war, doch sie wimmelte alle Fragen ab, hob lediglich drei Finger.

»Drei Jahre«, übersetzte Irka und fügte neidisch hinzu: »Bist ja gut weggekommen.«

Gut weggekommen, sie!

Sie hatte nie darüber nachgedacht, nicht für möglich gehalten, daß ihr ein solches Los zufallen würde. Hatte es nicht gewußt und nicht wissen wollen.

Sie hatte sich nichts gewünscht als ein einfaches Leben ohne alle Schnörkel. Ein Zuhause, Kinder und ihre Arbeit auf dem Bau – weiter brauchte sie nichts, das war es, wonach sie mit aller Kraft strebte.

Sie baute Häuser für andere, baute am eigenen Nest, rackerte und quälte sich, bis sie an diesen äußersten Rand gelangt war.

Zu diesem Moment, als sie die Axt hob und sie mit geschlossenen Augen niedersausen ließ...

Es wurde still in der Zelle. Verstummt war Oktjabrina, von ihren Tränen erschöpft. Irka hatte sich zurückgezogen und starrte, das Kinn hochgereckt, durchs vergitterte Fenster. Die dicke Schura war in sich zusammengesunken, Großmutter Valja und Sinucha aber hockten teilnahmslos beieinander – ihre Tränen standen noch bevor.

Großmutter Valja saß wegen Schnapsbrennerei. Sie wurde nur selten zur Vernehmung geholt – lediglich zwei- oder dreimal, soweit Nadja sich erinnern konnte. Die alte Frau hatte Angst vor den Vernehmungen, sie bekreuzigte sich jedesmal, wenn sie gerufen wurde, ihr Kopf begann leise zu wackeln, und der rechte, durch einen Schlaganfall gelähmte Arm hing kraftlos herab. Nadeschda wunderte sich immer aufs Neue, daß es der Richter nicht selber sah: Die alte Frau konnte diesen verdammten Apparat unmöglich bedient, den Sud in den Tonnen nicht angesetzt haben, die riesigen Gefäße mit dem Selbstgebrannten waren viel zu schwer für sie. Großmutter Valja deckte ganz offensichtlich ihre Tochter, die als Köchin in einer Kantine arbeitete, von dort die Hefe anschleppte und zusammen mit ihrem Mann das begehrte Gesöff braute. Der Wahrheit entsprach nur, daß die alte Frau die Flaschen dann an den Mann gebracht hatte; sie saß ja zu Hause, das war bequem. Die Hauptübeltäterin freilich war sie nicht, was sollte Großmutter Valja denn tun, wenn ihr befohlen wurde, den Schnaps zu verkaufen? Befohlen von der Tochter und dem Bullen von Schwiegersohn, der jeden zweiten Tag irgendwo als Wächter arbeitete und sich bei dieser Tätigkeit weiß Gott nicht übernahm. Die Schnapsbrennerei war für ihn ein lohnendes Geschäft. Das alles lag klar auf der Hand, wie auf dem Präsentierteller.

Großmutter Valja aber blieb beharrlich bei ihrer Leier: Die Tochter wußte von nichts, ebensowenig der Schwiegersohn, ich allein bin schuld, verurteilt mich. Und so saß die hinfällige Frau im Gefängnis, während ihre Kinder ungeschoren blieben. Die Alte deckte in bäuerlicher List die Tochter selbst hier, unter ihresgleichen, und zischte Irka wütend an, wenn die sich über sie lustig machte, ihr mit der Wahrheit kam wie vorhin der Oktjabrina.

Irka war die Aufgeklärteste unter ihnen, sie wußte alles. »Dir wird man nicht viel aufbrummen, Großmutter Valja«, sagte sie wie zum Trost, »vielleicht erlebst du's sogar noch, kommst wieder raus.«

Die alte Frau schwieg. Kleine weiße Tränen lösten sich aus ihren Greisinnenaugen, rollten auf gewundenen Pfaden in die tiefen Falten ihres Gesichts, blieben dort hängen und trockneten, ohne herabzutropfen.

Nadeschda empfand Mitleid mit der alten Frau, vermochte sie aber nicht zu trösten. Sie redete nie viel, nicht nur jetzt, es war auch früher schon so gewesen.

Die Eltern wählt man sich nicht aus, und so war es nicht ihre Schuld, als Kind einer taubstummen Mutter auf die Welt gekommen zu sein. Ob der Vater sprach, weiß sie nicht – sie hat ihn nie gesehen. Die Sprache der Gebärden lernte sie früher als die der Worte. Gut nur, daß ihre Großmutter das Mädchen zu sich nahm und es sprechen lehrte aus Angst, das gesunde Kind könne als Stummchen aufwachsen. Doch das Wortkarge blieb, dagegen kam weder die Großmutter an noch das Internat, in dem sie nach deren Tod untergebracht wurde.

Selbst Georgij, ihr Mann, brachte sie nicht zum Reden, nannte sie später, im Zorn, öfters »Stummfisch«. Dagegen unterhielt sie sich mit Verunja, sie war ihre Gesprächspartnerin. »Ach, Verunja, Töchterchen! Wirst du mir verzeihen?« Nein, Verzeihung würde es für sie wohl nicht geben, nicht von ungefähr hatte das Gericht sie als verbrecherische Mutter bezeichnet.

Das mußte man sich vorstellen – sie und eine verbrecherische Mutter! Hatte sie ihre Kinder vielleicht nicht geliebt?! Hatte sie etwa getrunken, sich herumgetrieben, fremde Männer ins Haus gebracht? Verbrecherisch...

Inzwischen gab es Abendbrot, und alle, sogar die verheulte Oktjabrina, aßen ihre Portionen bis zum letzten Krümel auf. Auch Nadja, obwohl sie weder Hunger verspürte noch den Geschmack des Essens, noch ein Gefühl der Sättigung.

Entscheidend war, daß die Zeit verging und die Nacht näherrückte, von der sie sich ein wenig Ruhe erhoffte.

Nachdem sie ihre Seelen gemartert, ihr Leid aufgewühlt hatten, kamen die Frauen allmählich zur Ruhe, schlossen sich in ihre Gedanken ein, schlossen sich durch eine unsichtbare, doch deutlich spürbare Mauer der Einsamkeit voneinander ab. Jede war nun allein mit ihrem Schicksal, jede für sich mit ihrem verhängnisvollen Stück Leben. Egal ob alt oder jung, sie hatten Gutes und Schlechtes gesehen, waren schuldig, die eine mehr, die andere weniger. Sie suchten Schutz voreinander, doch Schutz vor sich selbst konnten sie nicht finden.

Als erste begann sich Großmutter Valja für die Nacht fertigzumachen. Vor jeder neu hereinbrechenden Nacht wurde sie, die aus Altersgründen wenig schlief, unruhig und abergläubisch. Gebete kannte sie keine – woher auch? Ihr Leben war in Arbeit vergangen, ohne Kino und ohne Kirche, sie hatte keine Zeit gehabt, an sich zu denken, geschweige denn an Gott. Da waren Krieg und Zerstörung gewesen, Witwendasein und einsame Mutterschaft, später dann das Alter mit seinen Gebrechen – wenn sie Gott also angerufen hatte, dann wohl nicht mit den richtigen Worten. Jetzt freilich, auf Grund der erzwungenen, bitteren Untätigkeit, suchte sie eine Zuflucht, und wo sollte sie die sonst finden als in Gott dem Herrn, von dem es hieß, er sei barmherzig. Barmherzigkeit und Mitleid allerdings erhofften sie alle, die alte Schnapsbrennerin Valja, Sinucha, die Schmiergelder genommen hatte, die Diebin Irka, die alternde Oktjabrina und die schwangere Schura. Wie sollte aus Schuras ungeborenem Kind ein Mensch werden? Was fühlte es jetzt, worauf bereitete es sich vor?

»Herr im Himmel, ich bitte dich um Barmherzigkeit, und auch du, heilige Muttergottes, steh mir bei...«, murmelte die alte Valja.

Und dann war sie da, die Nacht, deckte mit ihrem dunklen Schleier das vergitterte Fenster zu, bettete die Frauen, die zwar nicht gearbeitet hatten, aber dennoch erschöpft waren, auf die harten Matratzen und hüllte eine jede von ihnen ein, indem sie sie vor dem nie verlöschenden Lämpchen unter der Zellendecke abschirmte, überhaupt vor allem, was in ihren Seelen brannte und loderte, sie versengte.

Nadeschda wartete ergeben ab, was die Nacht ihr bringen würde. Vielleicht den ersehnten Schlaf und das Vergessen? Vielleicht führte sie ihr in ihrer Gnade Verunja gesund und fröhlich vor Augen? Ließ sie ahnen, wie es dem kleinen Dimka ohne Mama so ging. Doch sie wußte schließlich selbst am besten, wie sich ein Kind ohne Mutter fühlt.

Die Zeit verging, und die Nacht tat ihr Werk. Doch statt Nadja den ersehnten Schlaf zu bringen, setzte sie sich zu ihr ans Kopfende und verwickelte sie in ein endloses Gespräch.

»Wie ist es dazu gekommen?« Die Frage streifte gar nicht erst Nadjas Gehör, sondern drang ihr direkt ins

Hirn und ließ sie zusammenzucken; sie fürchtete sich davor, wünschte nicht zu antworten.

»Wie ist es dazu gekommen?« hämmerte es in ihrem Hirn.

Sie mußte antworten. Doch was sollte sie darauf sagen? Man hatte sie bestraft, folglich war sie schuldig. Sie allein, denn auch bestraft wurde ja nur sie. Wozu jetzt noch fragen. Und überhaupt, woher sollte sie das wissen? Sie würde es ja selbst gern begreifen.

»Laß uns gemeinsam klar darüber werden«, forderte die Nacht beharrlicher.

»Wozu?« widersprach die Frau. »Mir ist auch so schwer genug. Der Prozeß hat stattgefunden, und meine Schuld ist im Urteil festgeschrieben. Da hätte man eher fragen müssen.«

»Dazu ist es nie zu spät«, erwiderte die Nacht. »Der Prozeß hat nichts geklärt, und er war ungerecht, denn er ist nicht auf das Wichtigste eingegangen – das Warum. Also hör auf, dich zu beschuldigen.«

So war Nadja bisher nie gefragt worden. Alle hatten es eilig, hetzten, und die Eile tötete das Interesse ab. Was sollte sie denn erwidern, wenn sie in den Augen des Befragers die deutliche Ungeduld las: Schweifen Sie nicht ab, zur Sache bitte. Als wäre ihr ganzes Leben nichts als eine einzige Abschweifung. Kein Leben, sondern nur noch eine Akte, eine Gerichtsakte...

»In die Schule kam ich später als die anderen«, begann Nadja zögernd, »die Großmutter hatte es versäumt, mich anzumelden. In der achten Klasse, im Internat, war ich älter als meine Mitschülerinnen, kräftiger. Und so ging ich auf den Bau, lernte malern und maurern.«

»Hat dir die Arbeit gefallen?«

»Tja, wie soll ich sagen. Anfangs taten mir mächtig die Hände weh. Wirf mal den ganzen Tag Mörtel an die Wände und verreib ihn mit der Kelle. Am Abend spürst du deine Arme kaum noch. Und dann das Mörtelschleppen!

Wir waren alles nur Frauen, die Männer auf dem Bau sind durchweg Spezialisten, die schleppen keinen Mörtel. Zum Ende der Schicht aber kommt der Meister, ebenfalls ein Mann, und rümpft die Nase: Hier ist's ungleichmäßig aufgetragen, dort zu dünn, was habt ihr Weiber bloß den ganzen Tag gemacht! Dabei war die Norm mächtig hoch. Besonders im Winter war es schwer. Wir mußten uns in der Kälte umziehn, unsre Monturen waren stocksteif. Wir haben sie also nicht gerade geliebt, unsere Arbeit. Doch wir hatten uns daran gewöhnt, klotzten ran. Wir verdienten, und das war die Hauptsache. Ich war ja gesund und kräftig – kurze Erholung, und dann ab ins Kino, auch gelesen hab ich gern. Wir hatten ein gutes Wohnheim, die Mädchen waren in Ordnung, achteten auf Sauberkeit. Wir hatten's uns hübsch gemacht, richtig heimisch. Wir verstanden uns, lebten einträchtig miteinander.«

»Und dein Mann? Habt ihr zusammen gearbeitet?«

»Nein, Georgij lebte auf dem Land. Wir wurden eines Tages in unser Patendorf geschickt, arbeiteten dort einen Monat. Da hab ich ihn kennengelernt.«

»Du hast dich in ihn verliebt?«

»Na sicher. Er war ein netter Bursche, nicht allzu groß, trotzdem sah er gut aus. Er war kräftig, stämmig, hatte pechschwarzes lockiges Haar und ein fröhliches Gesicht mit lachenden Augen. Er stellte mich seiner Mutter vor, sie war sehr krank und freute sich über mein Auftauchen, akzeptierte mich als Tochter, war freundlich zu mir, und ich war sehr empfänglich für Freundlichkeit, hab nicht oft solche erfahren. Wenn wir im Dorf geblieben wären, bei seiner Mutter, hätte sich vielleicht alles anders entwickelt. Doch mein Mann wollte das nicht, ihn zog's zu mir in die Stadt, wozu sich umsonst abrackern, sagte er. Und es stimmt, bei ihnen im Dorf ging's in jenen Jahren drunter und drüber. Trotzdem, die Stadt hat ihn zerbrochen.«

»Wieso zerbrochen? Und wo warst du?«

»Na, an seiner Seite. Nur kam ich nicht damit zurecht, ich schaffte es nicht. Georgij war einer vom Lande, verstehst du? Dort war er unter seinesgleichen, die Leute mochten ihn, und er sie. Doch in der Stadt änderte sich das. Ich baute Wohnungen für andere, selbst aber besaßen wir nur Bettstellen zur Untermiete. Solange Verunja noch nicht geboren war, ging es ja noch, wir vertrugen uns. Mit dem Kind wurde es dann schwieriger.

Georgij arbeitete in einer Mechanikerbrigade, dort wurde viel getrunken, allerdings heimlich; meinen Mann, der kein bißchen gerissen war, erwischten sie zweimal, degradierten ihn zum einfachen Schlosser. Da ging's mit dem Saufen erst richtig los. Auf jede Reparatur eine Flasche. Zu Hause aber stellte sich auch keine Behaglichkeit ein, es zog ihn nicht zur Familie.«

»Und du hast geschwiegen? Nicht um ihn gekämpft?«

»Natürlich hab ich gekämpft.« Nadeschda lachte spöttisch.

»Das gibt's doch nur in Büchern: den Kampf um den Geliebten, um die Familie. Geh mal hin und kämpfe. Ich hatte gehört, daß man sich in solchen Fällen an die Öffentlichkeit wenden muß, ans Kollektiv. Ich ging also hin, doch noch heute schäme ich mich, wie man mich dort empfing. Und was sollten sie auch mit mir, wozu sich fremdes Leid aufladen. Das heißt, die richtigen Worte fanden sie schon. ›Wir werden die notwendigen Maßnahmen ergreifen‹, sagten sie, und ihm rieten sie: ›Sprich dich mal mit deiner Frau aus, Georgij, wieso schwärzt sie dich hier an?‹ Da erhob er zum ersten Mal die Hand gegen mich. Es war furchtbar. Ich bin zwar als Waise aufgewachsen, doch niemals geschlagen worden. Es war furchtbar und beschämend. Danach hat er geweint, damals besaß er noch ein Gewissen. Er bat mich um Verzeihung, und ich verzieh ihm. Da ist die Familie, sagte ich mir, das Kind. Und ich dachte auch, er würde zur Besinnung kommen, aufhören zu trinken. Dann wurde mir ein Zimmer zugewiesen, in einer Baracke zwar, aber ich machte es uns behaglich. Auf mein Bitten hin verließ er die Straßenbaukolonne, ging in eine Werkstatt als Klempner. Es sah aus, als würde er weniger trinken, doch ganz gab er es nicht auf. Ich schwieg dazu, duldete, daß ihn der Wodka immer mehr in seinen Bann zog und meine Luftschlösser zum Einsturz brachte. Endgültig aber traf uns das Unglück, als Verunja bereits zwei war und ich mich zu einem weiteren Kind entschloß...

Unglück, nun ja, zunächst war es natürlich eine Freude. Schließlich wußte ich aus eigener Erfahrung, daß es nicht schön ist, als Einzelkind aufzuwachsen, ich wollte es meiner Tochter ersparen. Sie soll mal jemanden haben, der ihr nahesteht, dachte ich und sagte das auch Georgij. Er freute sich gleichfalls auf das Kind, hoffte auf einen Sohn, kaufte ein Bettchen. Meine Niederkunft erwartete ich für den Winter, und er wechselte eigenhändig die Fensterrahmen in unserem Barackenzimmer aus, dichtete die Türen ab. Wurde überhaupt aufmerksamer zu mir, zärtlicher. Das Trinken allerdings ließ er nicht...

Im Dezember brachte ich unseren Sohn Dimka zur Welt, es war tiefster Winter. Glücklich und gelöst lag ich da, und daß keine Glückwünsche kamen, nichts für mich abgegeben wurde, beunruhigte mich nicht – ich sagte mir, Georgij ist mit der Kleinen allein zu Hause, er wird nicht wissen, wo ihm der Kopf steht. Ich war Aufmerksamkeiten auch nicht gewöhnt, wer hätte sie mir erweisen wollen. Nein, ich hatte nicht die geringste Vorahnung, dachte an nichts Schlimmes. Dabei hatte mich das Unheil bereits an der Leine wie ein dummes Schaf. Die Woche verging sehr schnell, ich kam wieder zu Kräften, und Dimka war wohlauf. Es wurde Zeit für die Entlassung, aber man hatte offenbar keine Eile damit, fast sah es so aus, als würden Ärzte und Schwestern meinem Blick ausweichen. Die Frauen im Zimmer schauten mich irgendwie mitleidig an, steckten mir dies und jenes zu. Ich war ihnen dankbar, bis dann doch allmählich Unruhe in mir hochkroch.

Dann schickten die Mädchen aus meiner Brigade plötzlich ein Päckchen, dazu einen Brief: ›Wir holen dich ab, mach dir keine Sorgen.‹ Aber das war leicht gesagt, inzwischen machte mir die Ungewißheit mächtig zu schaffen. Man verheimlichte mir etwas, das wurde immer klarer. Bestimmt ist Georgij etwas zugestoßen, dachte ich und flehte die Ärztin an, mir die Wahrheit zu sagen. Die Ärztin, eine schon ältere, müde wirkende Frau, senkte den Kopf, sagte: ›Lange können wir es Ihnen ohnehin nicht mehr vorenthalten – Ihr Mann hat die Kleine halb erfrieren lassen und sich selbst davongemacht.‹ Ich sackte auf den erstbesten Stuhl. Was sollte das heißen – halb erfrieren lassen, wo war Verunja jetzt, lebte sie? ›Ihr Töchterchen lebt‹, sagte die Ärztin beschwichtigend, ›sie ist im Krankenhaus. Bleiben Sie noch eine Weile hier und schauen Sie, daß Sie zu Kräften kommen, vielleicht kommt inzwischen auch Ihr Mann zurück. Er ist bestimmt nur aus Angst davongerannt, er kommt wieder.‹

Großer Gott, wie elend ich mich fühlte! Wieviele Tränen ich seit jener Nacht vergoß! Ich drängte trotzdem auf Entlassung, ich verging vor Sehnsucht – was war mit Verunja?

Die Mädchen holten mich ab, brachten mich nach Hause, kümmerten sich, blieben bei Dimka, während ich umgehend ins Krankenhaus zu Verunja rannte.

In der Entbindungsklinik war ich geschont worden, hier empfing man mich anders. Ein dickes Weib in weißem Kittel schlug mir die Worte um die Ohren: ›Hast dein Kind einem Trunkenbold anvertraut, nun mußt du dich ein Leben lang mit deinen Tränen waschen. Man hat der Kleinen die Füße abgenommen.‹

Es war passiert, weil Georgij wieder mal tüchtig gekübelt hatte und noch mehr trinken wollte. Er setzte das Kind auf den Schlitten, schleppte es von einer Kneipe zur anderen mit. Doch der Frost kennt kein Mitleid – er bemächtigte sich Verunjas Füßchen. Als gute Leute auf das Kind aufmerksam wurden und es mitsamt dem Schlitten ins Krankenhaus brachten, war es bereits zu spät, beide Füße mußten abgenommen werden. So wurde Verunja mit ihren knapp drei Jahren zum Krüppel.

Noch heute frage ich mich, wie ich damals am Leben geblieben bin, bei dieser Nachricht. Ich stürzte zu Boden, konnte nicht mehr aufhören zu schreien. Die Dicke bekam einen Schreck, Ärzte eilten herbei, beruhigten mich wieder.

Ich wollte Hand an mich legen – der Kinder wegen tat ich's nicht, ich hatte Angst, sie zu Waisen zu machen. Ich schleppte mich nach Hause, dort aber schrie schon mein Junge. Er verlangte nach mir, brauchte meine Fürsorge. Ich lebte wie in Trance, war nur noch eine Maschine. Freundinnen halfen mir, die Mädchen aus meiner Brigade. Sie brachten Essen, trösteten mich, blieben bei Dimka, wenn ich zu Verunja ins Krankenhaus lief. Die Kleine hatte sich wieder hochgerappelt, ahnte nichts von ihrem Unglück, sie spielte in ihrem Bettchen und lachte. Mir aber zerriß es fast das Herz, ich wagte es nicht, ihr in die Augen zu schauen. Als es Zeit war, holte ich sie aus der Klinik, und nun vegetierten wir zu dritt in der Baracke. Das heißt, so ganz allein waren wir nicht; man half mir, es wäre Sünde, das nicht zu sagen. Die Nachbarinnen hatten Mitleid mit uns, steckten uns immer mal was zu: Kartoffeln, Kohl, auch ein Stück Speck. Sogar die Männer halfen, der eine hackte Holz, ein anderer brachte Kohlen. Die Leute sind im Grunde gütig, nur hat eben jeder seine eigenen Sorgen, und die nicht zu knapp.

Das erste Entsetzen war vorbei, man gewöhnte sich an mein Unglück. Man sah, ich lebte, schlug mich irgendwie durch, und so verließ sich mit der Zeit jeder auf den anderen. Ich aber stand allein da. Mein Schwangerschaftsgeld ging zur Neige, Ersparnisse hatte ich keine. Ich verkaufte den Teppich, das Radio, eine kleine Kristallvase – dreißig Rubel bekam ich dafür. Andere Dinge von Wert besaß ich nicht, brauchte aber Geld fürs Essen, ich mußte also wieder arbeiten. Doch wohin mit den Kindern?

Von Georgij keinerlei Lebenszeichen, offenbar fürchtete er, bestraft zu werden. Vielleicht schämte er sich aber auch, war entsetzt über das, was er angerichtet hatte, wer will das so genau wissen. Ich grübelte, zermarterte mir den Kopf, dachte schließlich – wenn er zurückkäme, ich würde ihm verzeihen, Hauptsache er hilft mir, die Kinder großzuziehn. Doch nein, er kam nicht.

Ich mußte also wieder arbeiten gehn. Mein Wochenurlaub war zwar noch nicht abgelaufen, aber der Ernährer fehlte. Ich ging zur Gewerkschaft, man half mir, gab mir einen Krippenplatz für Dimka. Doch wohin mit Verunja? Wo hab ich nicht überall vorgesprochen, wen nicht alles angefleht! Es gab keine Einrichtung, die für sie zuständig war. Alle äußerten ihr Bedauern, doch helfen konnte keiner. Der Kindergarten nahm sie nicht – sie war ein Krüppel. Im Kinderheim bat ich, Verunja wenigstens bis zum Frühjahr zu betreuen – unmöglich, es gab ja eine Mutter, die keine Trinkerin war, keine Herumtreiberin. ›Suchen Sie sich ein Kindermädchen‹, riet mir irgendein Natschalnik, ich weiß schon nicht mehr, wo das war. Ich und ein Kindermädchen! Erstens, wo sollte ich es hernehmen, und zweitens, womit bezahlen?! Ich aß ja selbst nichts anderes mehr als Kartoffeln, Grießbrei und Nudeln. Ein Kindermädchen...

Inzwischen war Dimka zwei Monate alt, und ich brachte ihn in die Krippe. Bevor ich zur Arbeit ging, heizte ich kräftig ein, packte Verunja auf die Ofenbank; mein Nachbar hatte sie mir zu diesem Zweck verbreitert, eine Art Krabbelgitter für die Kleine gebastelt. Die Wunden an ihren Beinchen waren bereits vernarbt, sie machte Anstalten, sich aufzustellen, doch wie sollte das gehn – ohne Füße? Auch taten ihr dann die Stümpfe weh, sie fiel aufs Bett zurück, weinte, und ich heulte mit. Aber so ein Kind lernt schnell, Verunja versuchte nicht mehr aufzustehen, sie bewegte sich nun nur noch krabbelnd auf der Ofenbank.

Und in solch einem Zustand sollte ich sie den ganzen Tag allein lassen!

Ich heizte den Ofen, doch ich wußte, am Abend war alle Wärme längst weg. Ich legte ein paar Kartoffeln in eine

Schüssel, etwas Brot, auch einige Kekse. Ein Fläschchen füllte ich mit Milch, ein anderes mit Wasser, verschloß beides mit Saugern von Dimka. Die Kleine lachte, griff nach allem – sie hielt das Ganze für ein Spiel. Ich aber war innerlich völlig vereist, nicht einmal Tränen hatte ich mehr. Meine Beine waren wie Watte, ich selbst war ein Automat. Nicht einmal küssen konnte ich mein Kind, ich schämte mich, so als würde ich sie verraten, dem Verderben aussetzen.

Wie ich diesen ersten Arbeitstag überstand – ich weiß es nicht mehr, und wenn man mich totschlüge. Man ließ mich früher gehn, und ich hetzte nach Hause. Ich näherte mich dem Zimmer – kein Laut. Eine Stille, als wäre es unbewohnt. Ich wollte die Tür aufschließen, doch meine Hände zitterten so, daß ich eine ganze Weile brauchte, bis sie sich schließlich öffnete.

Großer Gott, das Bild, das ich zu sehen bekam, würde ich meinem ärgsten Feind nicht wünschen. An der Tür, direkt auf dem kalten Fußboden, schlief meine kleine Tochter. Verweint, bekleckert, naß. Offenbar hatte sie sich nicht wohl gefühlt in ihrem Gatter und es trotz ihrer Verstümmelung geschafft, sich über den Rand zu hangeln. Sie war auf den Fußboden gefallen und dort liegengeblieben. Die Kartoffeln in der Schüssel hatte sie nicht angerührt, die Milch ebensowenig, nur die Kekse waren über die Ofenbank verstreut. Folglich war Verunja, bald nachdem ich gegangen war, heruntergefallen, hatte fast den ganzen Tag auf dem Barackenfußboden zugebracht. Mein hilfloses, hungriges, unglückliches Kind...

Ich zürnte Gott und der Welt, heulte wie eine Wölfin, als ich die Kleine in die Arme schloß.«

»Herr im Himmel, erbarme dich unser«, flüsterte da die Nacht mit der verschwommenen Stimme Großmutter Valjas, »erbarme dich...«

»Du glaubst, das alles gab es nicht?« fragte Nadeschda böse in die Nacht hinein, doch die gab keine Antwort. Sie glitt leise zum vergitterten Fenster hin und verschwand hinter der trüben Scheibe, die vom Frühlingsregen verhangen war wie von Tränen.

Die Zelle erwachte.

Das Erwachen aber war der allerschwerste Moment.

Der Schlaf hatte die Frauen in ein anderes Leben entführt; bekannt oder unbekannt, farbig oder schwarz-weiß, fröhlich oder traurig – ganz egal, Hauptsache ein anderes.

Wo mochten sie gewesen sein, von wo kehrten sie zurück?

Weshalb begann Großmutter Valja den neuen Tag mit der Wehklage von gestern? Warum warf Schura ihre unförmigen Beine, die selbst am Morgen schon geschwollen waren, in einer Art Morgengymnastik so verbissen in die Luft? Sie glaubte felsenfest, die Gymnastik würde ihr helfen, und machte sich Vorwürfe, nicht immer die Kraft dafür zu finden. Jetzt fand sie die Kraft – hatte sie vielleicht von ihrer baldigen Niederkunft geträumt?

Weshalb schwieg die sonst so laute Irka? Starrte aus großen Augen an die schmutzige Zellendecke, die Hände unterm Kopf verschränkt, und verzichtete auf das übliche Morgengeschrei: ›Aufgestanden! Zur Meldung angetreten!‹ Sie lag still da. Was mochte der Schlaf ihr gebracht haben?

Oktjabrina kämmte sorgfältig ihr üppiges Haar, warf es von einer Seite zur anderen. Die langjährige Gewohnheit ließ sie selbst hier nicht los. Ihre Augen aber waren gequollen, halb verdeckt von den roten, gedunsenen Lidern – ein Tribut an die gestrigen Tränen, die auch die Säcke unter den Augen hatten anschwellen lassen. Grau schien ihr Gesicht in der grauen Morgendämmerung. Dennoch kämmte diese Frau ihr Haar, verwöhnte es, hätschelte ihren einzigen Reichtum.

Sina hatte schon ihre bescheidene Morgentoilette beendet, sie setzte sich zu Nadeschda, berührte sie sacht und fragte voll Mitgefühl: »Du hast ja so gestöhnt im Schlaf, hast du schlecht geträumt? Sei nicht traurig, und finde dich ab. Du mußt dir sagen, schlimmer kann's nicht mehr werden. Hör auf, dich zu quälen. Jedenfalls sind die Weichen nun gestellt. In drei Jahren ist dein Dimka größer geworden, die Leute werden ihn schon nicht im Stich lassen. Und Verunja wird gleichfalls auf Staatskosten gefüttert, wie hättest du allein die beiden denn durchbringen sollen? Denk mal ein bißchen an dich. Wenn du hier rauskommst, mußt du sowieso wieder rackern.«

Nadeschda gab auf Sinas mitfühlende Worte keine Antwort, sie schwieg, und so erhob sich die andere mit einem Seufzer, strich noch einmal über die graue Decke und ging wieder.

Das karge Frühstück war schnell beendet, danach zogen sich die langen Stunden zermürbenden Nichtstuns hin, das für alle hier ungewohnt war, die Frauen aufbrausen ließ und den Boden für schlimme, explosive Ausbrüche bereitete. Sie, die an Arbeit und Sorgen gewöhnt waren, sogar Irka, die Diebin, suchten krampfhaft nach einer Beschäftigung, um sich die Zeit zu verkürzen, an der es ihnen sonst immer chronisch mangelte und von der sie jetzt so unerträglich viel besaßen.

Irka, diesmal ungewöhnlich ernst, setzte sich zu Nadeschda, fragte leise: »Wirst du Berufung einlegen?«

Nadeschda zuckte schweigend mit den Schultern.

»Du solltest es tun«, sagte sie überzeugt, »leg Berufung ein. Manchmal geschehen noch Zeichen und Wunder. Bitte um Haftverschonung, vielleicht bewilligen sie's. Das soll vorkommen, ich kenne solche Fälle. Ich hab vorhin gehört, wie Sina dir einreden wollte, die Sache nicht so schlimm zu nehmen, der Staat würde sich schon um deine Kinder kümmern. Laß sie reden, das dumme Stück...«

Irka sprach leise, doch in der kleinen Zelle war selbst leisestes Flüstern zu vernehmen. Und so konnte Sina nicht an sich halten, rief beleidigt: »Ich red halt so, wie ich's verstehe. Was soll sie denn mit den Kindern anfangen? Halt du lieber die Klappe, Rumtreiberin. Du hast's gerade nötig, andre schlechtzumachen!«

Erstaunlicherweise schwieg Irka, verzichtete auf die

Gelegenheit, einen Streit vom Zaun zu brechen, die Langeweile zu vertreiben. Nicht einmal den Kopf drehte sie, sprach weiter auf Nadja ein: »Ja wirklich, leg Berufung ein. Mir wird's angst und bange um deine Kinder. Besonders um dein Mädchen. Ich bin schließlich gleichfalls verkrüppelt – sie hat keine Füße und ich keine Seele. Man hat mir die Seele genommen, wir sind beide Krüppel.«

Was war bloß mit Irka los? Sonst rüde, zynisch und mitleidlos, blies sie schon seit dem Morgen Trübsal. Nadja griff nach Irkas Hand und war erstaunt über dieses zarte, mädchenhafte Handgelenk, die kalte Leblosigkeit der weißen, zerbrechlichen Finger mit den deutlich hervortretenden blauen Adern.

»Laß gut sein, Irka, was hast du heute? Es kommt alles ins Lot, du bist doch noch jung. Jedenfalls dank ich dir für die guten Worte...«

Nadeschda wollte noch etwas Tröstendes sagen, doch in diesem Augenblick rief jemand durch die Türklappe: »Popkowa, raustreten, der Rechtsanwalt wartet!«

Irka zog hastig ihre Hand weg und spannte sich wie eine Saite. Das Schloß wurde klirrend geöffnet, und Oktjabrina sprang hastig auf. Doch sonst wurde niemand mehr gerufen, und Irka sackte wieder in sich zusammen, wandte sich von der Tür ab.

»Diese Hündin«, sagte sie gleichgültig, ohne Groll, und wandte das schmale Gesicht wieder Nadeschda zu. Ihre Augen hatten einen merkwürdigen Glanz, Schmerz flackerte darin, die Stimme aber blieb farblos: »Du wirst sehen, diese Hündin schafft es wieder mal, sich rauszuwinden.« Und unvermittelt, mit gellender Stimme: »Leg Berufung ein, dumme Trine, fleh sie an, dich zu deinen Kindern zu lassen, fleh sie an!«

Dieser Ausbruch sah Irka schon ähnlicher, doch damit war es dann auch getan. Sie erhob sich schweigend, setzte sich auf ihren angestammten Platz und starrte erneut reglos zum Fenster.

Ihr Verhalten war in einem Maße ungewöhnlich, daß die

Frauen in sich zusammenkrochen, gleichfalls schwiegen, nicht wußten, wie sie reagieren sollten. Auch Nadja war ratlos. Was hatte Irka dazu bewogen, sich als Beschützerin aufzuspielen?

Irka war nicht von ungefähr so unruhig gewesen, denn schon bald nach Oktjabrina wurde auch sie ohne Angabe von Gründen herausgerufen. Sie trottete zur Tür, welk und apathisch zur unrechten Zeit.

Alle warteten auf ihre Rückkehr. Schura nahmen diese Ereignisse ziemlich mit, sie atmete schwer, ging in der Zelle auf und ab, stemmte die Hände ins Kreuz, wodurch ihr noch nicht allzu dicker Bauch sich derb und häßlich vorwölbte und das verwaschene, vorn kürzere Kleid spannte.

Sina setzte sich erneut zu Großmutter Valja, und beide verfolgten wie große schwarze Krähen das Auf und Ab Schuras, begleiteten es mit fast synchronen Kopfbewegungen.

Auf Nadja achtete niemand. Nun also, die Berufung. Irka war der Meinung, sie sollte Berufung einlegen. Noch gestern war Nadja der festen Überzeugung gewesen, nichts zu unternehmen.

Ihr Recht auf Berufung bedeutete noch lange nicht, daß jemand darauf reagieren mußte. Wozu also neue Erniedrigungen, durch sie erlangte man kein Mitgefühl.

So war es gestern gewesen. Doch die Nacht hatte an dieser Position zu rütteln begonnen, und Irka hatte das Ihrige beigetragen. Irgendwer mußte doch imstande sein nachzuempfinden, zu begreifen, wie es zu alldem, zu diesem Axthieb gegen Georgij gekommen war.

Jenny Berthelius
Liebe und Tod

Seit achtundvierzig Stunden war er auf der Flucht. Die erste Nacht hatte er im Keller eines alten Hauses in der Nähe der Väster Sögade verbracht. Er hatte die ganze Nacht, an eine Wand gedrückt, stehend verbracht und sich nicht zu rühren gewagt. Jedesmal, wenn er draußen vor den kleinen Kellerfenstern Schritte hatte vorbeigehen hören, war er zusammengezuckt und hatte die Ohren gespitzt. Hatten sie sein Versteck gefunden? Kamen sie ihn holen?

Aber nichts war passiert, und in der Morgendämmerung hatte er den Weg zu einem kleinen Park am Stadtrand von Kopenhagen riskiert. Er hatte sich sogar in ein Geschäft gewagt und für sein letztes Geld Brot und Käse gekauft.

Er war, versteckt hinter dichtem Gebüsch, den ganzen Tag in diesem Park geblieben, und die Nacht hatte er dort dann, vor Kälte zitternd, im Liegen verbracht. Als er sicher war, daß niemand nach ihm suchte, war er wieder in die Stadt zurückgegangen und hatte sich mit aller Vorsicht in den Zug gestohlen, der nach Norden ging.

Der Zug war voller Flüchtlinge, aber er wagte keinen anzusprechen. Er stand im Gang und schaute in die herbstgraue Landschaft hinaus. Der Himmel hing dick voll Wolken, und gleich hinter Hilleröd begann es zu regnen.

Der alte Rabbiner der Gemeinde von Kopenhagen hatte ihm gesagt, wohin er sich wenden sollte, wenn er in Gilleleje ankam. Vorausgesetzt, er kam bis dorthin.

Vielleicht würde er es hinüber nach Schweden schaffen. Es war der 6. Oktober 1943, und die Deutschen kannten noch nicht alle Fluchtwege und Schlupfwinkel; es war die erste Woche der Massenflucht.

Jemand berührte seine Schulter, und er zuckte zusammen und drehte sich um. Er war froh, daß er bei der Berührung einen Aufschrei hatte unterdrücken können.

Hinter ihm stand eine junge Frau, etwa in seinem Alter, möglicherweise war sie etwas älter. Sie trug keine Kopfbedeckung und hatte glattes dunkles, zu einem losen Knoten aufgestecktes Haar. Ihre Augen unter den schön geformten Brauen waren grau und voll Ruhe.

Es kam ihm merkwürdig vor, einem Menschen zu begegnen, der ohne Angst zu sein schien.

Sie sagte: »Entschuldigung, wissen Sie vielleicht, wann dieser Zug in Gilleleje ankommt?«

»Um fünf Uhr«, erwiderte er. »Ich will auch dorthin.«

Für einen Augenblick blieb sie bewegungslos stehen, dann warf sie einen kurzen Blick über die Schulter und sagte leise: »Wissen Sie, ob die Züge auf dieser Strecke durchsucht werden?«

»Ich glaube nicht«, antwortete er. »Noch nicht.«

»Ich habe Angst«, sagte sie.

Er trat etwas näher an sie heran, als könne er ihr allein durch die Wärme seines Körpers eine Spur Sicherheit geben.

»Ich habe auch Angst«, sagte er. »Alle haben Angst. Aber jetzt sind wir bald da, es sind nur noch zwei Stationen: Grästed und Parup, und dann Gilleleje. Wir steigen in Parup aus und gehen zu Fuß nach Gilleleje. Das ist sicherer.«

Sie stellte sich neben ihn ans Fenster und sah auf die regennassen Felder hinaus. Die Hände hatte sie tief in den Manteltaschen vergraben. Sie war fast so groß wie er.

»Haben Sie Hunger?« fragte er. »Ich habe Brot und Käse.«

Sie schüttelte den Kopf.

»Ich könnte jetzt nichts hinunterbringen«, sagte sie. »Erst wenn wir dort sind. Wissen Sie, wie wir auf ein Schiff kommen?«

»Ja«, antwortete er. Und er war stolz, daß er ihr helfen konnte. »Und ich weiß auch, wo wir uns heute nacht verstecken können.«

Es war plötzlich ganz natürlich und selbstverständlich, daß sie den Weg gemeinsam fortsetzen würden.

»Ich heiße Benjamin«, sagte er. »Benjamin Gollantz. Ich bin aus Kopenhagen.«

»Ich heiße Rachel Lewin«, sagte sie. »Ich bin aus Hilleröd.«

Sie lächelten einander zu und nickten förmlich, als hätten sie sich unter ganz normalen Umständen kennengelernt.

Der Zug rollte unter dem dunkler werdenden Himmel dahin.

Trotz der vielen Reisenden war es in den Waggons seltsam still; die Flüchtlinge verhielten sich so ruhig wie möglich und sprachen kaum. Es war, als hofften sie, nicht entdeckt zu werden, wenn sie sich still und ruhig verhielten; als könnten sie dadurch eine Art Unsichtbarkeit erlangen.

»Meinen Sie, wir werden es schaffen?« fragte das Mädchen und lehnte die Stirn an die Fensterscheibe.

Benjamin zuckte die Schultern.

»Viele sind bis jetzt durchgekommen. Aber viele sind auch erwischt worden. Wissen Sie, was die Deutschen mit den Leuten machen, die sie erwischen?«

»Nein.«

»Sie bringen sie in überfüllten Viehwaggons nach Süden. In Theresienstadt haben sie Auffanglager.«

»Was passiert dann?«

»Das weiß niemand. Falls der Krieg bald aus ist, kommen manche vielleicht zurück. Haben Sie Familie?«

»Nein«, sagte sie. »Ich bin allein. Und Sie?«

»Meine Eltern und meine Geschwister konnten früher weg als ich«, sagte er. »Ich glaube, sie haben es hinüber nach Schweden geschafft. Aber sicher bin ich nicht.«

»Was machen wir, wenn wir nach Gilleleje kommen?« fragte sie. »Geht man einfach zum Hafen und versucht ein Schiff zu finden? Und was kostet das?«

»Jeder bezahlt, was er kann«, erwiderte er. »Wer kein Geld hat, darf so mitkommen. Wir werden uns in der Kirche verstecken, bis wir Bescheid bekommen, daß die Boote ablegen können. Die Deutschen haben dieses Versteck noch nicht entdeckt. Aber wir können erst hingehen, wenn es dunkel ist. Und man muß das Losungswort kennen, um eingelassen zu werden.«

»Kennen Sie es?«

»Ja«, erwiderte er stolz. »Es heißt HOFFNUNG. Das Kirchentor öffnet sich nur denen, die dieses Losungswort wissen. Die Leute aus dem Dorf bringen Essen und Decken, und um Mitternacht gehen alle hinunter zu den Booten.«

»Davon habe ich überhaupt nichts gewußt«, sagte das Mädchen. »Ich bin auf Gedeih und Verderb losgezogen. Ich bin froh, daß ich Sie getroffen habe; zu zweit fühlt man sich einfach sicherer.«

Er drückte leicht ihre Hand und sagte beruhigend: »Wir schaffen das schon.«

Sie waren die einzigen Reisenden, die in Parup ausstiegen. Ein scharfer Wind kam aus Süd, und es regnete jetzt heftiger. Im Eilschritt liefen sie über die nassen Wiesen.

In der Ferne sahen sie Gilleleje liegen, das sich unter den Regenwolken duckte, und sie konnten das bleigraue Wasser sehen, das Freiheit und Rettung bedeutete.

Sie näherten sich einem Bauernhof, und Benjamin meinte: »Wir könnten dort fragen, ob wir bleiben dürfen, bis es dunkel ist. Fast alle Menschen stehen hier auf unserer Seite – gegen die Deutschen. Aber am sichersten ist es wohl, Fremden nicht zu trauen. Sind Sie sehr müde?«

Das Mädchen schüttelte den Kopf.

»Es geht. Eine Weile halte ich schon noch durch.«

Benjamin schaute sich nervös um.

»Aber verstecken müssen wir uns bis zum Einbruch der Dunkelheit«, bemerkte er. »Die deutschen Suchtrupps sind ständig unterwegs.«

Er entdeckte weiter drüben eine baufällige Scheune.

»Kommen Sie«, sagte er. »Wir verstecken uns einstweilen in dieser Scheune. Wir ruhen uns dort aus. Und etwas essen können wir auch.«

»Haben Sie eine Ahnung, wie viele Leute sich heute nacht in dieser Kirche verstecken?« fragte sie.

»Das weiß ich nicht. Fünfzig oder hundert oder vielleicht sogar mehr? Sie können auf dem Dachboden lagern, aber sie müssen ganz still sein und dürfen kein Licht machen. Sie müssen sitzend oder liegend im Dunkeln warten. Aber wenn wir zwei beisammen bleiben, wird es zu ertragen sein.«

Sie waren bei der Scheune angelangt; Benjamin schob die Tür auf und ging hinein. Er riß ein Streichholz an und sah sich um. Das Dach war nicht dicht und die Fenster kaputt, aber in einer Ecke lag ein Haufen Stroh. Sie setzten sich hinein, und das Stroh war trocken, der Regen tropfte in dieser Ecke nicht durchs Dach.

Benjamin nahm sein Messer heraus und schnitt damit ein Stück Brot und Käse ab.

»Jetzt wird erst einmal gegessen«, sagte er in einem Ton, der munter klingen sollte. »Ich hoffe, Sie lassen sich von mir zum Abendbrot einladen. Unsere erste gemeinsame Mahlzeit.«

Er reichte ihr Brot und Käse und schnitt sich selbst auch Stücke ab. Sie begannen zu essen, und für ihn war es fast eine symbolische Handlung.

Menschen, die das Brot in dieser Weise miteinander teilen, werden sich nie wieder trennen können, dachte er.

Er zündete nervös ein neues Streichholz an und schaute auf seine Armbanduhr. Sie zeigte zehn Minuten vor sechs. Es wurde jetzt schnell dunkel; durch eines der Fenster konnte er sehen, daß der Himmel schon fast schwarz war.

»In etwa einer Stunde werden wir wohl zur Kirche aufbrechen können«, sagte er. »Frieren Sie?«

»Ein wenig.«

Er stand auf und zog seinen Mantel aus und legte ihn ihr und sich lose um die Schultern. Er rückte näher zu ihr hin und legte ihr den Arm um die Hüfte.

»So ist es vielleicht ein bißchen wärmer?« meinte er.
»Ja.«
Er hielt sie ganz fest, fester als er je einen Menschen gehalten hatte. Eine Strähne ihres langen, dunklen Haares hatte sich aus dem Knoten gelöst und kitzelte ihn am Hals. Er schloß die Augen und lehnte den Kopf an die Wand. Sie hatte ihre Wange an seine gelegt, und sie saßen unbeweglich und schweigend da und lauschten dem Rieseln des Regens.

Trotz all der Angst, die ununterbrochen in ihm war, erfüllte Benjamin eine Art Dankbarkeit. Er war allein gewesen, er hatte Angst gehabt, war seiner Furcht und seinen Phantasien ausgesetzt gewesen. Er hatte sich kaum zurechtgefunden und war unglücklich gewesen.

Doch nun hatte er Rachel gefunden. Was immer geschah, sie waren zu zweit.

Jemand hatte seine Schritte gelenkt, und er hatte sich zur rechten Zeit im richtigen Wagen im richtigen Zug befunden. Es schien unglaublich und phantastisch, aber es war dennoch geschehen.

Wir werden später über alles miteinander reden, dachte er. Wenn wir in Sicherheit sind, in Schweden. Wir werden einander alles erzählen, wir werden uns Zeit lassen und einander kennenlernen, einander entdecken. Wir haben das ganze Leben vor uns.

Aber im Augenblick genügt es, daß wir hier zusammen im Dunkeln sitzen, nah beisammen, wir zwei allein.

Ich liebe dich, dachte er, und der Gedanke entsprang einem ganz starken Gefühl mit solcher Kraft, daß er für einen Augenblick glaubte, die Worte laut ausgesprochen zu haben.

»Bald ist es vollkommen dunkel«, stellte sie fest und bewegte sich kaum spürbar.

»Wir warten noch ein Weilchen, ehe wir gehen«, sagte er. Er wollte den kostbaren Augenblick so lange wie möglich ausdehnen.

Es war ganz dunkel, als sie aufstanden und ihre steifen Glieder reckten, um dann hinaus in den kalten, strömenden Regen zu gehen.

»Hoffentlich kommen wir in die Kirche hinein...«, sagte er. Er beendete den Satz nicht. Er dachte daran, daß sie viele Stunden dort würden sitzen müssen, vielleicht die ganze Nacht und den ganzen darauffolgenden Tag und dann noch eine weitere halbe Nacht. Aber alles würde gehen, wenn sie nur beisammenbleiben durften.

Als sie sich der Kirche näherten, hörten sie Schritte und nahmen eine Gruppe Menschen wahr, die aus der entgegengesetzten Richtung kam. Der Wind war stärker geworden, und Benjamin beschleunigte den Schritt, um so schnell wie möglich unter ein Dach zu kommen. Er hielt die Hand des Mädchens fest umschlossen und zog sie durch den Sturm hinter sich her.

Vorn klopfte einer fest an das Tor, und eine Stimme aus dem Inneren der Kirche fragte nach dem Losungswort. Dann wurde das schwere Eichenportal geöffnet und hinter der kleinen Menschengruppe wieder geschlossen.

Jemand zeigte ihnen die Treppe, die auf den Dachboden führte, und einer hinter dem anderen stiegen sie hinauf. Benjamin stolperte und ließ die Hand des Mädchens los. Die anderen drängten von hinten nach, und er überwand hastig die letzten Stufen und erreichte den Bodenraum. Es war dunkel hier oben, aber er konnte doch erkennen, daß viele Menschen da waren. Er bewegte sich mit großer Vorsicht und tastete sich weiter, bis er einen Platz gefunden hatte, wo er sich setzen konnte.

»Rachel«, rief er halblaut. »Rachel, hier bin ich.«

Sie gab keine Antwort, und er rief lauter, bis die anderen ihn mahnten, leise zu sein. Da ging er von Gruppe zu Gruppe und fragte nach ihr.

Sie wird irgendwo schlafen, dachte er. Sie war so übermüdet und hat sich hier oben sicher sofort hingelegt. Morgen, wenn es hell wird, finde ich sie.

Er legte sich auf den harten Bretterboden und schlief fast unmittelbar ein.

Nach wenigen Stunden wachte er zitternd vor Kälte auf. Er hatte ein Geräusch gehört. Ihm war, als hätte jemand ans Kirchentor geklopft. Er kroch zu einem der Dachfenster und schaute hinaus. Es dämmerte schon, und der Regen hatte aufgehört.

Unten standen deutsche Soldaten mit Maschinengewehren. Sie waren dabei, zu beiden Seiten des Weges, der zur Kirche führte, Scheinwerfer zu montieren. Benjamin weckte die Flüchtlinge in seiner Nähe, und bald war alles wach; man hatte sich an leichten Schlaf gewöhnt, gleich gejagten Tieren.

»Die Deutschen sind da«, sagte eine alte Frau gelassen.

»Ich hoffe, es läßt sie jemand herein. Damit es schnell geht.«

Sie wurde erhört, es ging schnell. Scheinwerfer wurden aufgeblendet, und der deutsche Kommandant brüllte, die Kirche sei umstellt und alle, die sich darin befänden, sollten herauskommen. Das Portal wurde gesprengt, und die Soldaten stürmten über die Treppe auf den Dachboden.

Benjamin hatte seinen Schlafplatz unter einer kurzen Leiter gefunden, die weiter nach oben führte. Als die ersten Deutschen mit leuchtenden Taschenlampen auf den Boden kamen, kletterte er hastig die wenigen Sprossen hinauf.

Er hatte automatisch gehandelt, gegen seinen Willen. Denn er wollte ja nicht ohne Rachel entkommen.

Die Leiter führte ins Gestühl, das nach allen Seiten offen war. Über seinem Kopf hingen die schweren erzenen Glocken, und unten, auf dem Weg, der von der Kirche zu dem weißen Holztor führte, sah er, wie die Flüchtlinge von den Soldaten weggetrieben wurden.

Als es hell wurde, saß er noch immer in seinem Versteck. Er war ganz steif, und alles tat ihm weh, Hände und Füße waren von der Kälte gefühllos geworden, und er fühlte sich eins mit dem Stein, der sich in seinen Rücken bohrte, und mit den stummen Glocken über seinem Kopf.

Er hatte aufgehört, ein Mensch zu sein – er war ein toter Gegenstand, ein Auswuchs am Körper der Kirche.

Hin und wieder schlummerte er ein, wachte aber gleich wieder auf, weil sein Leib von anhaltenden Schauern geschüttelt wurde.

Am Morgen fand ihn der Küster. Er konnte sich nicht bewegen, aber irgendwie gelang es zwei Männern, ihn nach unten zu bringen. Während sie ihn halb trugen, halb über den Dachboden schleppten, sah er die Sachen, die von den Flüchtlingen vergessen oder absichtlich zurückgelassen worden waren: Kleidungsstücke, Brillen, ein weißes Haarband, einen Regenschirm.

Keiner von ihnen wird je wieder für diese Dinge Verwendung haben, dachte er.

Den ganzen Tag durfte er in der Tenne eines langgestreckten Stallgebäudes schlafen, das einem Wagner gehörte. Weich ins Stroh gebettet lag er unter einer dicken Decke. Er bekam zu essen, und als es Abend wurde, fühlte er sich erholt und ausgeruht.

Er versuchte zu erfahren, was mit Rachel war, aber der Wagner sagte, daß alle, die in der Kirche Unterschlupf gefunden hatten, weggebracht worden seien. Benjamin sei als einziger entkommen.

Er nickte stumm, als er das hörte. Er hatte längst gewußt, daß es sich so verhalten mußte. Er liebte sie – und er würde sie nie mehr wiedersehen. Das Märchen ihrer Liebe hatte sich im Verlauf weniger Stunden abgespielt: Sie waren einander begegnet, hatten einander leise berührt und sich für immer getrennt.

Der Wagner fuhr fort: »Jetzt können wir die Kirche nicht mehr als Unterschlupf verwenden. Wir müssen in Zukunft alle Flüchtlinge an anderen Orten verbergen: in leeren Sommerhäusern, in Ställen und Scheunen, in Kellern, unter dem Dach. Die Deutschen haben die Überwachung verschärft, und immer öfter kommen Wachtrupps hinunter zum Hafen und durchsuchen die Fischerboote. Aber einstweilen werden noch allnächtlich viele Flüchtlinge hinüber nach Schweden verschifft. Wenn du abwartest, wird auch für dich Platz sein.«

Benjamin ließ sich, als er wieder allein war, auf sein Strohlager zurücksinken. Mit weit offenen Augen sah er zur Decke hinauf. Er dachte an Rachel und daran, wie es wohl wäre, wenn sie bei ihm unter der warmen Decke läge. Er dachte daran, wie es gewesen wäre, wenn sie hätten zusammensein können wie andere Liebende; spazierengehen, tanzen, zusammen schlafen. Gemeinsam aufwachen in einem Bett mit sauberen weißen Bezügen.

In Liebe zusammen leben, ohne Angst vor dem nächsten Tag.

Er vermißte sie, aber er fühlte sich, absurderweise, doch ruhig und fast glücklich. Er war ihr begegnet, war für einige kurze Stunden mit ihr beisammen gewesen.

Das war, trotz allem, phantastisch.

Und er würde sie wiederfinden, irgendwann, wenn der Krieg zu Ende war. Er wollte überall nach ihr suchen, bis er sie schließlich fand. Und sollte es sein ganzes Leben dauern.

Er schlief wieder ein und verschlief einen Teil des Abends. Er träumte, sie käme zurück, käme über eine blühende Sommerwiese auf ihn zu.

»Rachel«, murmelte er und bewegte sich im Schlaf. »Rachel, ich wußte...«

Er wurde davon wach, daß jemand seinen Namen flüsterte, und er setzte sich auf.

»Ja?« sagte er. »Wer ist da?«

»Ich heiße Gold«, sagte die Stimme. »David Gold. Ich habe einen Auftrag für dich. Ich bin zu alt, um ihn selbst auszuführen.«

»Was für einen Auftrag?« fragte Benjamin mißtrauisch.

»Die Flüchtlinge wurden heute nacht von einem Spitzel verraten«, sagte die Stimme. »Wir wissen, wer es gewesen ist. Und jetzt müssen wir uns rächen.«

»Ja«, sagte Benjamin.

»Du bist jung«, fuhr die Stimme fort. »Du bist stark. Wir wollen, daß du es tust.«

»Ja«, sagte Benjamin.

Gold beugte sich näher zu ihm und erklärte ihm, was er zu tun hatte. Er sollte den Spitzel mit einem deutschen Bajonett töten. Er sollte sich von hinten an den Verräter heranschleichen und zustechen.

»Glaubst du, daß du es schaffst?« fragte Gold. »Du mußt dir im klaren sein, daß du ein großes Risiko eingehst. Die Deutschen sind ganz in der Nähe.«

»Meine Braut war unter denen, die von diesem Denunzianten verraten wurden«, sagte Benjamin. »Ich gehe jedes Risiko ein; es spielt keine Rolle.«

»Gut«, sagte Gold. »Du wirst genaue Anweisungen erhalten, wie du vorgehen sollst.«

»Ich werde tun, was von mir verlangt wird«, sagte Benjamin mit fester Stimme.

Endlich konnte er seiner Meinung nach in dem, was geschehen war, einen Zusammenhang erkennen: die Flucht aus Kopenhagen, die Begegnung mit Rachel, die Nacht in der Kirche. Zum Schluß die wunderbare Rettung. Und jetzt – das. Er würde sich an dem Kerl rächen dürfen, der sie verraten hatte.

Die Zeit verging langsam. Benjamin saß an dem winzigen Fenster und schaute hinaus in die Nacht. Irgendwo dort auf der Dorfstraße würde der Mann kommen, der ihm die Waffe und die endgültigen Instruktionen brachte. Dann würde er, Benjamin, seinen Auftrag ausführen, schnell und lautlos und ohne mit der Hand zu zittern. Wenn es getan war, würde er zum Hafen laufen, wo ein Fischerboot wartete, um ihn und eine Zahl anderer Flüchtlinge hinüber nach Schweden zu bringen.

Vorausgesetzt, er kam so weit. Es spielte für ihn kaum noch eine Rolle, ob er die Freiheit erlangte oder nicht.

Er hatte nichts zu verlieren.

Endlich war dort unten ein Schatten zu erkennen; er war nur eine Ahnung dunkler als die ihn umgebende Nacht. Nicht der geringste Laut war zu hören, als der Mann sich dem Stall näherte; die Flüchtlinge hatten längst gelernt, sich lautlos zu bewegen.

Benjamin kletterte die Leiter hinunter und trat dem Mann unten im Stall gegenüber.

»Hier ist dein Bajonett«, flüsterte der Mann, und Benjamin fühlte, wie ihm etwas Kaltes, Hartes in die Hand gedrückt wurde.

»Komm«, sagte der Mann. »David Gold hat am Hafen hinter dem letzten Bootsschuppen ein Treffen mit dem Verräter vereinbart. Er hat ihm gesagt, er habe neue Informationen über die Verstecke der Flüchtlinge zu überbringen.«

In dem schwachen Sternenlicht sah Benjamin, daß der Mann hinkte und sich ruckweise bewegte.

Als hätte der Mann seine Gedanken erraten, sagte er:

»Ich hätte es selbst getan, wenn ich könnte. Aber ich bin in deutscher Gefangenschaft gewesen, und die Deutschen haben mich zu dem gemacht, was ich heute bin.«

Benjamin schwieg. Er wußte, was die Männer des Widerstandes erwartete, wenn die Deutschen sie erwischten.

Nun waren sie unten am Hafen, und der Mann zeigte auf den am weitesten entfernten Bootsschuppen.

»Dort«, sagte er. »In wenigen Minuten. Komm zu dem großen weißen Boot am Kai, sobald alles erledigt ist. Es läuft sofort aus, wenn du an Bord bist. Viel Glück.«

»Danke«, murmelte Benjamin.

Er ging auf den Bootsschuppen zu. Im schwachen Sternenlicht sah er auf die Uhr. Nur noch wenige Minuten, bis der Verräter kommen sollte.

Wenn er überhaupt kam. Vielleicht war er gewarnt worden; vielleicht war das Ganze eine Falle.

Dann konnte man auch nichts machen. Benjamin umklammerte den Bajonettgriff und zog sich in den Schatten zurück. Er stand unbeweglich im Dunkeln, atmete kaum.

Endlich hörte er draußen Schritte.

Jetzt, dachte er.

JETZT.

Er ging lautlos zur Öffnung des Schuppens und sah im schwachen Licht die Umrisse eines Menschen.

Jetzt, dachte er wieder. JETZT.

Er hob das Bajonett und stieß mit aller Kraft zu. Das ist für Rachel, dachte er. Für den, der sie verraten hat.

Der Körper fiel nach vorn, leise wie eine Stoffpuppe. Knickte ein und fiel; es war fast zu leicht gegangen. Benjamin stolperte über die reglose Gestalt, als er den ersten Schritt Richtung Hafen tat.

Das große weiße Boot lag am Kai und ruckte träge an den Tauen. Ein Mann stand ganz in der Nähe, und Benjamin erkannte die gebeugte Gestalt.

»Erledigt?« fragte der Mann.

»Ja.«

»Dann an Bord mit dir. Um die Leiche können sich andere kümmern.«

Benjamin sprang in das Boot, und im selben Augenblick lief der Motor an.

Es ist getan, dachte er. Ich habe es geschafft. Ich habe mich des Vertrauens aller dieser Menschen hier würdig erwiesen.

Ein Arzt und einige Mitarbeiter des Roten Kreuzes nahmen die Flüchtlinge am Kai von Höganäs in Empfang. Sie wurden zu einer Schule gebracht und mußten sich dort einer kurzen ärztlichen Untersuchung unterziehen. Dann brachte man sie in einen Turnsaal, der vorübergehend als Schlafsaal diente.

Benjamin sank auf das Bett, das ihm zugewiesen war. Er fühlte sich sterbensmüde. Ihm war, als hätte die von ihm ausgeführte Tat völlige Leere in ihm hinterlassen;

hätte seinen Körper des Blutes beraubt und sein Gehirn der Gedanken. Er wollte schlafen und nie wieder aufwachen.

Der Mann aus Gilleleje hinkte auf ihn zu, und Benjamin konnte jetzt sehen, daß er an der rechten Hand keine Fingernägel hatte, und daß sein Gesicht durch eine Narbe quer über die Wange entstellt war.

»Ich möchte dir nur danken«, sagte der Mann. »Keiner von denen, die das alles hier mitgemacht haben, wird je vergessen, was du getan hast.«

»Wer war er?« fragte Benjamin und stützte sich auf den Ellbogen. »War es ein Däne?«

Der Mann nickte.

»Eine Dänin, Nazi und Mitläuferin«, sagte er gequält. »Sie hat lange für die Deutschen gearbeitet, aber erst gestern haben wir erfahren, wer sie war. Sie hieß Randi Nielsen, aber sie hat sich als Jüdin ausgegeben. Sie nannte sich Rachel Lewin. Dir ist es zu verdanken, daß es mit dieser Verräterin zu Ende ist.«

Eva Kačirkova
Versicherung gegen den Tod

Irina lag auf einer breiten Matratze, die mir in meiner kleinen Mansardenwohnung als Bett diente. Ich hatte meine schwarzweiß gestreifte Decke über sie gebreitet.

Ihr langes rotes Haar hing über das schwarze Kissen, ihre Pulsadern traten hervor, das Gesicht war rot angelaufen und ihre Augen standen halb offen, so daß man nur das Weiße sah. Sie atmete rasch und mühsam.

Wieder einmal maß ich ihr den Puls. Er war schneller geworden seit der letzten Messung vor einigen Minuten, als ich beschlossen hatte, die Rettung zu rufen.

Die Fensterflügel, die ich geöffnet hatte, damit Irina mehr Luft bekam, bewegten sich mit leisem Knarren hin und her. Es waren altmodische Fenster, die nach außen aufgingen, und ich stand auf und stopfte altes Zeitungspapier in den Spalt. In das Pfeifen des Windes mischte sich jetzt der klagende Signalton der Rettung, die mit ihren grellen Scheinwerfern die dunkle Weinbergerstraße erhellte. Sie fuhr schnell, ohne das Glatteis zu berücksichtigen, das sich gegen Abend gebildet hatte.

Ich rannte zur Tür, auf den kleinen Vorplatz der Eisentreppe, die mich an die primitiven Feuerleitern erinnerte, die man häufig in amerikanischen Filmen zu sehen bekam.

Mein Kopf stieß gegen die straff gespannte Wäscheleine, die ich hier vergessen hatte.

Unten, im nicht eben sauberen Hof, ertönte lautes Fluchen. Unverkennbar, die grobe Stimme Doktor Jechs, den die Patienten anhimmelten, der aber bei den Studenten und dem Krankenhauspersonal nur der »Bluthund« hieß. Ich gehörte zu letzterem.

»Verdammt, warum muß ausgerechnet ich heute Notdienst haben«, fluchte Doktor Jech, und ich dachte dasselbe.

Als er mich erkannte, blitzten seine Augen böse hinter der dicken Brille auf. »Falls du dir da so eine verrückte Nudel auf deine Bude geschleppt und sie betrunken gemacht hast und sie dir jetzt ein Theater macht, dann wird dich das teuer zu stehen kommen. Darauf kannst du Gift nehmen.«

Ich erzitterte bei diesen Worten. »Ich hab' sie nicht betrunken gemacht«, sagte ich um Fassung bemüht, »und sie macht kein Theater. Es handelt sich um Irina Vikova, Sie wissen schon... und es geht ihr wirklich verdammt schlecht. Herzrasen und...«

Doktor Jech schob mich beiseite und schnaufte die Treppe hoch. Ich folgte ihm langsamer. Mein Puls jagte wie der Irinas. Hundertachtzig pro Minute beim letzten Messen.

Als ich mein Zimmer erreicht hatte, hielt der Arzt schon Irinas Handgelenk umfaßt und fixierte dabei seine Uhr. Nach einer Weile drehte er sich zu mir um. »Hundertfünfundachtzig...«, sagte er. Sein Blick schweifte hinüber zu der halbleeren Flasche Gin und den leeren Gläsern daneben.

»Wieviel hat sie davon getrunken?«

»Ein Glas mit Tonic, das meiste hab' ich getrunken«, sagte ich teils wahrheitsgetreu, teils gelogen. »Ich hab' sie vor ungefähr einer Stunde auf der Weinbergerstraße getroffen, und da war sie schon ein bißchen angeheitert.«

»Hat sie vielleicht irgendwelche Tabletten genommen?« bellte er ungeduldig.

»Nein.« Wieder sagte ich nur die halbe Wahrheit.

»Na ja, sie muß weg hier... aber auf der verdammt schmalen Eisentreppe werden wir sie nicht mit der Notliege abtransportieren können... Du mußt mir helfen, sie hinunterzuschleppen.«

Vorsichtig schob er seine Arme unter Irinas Rücken und hob sie hoch. Ich packte sie ungeschickt an den Beinen, und so machten wir uns daran, sie auf etwas abenteuerliche Weise nach unten zu bringen. Ich schloß weder ab, noch machte ich das Licht aus. »Auf die Intensivstation!« rief der Doktor dem Fahrer zu, der, als er uns kommen sah, die Zigarette aus dem Mund nahm und zu Boden warf. Dann öffnete er uns rasch die Tür.

Im Grunde genommen war ich jetzt sogar froh, daß Doktor Jech Notdienst hatte, denn er hatte Irina Vikova im vergangenen Jahr schon dreimal in der Klinik behandelt. Jedesmal war sie wegen einer akuten Herzgeschichte eingeliefert worden. Doktor Jech behauptete, daß die Patientin unter einem Funktionsfehler des Herzmuskels litt.

Die anderen Ärzte dagegen hatten ihre eigene Version hinsichtlich Irinas Krankheit. Ihrer Meinung nach war die hübsche Achtundzwanzigjährige, die mit einem fünfundfünfzigjährigen überarbeiteten Manager verheiratet war, vielmehr hysterisch und neurotisch; sie meinten, daß der Ehemann dringender einer Behandlung bedurft hätte als sie. Das hatte ich mir übrigens auch gedacht, als ich sie näher kennenlernte – und ich habe sie wirklich sehr gut kennengelernt.

»Du kommst mit uns, Doktorchen«, befahl mir Jech. Ich erschrak zuerst, aber dann war es mir eigentlich angenehm, denn auf diese Weise konnte ich bei Irina bleiben.

Ich setzte mich neben sie. Sie atmete immer noch sehr schnell, aber ein wenig leiser. Vielleicht kam es mir auch nur so vor, weil der Wind so laut pfiff. Der Wagen setzte sich mit aufheulender Sirene in Bewegung.

Eigentlich war die Bezeichnung »Doktorchen« nicht ganz richtig. Für viele der meist älteren Patienten im Krankenhaus war ich schon jetzt der »Herr Doktor«, auch wenn ich erst fünf Semester hinter mir hatte. Für die Kollegen und Schwestern war ich einfach »Honza«. Ich heiße zwar Jan, aber seit jeher werde ich »Honza« gerufen. Die fünf Semester des Medizinstudiums hatte ich ziemlich glatt und ohne Probleme hinter mich gebracht. Bis dann gegen Ende des sechsten Semesters alles platzte. Ich unterbrach das Studium und arbeitete fünf Monate lang als Krankenpfleger. In ein paar Wochen fängt die Uni wieder an, und da ich ja kein ausgesprochener Trottel bin, werde ich es beim nächsten Anlauf sicher schaffen. Es war einfach idiotisch, daß ich plötzlich zu saufen angefangen und mir dadurch alles versaut hatte. Aber jetzt bin ich dank der Hilfe Gottes und der Pharmazie über diese Hürde weg.

Gegen Irina, diese Kreatur, die nur geschaffen war, um zu lieben oder zu vernichten, gibt es leider kein Gegenmittel. Irina war vielleicht mit Blut vergleichbar. Entweder du hast es und lebst – oder du hast keines und stirbst. Ihretwegen war ich vom vergangenen Mai an bis Weihnachten dem Sterben näher gewesen. Und es half nichts, daß ich den Blutverlust durch Alkohol ersetzte.

Erst mit meinem Vorsatz zu Neujahr begann meine Genesung. Und je länger die Tage wurden, desto mehr besserte sich auch mein Zustand...

Und ausgerechnet heute, am 21. Januar, mußte ich dich bei der Weinberger Markthalle wieder treffen. Deine Wangen waren vom Wind gerötet, und du hattest den kurzen, weißen Pelzmantel eng um deinen Körper geschlungen. An deiner Seite wankte ein Mann und führte dich zu einem dieser großen Schlitten, die ich mir wohl nie werde leisten können. Nicht einmal zehn Jahre nach der Promotion.

Ich wollte mich schon wegdrehen, aber da hörte ich deine teuflisch erotische Stimme schreien: »Nein, ich werde nicht mitfahren!« Dein Aufschrei kam in dem Moment, als du mich erblickt hattest. »Honza...« Deine Augen strahlten plötzlich vor Freude, du drücktest den Kerl mit einer ablehnenden Geste buchstäblich gegen seinen Wagen und kamst auf mich zu. Ich durchschaute sofort, daß das ein Trick der Bienenkönigin war, mit dem du gleichzeitig zwei unnütze Männchen liquidieren konntest. Ich war einer der beiden.

Ich stand jetzt in dem schmalen Korridor vor der Herzstation, wo wir Irina hingebracht hatten, und wartete.

Ich spitzte die Ohren wie zwei Radarempfänger, aber ich konnte trotzdem nicht ausmachen, was sich hinter der

Tür abspielte. Nach einer Weile kam der junge, ein wenig aufgeblasene Doktor Kostal heraus. Er warf nur einen kurzen, abschätzigen Blick in meine Richtung, bevor er im Ärztezimmer verschwand.

Es dauerte nicht lange bis er wieder erschien. Er hatte den Mantel über die weiße Uniform gezogen und eilte dem Ausgang zu. Kurz darauf hörte ich das Aufheulen einer Sirene.

Mit Genugtuung stellte ich fest, daß der alte Doktor Jech den jungen Kollegen zum Einsatz abkommandiert hatte, um sich weiter persönlich um Irina kümmern zu können. Vermutlich wollte er feststellen, ob der Kollaps seine frühere Diagnose bestätigte.

Ich selbst, obwohl mich natürlich niemand um meine Meinung fragen würde, teilte eher die Überzeugung der meisten anderen Ärzte, daß die schöne Irina Vikova – sie war zum Verzweifeln schön, hauptsächlich aber zum Verzweifeln verhätschelt und launisch – sich mit ihrem weitaus älteren Ehemann langweilte. Sie schien sich in die Rolle einer Romanheldin von Remarque hineinzusteigern, deren Zeit ablief und die von einem zum anderen Tag lebte und sich alles erlauben durfte, was sie wollte.

Wie sich dieses ganze Theater auf ihren Ehemann auswirkte, interessierte mich herzlich wenig. Aber als sie damals, bei ihrem ersten Spitalsaufenthalt, ihre schönen Augen auf mich geworfen hatte, war ich ihr mit Haut und Haaren verfallen. Es war, als ob sie über magische Kräfte verfügte... als ob ich mich dem Teufel ergeben hätte.

Freilich war es damals nicht bei den Blicken ihrer schönen Augen geblieben. Sie hatte mich in ihren Krallen, und ich fügte mich.

Schon als sie aus der Intensivstation entlassen wurde, wußte ich, daß es mit uns nicht gutgehen konnte. Aber ich tat alles, was in meinen Kräften stand... und wenn sie zu versagen drohten, half mir die »Droge« Irina. Um nichts in der Welt wollte ich dieses Spiel beenden.

Danach kam sie noch zweimal ins Krankenhaus. Mitte März und Anfang Mai. Nach der Entlassung bestand sie darauf, daß man ihr eine Kur verschrieb. Und sie bekam sie. So schwang ich wie das Pendel einer Uhr zwischen Prag und Podebrady, dem Kurort, wo sie mit großem Talent die Kameliendame spielte, hin und zurück.

»Du solltest nicht so ausschließlich an mich denken, Honza«, mahnte sie mich oft bei meinen Besuchen. »Du solltest lieber für deine Prüfungen lernen.«

Ich fand ihre plötzliche Ablehnung ein wenig merkwürdig. Doch ich begriff schlagartig, als ich sie eines Tages bei meiner Ankunft in den Armen eines Kerls überraschte, der aussah wie ein Orang-Utan. Angeblich war er ein Bildhauer aus der Stadt. Mir kam er eher wie ein Steinmetz vor, der Grabsteine meißelte, und mir fehlte der Mut, ihm die Visage zu polieren.

Kaum war Irina von der Kur zurück, verreiste sie erneut. Diesmal mit ihrem Ehemann.

Ich fiel bei den Prüfungen durch und begann zu saufen. Nicht auf Partys, wie das unter Medizinstudenten üblich ist, sondern allein, die ganze Nacht hindurch bis in den frühen Morgen.

Eines Tages, es war irgendwann im Dezember, erwachte ich in einem fremden Zimmer. Als ich die Augen öffnete, sah ich, wie sich ein Kollege – ein angehender Psychiater – über mich beugte. Ohne ihn wäre ich vermutlich erfroren. Er hatte mich auf dem Strahov-Berg gefunden, und das Thermometer zeigte in jener Nacht minus fünfzehn Grad. Während ich aufstand und zum Fenster ging, hielt er mir eine Gardinenpredigt. Unter dem Fenster breitete sich die Stadt aus, und der Anblick war so überwältigend, daß ich in Tränen ausbrach. Sie schienen den ganzen Schmerz aus mir herauszuschwemmen, und mir war, als könnte ich auf einmal meine Zukunft vor mir sehen. Ich schüttelte den Kopf. Noch ein paar Wochen, und ich war reif fürs Irrenhaus. Oder ich landete in der Leichenhalle.

»Heul dich nur aus«, sagte die Stimme hinter mir, »das

tut gut, das reinigt die Seele.« Er brachte mir Tee und stopfte mich voll mit Brot und Käse. Anschließend brachte er mich ins Apolinarium, und in der Vorweihnachtszeit beschäftigte ich mich mit der Lehre der Antialkoholiker.

Noch unter dem Eindruck der schrecklichen Erlebnisse, die ich hinter mir hatte, entschloß ich mich, mir selbst ein Geschenk zu machen. Das Licht der Psychiatrie hatte zwar meinen Geist erhellt, aber allzugroße Hoffnung hatte ich nicht, den bösen Geist, der mich verhext hatte, wieder in die Flasche sperren zu können.

Am 27. Dezember fuhr ich ein paar Tage zum Schilaufen, und mein Freund steckte mir ein Kuvert mit zwei Antabus-Tabletten zu. »Als Versicherung«. Ich sollte sie nur einnehmen, wenn sich die Hölle der Versuchung wieder vor mir auftat. Zum Beispiel bei der Silvesterfeier.

Aber ich brauchte sie nicht. Ich hielt auch ohne sie durch und trank keinen Tropfen.

Doktor Jech, der Bluthund, erschien in der Tür, er sah aus wie ein Gespenst. Sein Gesicht war so weiß wie sein Ärztekittel. Er setzte sich mir gegenüber auf die Bank und zog, die Vorschrift ignorierend, eine Zigarette aus der Tasche.

»Wie steht es um sie?« fragte ich ihn. Nervös rollte er die Zigarette zwischen seinen Fingern hin und her, und feine Tabakbrösel fielen auf den sauberen, weißgekachelten Boden, sie erinnerten mich an Ameisen.

»Na ja, du weißt ja, im Ambulanzwagen war sie schon im Koma«, sagte er niedergeschlagen.

»Und... wie geht es ihr jetzt?«

Er nahm die Brille ab. Ohne sie sah er plötzlich nackt aus, wie ein alter Mann ohne Kleider.

»Exitus«, sagte er kurz.

»Was?« Ich verstand ihn nicht, dachte, ich hätte Hörstörungen, Halluzinationen.

»Es ist aber so.« Die Ameisen zu seinen Füßen begannen sich zu vermehren.

»Das kann nicht sein! Nein, das ist nicht wahr!« schrie ich verzweifelt.

Etwas Großes legte sich über meinen Mund, und ich begann nach Luft zu ringen. Die Hand des Arztes rutschte von meinem Mund auf meine Schulter und bewahrte mich davor, zu Boden zu sinken, hinunter zu den Ameisen.

»Ihr Herz war tatsächlich nicht in Ordnung, mein Junge«, sagte er nüchtern. »Ich hab' es ja immer schon vermutet.« Und dann ließ er eine Litanei von lateinischen Fachausdrücken los, von der ich kaum etwas verstand. »...die Obduktion wird meine Annahme bestätigen«, vernahm ich seine abschließenden Worte. »Aber der Alkohol allein kann sie nicht getötet haben, davon bin ich überzeugt. Sie muß zusätzlich etwas genommen haben, ein Medikament oder eine Droge. Werden ja bald wissen, was es war, ich hab Doktor Mydlar gebeten, gleich die Autopsie vorzunehmen.«

Sie hätten den Doktor Mydlar gar nicht darum bitten müssen, lieber Doktor. Was er Ihnen sagen wird, hätte ich Ihnen sofort erzählen können, ich, ein armseliger Student im fünften Semester. In dem dritten Glas Gintonic hatte ich die zwei Antabus-Tabletten aufgelöst, die ich als Versicherung gegen die Versuchung bei der Sylvesterfeier bekommen hatte. Antabus ist geschmacklos, aber die schon leicht angesäuselte Irina hätte ohnehin nichts bemerkt.

Sie war stocknüchtern gewesen, als wir uns auf der Weinbergerstraße begegnet waren. Und sie kam nur deshalb mit zu mir, weil sie der aufgeblasene Kerl mit dem tollen Schlitten gelangweilt hatte. Mich zu quälen, war ihr anscheinend reizvoller erschienen.

Antabus in Kombination mit Alkohol bereitet sogar einem absolut gesunden Menschen Schwierigkeiten. Aber die Übelkeit ist nach einer Stunde vorbei.

Eigentlich war es nicht meine Absicht gewesen, dich zu töten, Irina. Ich wollte nur, daß du wieder auf die Interne kommst. Alles was ich wollte, war, die Zeit um ein Jahr zurückdrehen.

Ich stand auf.

»Besser, du bleibst jetzt hier«, sagte Doktor Jech, »schließlich bist du dabei gewesen, als es anfing...«

»Ja, schon gut, ich möchte nur ein bißchen frische Luft schnappen.«

Er nickte verständnisvoll. In seinen kurzsichtigen Augen war lediglich Mitleid zu lesen, kein Verdacht. Er setzte die Brille wieder auf.

Ich trat ins Freie und ging langsam über den verlassenen Platz. In dem Gebäude leuchteten da und dort ein paar Fenster wie vereinzelte Sterne am leicht verhangenen Winterhimmel.

Für mich waren sie alle ausgegangen... Sonne, Mond und Sterne. Im Park am Karlsplatz heulte der Wind wie ein räudiger, herrenloser Hund. Und so ein verlassener Köter schleppte sich in Richtung Weinberge, hin zu dem Haus, wo auf der kleinen, eisernen Plattform immer noch die Wäscheschnur im Wind hin und her baumelte.

Milena Bruhová
In flagranti

»Sein oder Nichtsein, das ist hier die Frage!«
Der volltönende Bariton Jan Blahas, vom Rauschen der Dusche noch untermalt, hallte im ganzen Haus wider. So wie immer, wurde seiner Frau verzweifelt bewußt. Gleich kommt dieser lächerliche Laienschauspieler aus dem Badezimmer, promeniert halbnackt in der Wohnung herum und läßt am Linolboden nasse Fußspuren zurück, was ja noch nicht das schlimmste wäre. Das schlimmste kommt danach. Die Shorts, die ihm bis zu den Knien reichen, grinsen auf dem dicken Hinterteil so ekelhaft – wer soll denn diesen Anblick ertragen?

Das Rauschen der Dusche verstummte, und auch Hamlets Monolog ging zu Ende. Sie faßte den Vorsatz, diesmal alles ohne eine einzige Bemerkung über sich ergehen zu lassen. Dieses eine Mal noch!

Jan Blaha kam aus dem Badezimmer und wechselte im Vorraum das Repertoire. Ganz prinzipiell. »Das sind Kadetten der Gascogne«, schmetterte er einfühlsam und mit perfektem Akzent und steuerte auf die Küche zu. Dann klappte die Küchenschranktür zu, und seine nassen Sohlen schnalzten auf dem Fußboden. Anna Blaha spürte, wie ihr Vorsatz zusammenbrach.

»De Castel, Euer Kapitän!«

»Ich bitte dich, laß das!« kreischte sie so laut, daß das Baby im Nebenzimmer zu heulen anfing. Und gleich darauf blitzte ihr durch den Kopf – das ist wohl schon Allergie.

Er kam ins Wohnzimmer, die Shorts bis zu den Knien, setzte sich ihr gegenüber in den Lehnstuhl und kaute beflissen. Gleich wird er rülpsen, einen Ächzer tun und ins Schlafzimmer gehen. Dort zieht er sich die Uniform an, na und dann verschwindet er endlich, diesmal zum Glück für die ganze Nacht.

Er rülpste, ächzte, verschwand aber nicht. Im Gegenteil.

Forschend sah er seine Frau an, und sie wartete gespannt, was kommen würde. Sie vermochte sich nicht vorzustellen, was sie täte, würde sie erfahren, daß er aus irgendeinem unerwarteten Grund keinen Nachtdienst hatte. Dann bliebe er den ganzen Abend zu Hause, und er würde sie entweder eifersüchtig ausfragen, wen sie tagsüber getroffen hätte, oder die Shorts ablegen – kaum auszudenken!

»Anni«, sagte er ernsthaft, während sie so überlegte, »nur ungern lasse ich dich heute hier allein. Sonst würde ich mit jemandem Dienst tauschen, aber jetzt geht das nicht. Die zwei hat man noch nicht erwischt, absolut alle haben Dienst. Wenn ich weggehe, vergiß nicht, die Fenster zuzumachen. Möglicherweise treiben sie sich irgendwo hier im Wald herum. In der Nacht werden sie wahrscheinlich auf der Suche nach was Eßbarem sein, und unser Haus fällt ihnen als erstes ins Auge, weil es am weitesten am Wald steht.«

»Es ist schon peinlich, wie du dich wiederholst«, erinnerte ihn Anna verdrossen.

»Lieber sich wiederholen, als was vergessen«, verwahrte er sich. »Mach die Fenster zu und leg dich nieder. Und geh nicht vom Kleinen weg.«

»Wo sollte ich denn deiner Meinung nach hingehen?« fuhr sie ihn zornig an.

Er antwortete nicht. Ohne ein Wort zu sagen, stand er auf und ging ins Schlafzimmer. Endlich, sie atmete auf. Endlich zieht er sich an und verduftet!

Er kleidete sich lange und sorgfältig an, wie immer.

»Komm, sperr hinter mir zu«, rief er nach einer Weile aus dem Vorzimmer. »Und leg von innen die Kette vor, einer von den Sträflingen hat eine Pistole.«

»Ich weiß. Auch, daß du dich umsonst so aufregst. Gerade hierher sollen sie kommen! Gerade hierher, in ein Haus, wo ein Polizist wohnt!«

»Sie sind ja nicht von hier«, wehrte er sich, »sie wissen

nicht, wer hier wohnt. Gehorch mir und mach niemandem auf.«

Einen Augenblick zögerte sie, dann sagte sie: »Die Mädels aus der Arbeit kommen und wollen sich den Kleinen anschauen. Und die Hochzeitsfotos.«

»Wenn es bloß bei den Mädels bleibt«, konnte er sich in der offenen Tür die zweifelnde Bemerkung nicht verkneifen. »Soviel ich weiß, hast du noch nie viel von Damenrunden gehalten. Immer hat mindestens eine Hose mit von der Partie sein müssen. Aber vergiß nicht, Anni, was in der Garçonnière im Wohnblock vor sich gegangen ist, geht hier nicht mehr.«

Sie fuhr ein wenig zusammen, hatte aber ihre Fassung bald wieder gewonnen.

»Aber ich treffe mich doch hier mit niemandem, Jan. Was ist dir da wieder eingefallen?« sagte sie und dachte an ihre Schwiegermutter. Weiß sie was? – fragte sie sich nicht zum ersten Mal und dachte an all die Kränkungen, die ihr von diesem Frauenzimmer in den letzten paar Monaten zugefügt worden waren. Nein, nein, ich war wirklich keine willkommene Braut. Ich war eine Braut mit schlechtem Ruf und noch dazu mit einem ordentlichen Bauch.

Jan Blaha öffnete die Haustür, blickte auf die Uhr, wünschte seiner Frau eine gute Nacht und betrat den Vorgarten.

Und genau in diesem Moment schwang sich auf der anderen Seite der kleinen Villa, von niemandem beobachtet, eine schlanke Gestalt über den niedrigen Zaun, lief geduckt im Zickzack zwischen den jungen Ribiselbüschen hin und her, stemmte sich an der Fensterbrüstung empor und sprang durchs offene Fenster leise in den Raum hinein, beinahe in die Wiege mit dem Baby.

Als Anna Blaha die Sicherheitskette in den Türpfalz aus Chrom einhakte, ahnte sie nicht, daß sich der erste Gast schon im Haus befand.

Sie deckte den Tisch und blickte ungeduldig auf die Uhr. Aus dem Radio ertönte leise limonadensüße Musik. Nur noch zwanzig Minuten, freute sie sich, und er wird anläuten. Den ganzen Abend und die ganze Nacht werden wir in diesem Haus zusammensein, und niemand wird uns stören. Das Kind schläft, es schläft meistens bis zum Morgen durch, der Schwiegervater und die Schwiegermutter, diese zwei unerträglichen Egoisten und Quälgeister, sind mit den Laienschauspielern zu einem Gastspiel gefahren, der Mann ist im Dienst...

Aus dem Nebenzimmer ertönte leises Weinen. Rasch stellte sie das letzte Glas auf den Wohnzimmertisch, öffnete vorsichtig die Tür und eilte zur Wiege. Sie wiegte ihn, gab ihm den Schnuller, und das Söhnchen verstummte augenblicklich. Dann bemerkte sie das offene Fenster und erinnerte sich an die Anweisungen ihres Mannes. Auch wenn sie sie meist nicht oder nur sehr ungern befolgte, diesmal gehorchte sie. Im übrigen mahnte auch der Regionalrundfunk dreimal am Tag die Gemeindebewohner zur Vorsicht, und der Wald war wirklich fast in Reichweite. Warum hatten sie sich ihr Haus auch so ungeschickt bauen müssen?

Das ganz kurze, zaghafte Klingeln der Türglocke unterbrach ihre düsteren Gedanken, und mit einem Male war alles wunderbar...

Der Strauß Teerosen bereitete Anna eigenartigerweise mehr Sorge als Freude. Wohin mit ihnen, wenn David am Morgen weggeht? Wieder sich auf die Damenrunde auszureden, konnte gefährlich sein. Außerdem ist Jan so krankhaft eifersüchtig und die Schwiegermutter so boshaft, daß es der eine wie die andere fertig brächte, meine Kolleginnen nach dem Strauß zu fragen.

»Woran denkst du, Anny?« fragte David leise und streichelte ihr über die Hand.

»Irgendwie fühle ich mich nicht sicher, ich weiß nicht warum«, antwortete sie wahrheitsgemäß.

»Wir sind doch allein hier, nicht?«

»Sicher, aber trotzdem – ich hab so ein eigenartiges Gefühl.«

Jedesmal, wenn sie ihrem Mann irgendein Gefühl anvertraute, stieß sie auf Unverständnis. Ich bitte dich, was soll ich denn mit Gefühlen, pflegte er sie zu tadeln. Wozu sollen sie gut sein? David allerdings hat Verständnis, drückt mir die Hand, setzt sich zu mir auf die Couch, und ich – ich schiebe ihn beiseite, obwohl ich schon drei Tage und drei Nächte eigentlich auf nichts anderes warte.

»Anny, sei lieb zu mir – bitte!«

Aus dem Nebenzimmer war wieder das Kind zu hören. Warum ist es ausgerechnet heute so unruhig? fragte sie sich.

»Entschuldige.«

Er rückte beiseite und griff nach dem Weinglas. Er trank es auf einen Zug leer, überlegte eine Weile und ging dann Anna hinterher. Er erblickte ihre schlanke Silhouette an der Wiege, wie sie sich darüber beugte, reizend und begehrenswert.

»Erschrick nicht«, flüsterte er und drückte ihre Schultern.

Im Dunkeln war auf einmal alles leichter. Viel leichter. Das solide, altmodische Bett knarrte leicht, und das weiche Federbett bot behagliche Ruhe. Durch die angelehnte Türe drang ein schmaler Lichtstreifen in den Raum. In der Ferne erklang Musik.

Und das Kind schlief wieder...

Ruhig lagen sie auf dem Ehebett und hielten sich an den Händen. In dieser tiefen Stille hörte Anna plötzlich irgendwo vom Fenster her deutlich einen leisen Seufzer.

»David«, stieß sie erschrocken hervor.

»Ja?« Er reagierte ein wenig verschlafen.

»Hier ist wer.«

»Hab keine Angst, Liebling. Wer sollte denn hier sein? Dein Mann hat doch Dienst.«

»Ich hab jemanden atmen gehört!«

Er lachte kurz auf und umarmte sie.

»Ich beschütze dich, hab keine Angst.«

»Horch doch einmal!«

Im Schlafzimmer herrschte Stille, tiefe Stille.
»Du hast geträumt.«
Sie tastete nach dem Schalter am Nachtkästchen, knipste das Licht an und blickte auf den dunkelgrünen Vorhang zwischen Fenster und Schrank.

Aus diesem Vorhang ragte eine behaarte Männerhand hervor! Eine linke Hand mit einem blauen tätowierten Anker am Unterarm! Das ist er, dreimal am Tag wies man im Regionalrundfunk auf dieses Detail hin!

Anna Blaha schrie verstört auf und verfolgte mit Entsetzen, wie sich der Vorhang kräuselte und ein fremder Mann hervortrat.

Unrasiert, mager und häßlich.

»Was machen Sie hier?« piepste David und stützte sich auf die Ellbogen.

»Leider nicht das gleiche wie du«, lachte der Mann heiser auf, »aber eigentlich könnte ich, was? Madame ist ausgezogen, hübsch und, wie ich gerade festgestellt habe, auch gefügig. Ihr Mann hat Dienst, das habt ihr ja auch ausposaunt. Wäre schade, die Gelegenheit nicht auszunützen.«

Weder David noch Anna kam es in den Sinn, etwas zu unternehmen. Neben ihnen lag eine Decke, mit der sie sich wenigstens hätten zudecken können, aber sie lagen noch immer nackt vor den neugierigen Blicken des unbekannten Mannes, vor Angst und Schrecken unfähig, sich zu bewegen. Sie hielten sich fest umschlungen, und Anna wartete mit Entsetzen, wann der zweite auftauchen würde. Der mit der Meerjungfrau auf der Brust.

Auf einmal tat der tätowierte Mann etwas Seltsames. Er drehte sich um und sprach mit schroffer Stimme: »Schau, daß du dich anziehst, verdammte Schlampe. Und richte mir was zum Essen.«

Er aß alles auf, was sie vor ihn auf den Tisch hingestellt hatte, trank den Wein aus und rauchte eine Zigarette. All das ohne ein einziges Wort. Dann ordnete er an, weitere

Verpflegung in einem Päckchen herzurichten, und schließlich wollte er eine Herrenhose, ein Hemd und ein Sakko oder eine Jacke. Ohne den geringsten Versuch einer Widerrede lief sie im Raum umher, suchte zusammen, was er ihr befohlen hatte, und fühlte, daß sie langsam einer einfachen Überlegung fähig war.

Zu allererst kam ihr eigenartigerweise in den Sinn, daß David ein viel größerer Angsthase war, als sie angenommen hatte. Er saß am Rand der Couch, sprach kein einziges Wort, und nicht mit einem Blick versuchte er, sich mit ihr zu verständigen. Er starrte bloß auf den Fußboden, bleich wie eine Wand, und jedesmal, wenn der Mann ihm gegenüber nur mit der Gabel am Teller klirrte, zuckte er erschrocken zusammen.

Kaum war dieses merkwürdige Solo-Abendessen zu Ende, da meldete sich erneut das Kind. Anna Blaha lief zur Tür hin – und in diesem Augenblick fing sie zum ersten Mal Davids Blick auf. Laß mich hier nicht mit ihm allein, baten seine Augen wehklagend und flehentlich.

In der Tat, fiel ihr ein, bietet sich mir ein Ausweg. Das Fenster liegt niedrig über dem Gelände. Es wäre überhaupt nicht schwierig, den Jungen aus der Wiege zu nehmen...

»Unterstehen Sie sich zu türmen«, drohte der Mann, »das würde ein schlechtes Ende nehmen. Mit Ihnen und dem Kind. Unter dem Schlafzimmerfenster wartet mein Kumpel.«

Sie nickte, öffnete die Tür und ging zum Kind. Als sie am Vorhang vorbeiging, wuchs in ihr das Gefühl der Angst.

Die Nacht wollte nicht zu Ende gehen, der ungebetene Besucher wälzte sich bequem im Lehnstuhl und rauchte, und Anna hatte keine Ahnung, worauf dieser Eindringling immer noch wartete. Wahrscheinlich hat er mit seinem Komplizen einen Plan ausgeheckt, es sind ja zwei auf der Flucht und beide sind gemeine Mörder.

Die Stille des Zimmers wurde plötzlich durch das Schrillen des Telefons gestört, was allen dreien einen Schrecken einjagte. Anna Blaha stand auf und blickte unentschlossen auf den Mann im Lehnstuhl.

»Nehmen Sie's«, sagte er herablassend, »aber halten Sie ihre Zunge im Zaum. Niemand darf erfahren, daß ich hier bin!«

Sie griff nach dem Hörer.

»Anny, gehorch ihm«, stieß David ängstlich hervor, und sie fühlte geradezu physisch, wie ihr dieser wimmernde Ton tief ins Gedächtnis drang.

Sie war erleichtert, als sie im Hörer die Stimme ihres Mannes erkannte.

»Anni«, fragte er, »alles in Ordnung?«

Sie antwortete nicht, sondern blickte David an und stellte mit Erstaunen fest, daß er jetzt ganz anders war als noch vor ein paar Stunden. Wie war das möglich?

»Bist du dran, Anni?«

»Klar. Wo sollte ich denn sonst sein?«

Wie soll ich ihm nur zu verstehen geben, daß ich in Gefahr bin? Wie soll ich das anstellen? Was soll ich sagen?

»Ich hab dich wohl aufgeweckt, gelt?«

»Hm – ja.«

Am besten werde ich schroff wie eben jetzt antworten, das mache ich nämlich für gewöhnlich nicht. Vielleicht erkennt er, daß ich was vor ihm verheimliche. Vielleicht kommt er!

»Hör zu«, war aus dem Hörer etwas strenger zu vernehmen, »ich hoffe, ich hab dich nicht gestört. Du weißt doch, wie ich das meine, ja?«

Selbstverständlich, diese kurzsilbigen Antworten von mir kann er auf seine Weise auslegen, und wahrscheinlich hat er das auch gerade getan. Aber wenn schon! Soll er sich denken, was er will, wenn er doch nur käme!

»Wann kommst du, Jan?«

In diesem Moment legte die behaarte Männerhand

eine Pistole auf den Wohnzimmertisch. Ohne ein Wort. Worte waren ja auch nicht nötig. David schrie leise auf.

»Anni«, die Stimme Jan Blahas ließ Sorge erkennen, vielleicht auch Angst, »ist was passiert?«

Der Mann mit dem Anker, als würde er ahnen, daß das Gespräch für ihn gefährlich zu werden begann, stand auf, umklammerte die Pistole und zielte.

»Ich bitte dich, was hätte passieren sollen?« stieß sie hervor, ohne den Blick von dem glänzenden Metall zu wenden.

»Ich frag ja nur.«

Atemlos verfolgte David, was der Mann tat, und überlegte fieberhaft, was zu unternehmen wäre. Wie kann ich mich nur befreien? Auf welche Weise könnte man diesen Raum, wo es in ein paar Minuten zum Schlimmsten kommen kann, gefahrlos verlassen? Und warum legt diese Gans den Hörer nicht auf? Aus ihren Worten muß doch jeder erkennen, daß was nicht in Ordnung ist, und ihr Mann hat das sicher auch mitbekommen!

Zum Glück steht dieser Wahnsinnige mit dem Rücken zu mir. Ja, nicht einmal in den Augenwinkeln kann er mich erblicken. Ich habe eine Chance. Jetzt, genau jetzt. Der zweite wartet angeblich unter dem Schlafzimmerfenster, ich werde also durch die Küche und das Nachbargrundstück davonlaufen.

Er glitt von der Couch und stahl sich auf Zehenspitzen zur offenen Vorzimmertüre. Noch zwei Schritte, noch ein Schritt, endlich kühlte die metallene Klinke die verschwitzte Handfläche. Mein Gott, hilf mir, daß es mir gelingt.

Annas erschrockene Augen verrieten ihn, mit denen sie ihn verfolgte. Der Mann, der die Pistole auf sie gerichtet hielt, bemerkte ihren Blick und drehte sich langsam um.

»Zurück!« zischte er. »Olala, du bist mir ein Beschützer! Dich aus dem Staub machen, und die Frau würdest du allein lassen. Solche sind mir die liebsten.«

Anna legte den Hörer auf und stellte auf einmal ein seltsames Gefühl der Beruhigung fest. Dieser gefährliche Mensch sprach ihr nämlich aus der Seele.

»Ich bitte Sie«, war von der Tür her zu vernehmen, »lassen Sie mich frei. Ich werde schweigen, Ehrenwort.«

»David, reiß dich zusammen!«

»Bloß – ich hab eine Familie, Anny, das weißt du doch. Ich wollte nicht hierherkommen!«

»Du bist ein Feigling und ein gemeiner Lügner.«

Der tätowierte Mann setzte sich wieder in den Lehnstuhl und legte mit boshaftem Lächeln die Pistole beiseite, doch der Dialog ging nicht weiter. Es war still, erst nach einer Weile fragte Anna: »Was, wenn mein Mann heimkommt? Er könnte mir anmerken, daß ich ihm was verheimliche.«

»Darum haben Sie sich auch nach Kräften bemüht. Glauben Sie, ich hab Sie nicht durchschaut?«

»Aber er ist bewaffnet!« rief David aus. »Wegen Ihnen und Ihrem Kameraden haben alle Polizisten Bereitschaft!«

Den Mann brachte diese Mitteilung überhaupt nicht aus der Fassung.

»Er hat Bereitschaft«, lachte er frech und mit Überlegenheit, »und ich wiederum habe seinen Sohn. Was, glaubst du, zählt mehr?«

Anna Blaha wurde bleich wie der Tod.

»Nein«, flüsterte sie, »das können Sie doch nicht!«

»Aber ja, ich kann«, verkündete er mit Sicherheit. »Ich brauche eine Geisel, und wenn die Geisel ein kleines Kind ist, versichere ich Ihnen, Gnädigste, daß jeder Polizist macht, was ich will, auch wenn er meinetwegen eine Bombe hat.«

Anna stellte sich mit Grauen die Situation vor, die sie möglicherweise wirklich erleben würde. Eine ganze Kompanie von machtlosen Männern in Uniform, wieder ein Versteckspiel in der Umgebung, und diesen Menschen würde das amüsieren, im Arm ein weinendes Kind, mein Kind – was wird er mit ihm um Gottes Willen blaß machen?

»Ich bitte Sie, lassen Sie mich frei«, flüsterte David in

ihre schrecklichen Vorstellungen hinein, und angesichts dieser Worte überkam sie ein gerechter Zorn.

»Bis zu meinem Tod will ich dich nicht mehr sehen, David«, rief sie erregt.

»Gut«, entschied der Tätowierte, »ich lasse dich also frei, aber zuerst mußt du dich bis auf die Unterhose ausziehen.«

»Ich hab keine Unterhose«, wimmerte David, »ich trage Slips.«

»Dann bis auf den Slip, das ist egal.«

Anna wandte die Augen ab. Vielleicht träume ich das alles bloß, fiel ihr unverhofft ein. Manchmal kommt es vor, daß man einen bösen Traum hat, und dann empfindet man eine unglaubliche Erleichterung, wenn man feststellt, daß überhaupt nichts passiert ist und alles in Ordnung ist und draußen ein wunderschöner Morgen ist...

Er zog sich tatsächlich aus und stand wie ein gedemütigter armer Schlucker mitten im Zimmer. Und das da soll er sein, der souveräne Playboy aller Büros? Der Salonlöwe?

»Jetzt stell dich in die Ecke und dreh dich um. Ich werd mir in der Zwischenzeit mit Frau Anny ein wenig die Zeit vertreiben.«

Er gehorchte wirklich. Wenn er könnte, würde er davonlaufen, und mich würde er hier ruhig allein lassen!

»Unterstehen Sie sich, mich anzurühren!«

»Aber, aber. Bin ich denn räudig?«

Sie ließ ihn nicht aus den Augen und wartete, daß er sich bewegte. Sie wußte nicht, was sie dann machen würde, aber sie war sich sicher, daß sie sich bei weitem nicht so feig verhalten würde wie David. Sie würde sich wenigstens wehren.

Der Mann ihr gegenüber rauchte und blickte sie sonderbarerweise gleichsam ohne Interesse an. Als würde er sie plötzlich nicht mehr wahrnehmen.

»Worauf warten Sie eigentlich?« fragte sie leise. »Was wollen Sie noch? Sie haben sich sattgegessen, haben alles gekriegt, was sie wollten, und in einer Stunde beginnt es zu dämmern. Es ist höchste Zeit für Sie.«

»Wir schaffen's schon noch«, grinste er sie an und griff wieder zur Pistole. Wie naiv und dumm sie doch gewesen war! Sich mit bloßen Händen gegen einen Bewaffneten wehren? Sich gegen einen Menschen zur Wehr setzen, der schon jemanden ermordet hat? Sich ihm mutterseelenallein entgegenstellen?

Er hatte die Pistole auf sie gerichtet, im Gesicht auf einmal einen ganz anderen Ausdruck, den sie nicht verstand. Was wird er tun – fragte sie sich und heftete ihre Augen mit Schrecken auf die blaue Tätowierung, und das Gefühl der Angst begann sich plötzlich mit dem Gefühl einer tiefen Enttäuschung zu mischen...

In dieser angespannten Situation schnappte sie einen vertrauten Ton auf. Das Vorgartentor ging auf! Ohne zu überlegen, was sie tat, ohne über mögliche Konsequenzen nachzudenken, lief sie zur Tür.

»Jan! Jan!« schrie sie und sauste durch den Vorraum, nahm mit zitternden Händen die Sicherheitskette ab und öffnete die Tür sperrangelweit.

»Jan«, hauchte sie erleichtert – aber statt ihrem Mann blickte sie ihrer Schwiegermutter ins Gesicht. Und diese streng dreinschauende Frau schob sie zur Seite und ging ohne ein Wort ins Zimmer. Wo war sie hergekommen? Sie sollte doch auf einem Gastspiel hundert Kilometer weit weg sein! Sie sollte irgendwo unter Laienschauspielern sitzen und zu einem peinlichen Stück klatschen!

»Gehen Sie da nicht hinein!«

»Warum nicht?« wunderte sich die Schwiegermutter und drückte die Türklinke nieder.

Mitten im Wohnzimmer stand ein tätowierter Mann und neben ihm ein durchtrainierter Athlet in türkisgrünem Slip. Auf dem Wohnzimmertisch lag fast friedlich die Pistole.

»Also, da hast du ihn, Tante«, sagte der Mann nach einer Pause zaghaft und fast beschämt. Vielleicht auch ein wenig nervös.

»In flagranti?« fragte die Dame des Hauses streng – und Anna begriff endlich. Sie wußte nicht, ob sie aufatmen oder losheulen sollte.

»In flagranti?«

Die Frage wurde mit allem Nachdruck wiederholt, eine Antwort kam nicht.

»Ich hab nicht gewußt, Mutter, daß ihr noch einen Laienschauspieler in der Familie habt.«

Der tätowierte Mann senkte den Kopf.

Die Schwiegermutter wurde schließlich des Anblicks der ungeratenen Schwiegertochter überdrüssig und richtete sich an den aufgeschreckten, immer noch halbnackten Herzensbrecher.

»Schauen Sie, daß Sie aus meinem Haus verschwinden«, befahl sie ihm. »Das hat mir genügt.«

Gleich wird sie so was Ähnliches zu mir sagen, dachte Anna Blaha. Endlich kann sie mich loswerden. Und Jan wird wie immer gehorchen.

Vielleicht – fiel ihr ein – vielleicht hat auch er von diesem vorbereiteten Theater gewußt...

»In flagranti?« war erneut im Zimmer zu hören, diesmal sehr ungeduldig.

»Nein«, antwortete der Tätowierte. »Er hat sich ausgezogen, weil ich es ihm befohlen habe. Nur so zum Spaß, und ich wollte sehen, ob er gehorcht. Ihre Schwiegertochter lassen Sie, sie hat einen Denkzettel verpaßt bekommen, und dabei haben sie sich nicht mal einen Kuß gegeben. Sie haben sich über Computer unterhalten.«

Dann spuckte er sich auf den Unterarm, und mit einem Taschentuch begann er, seine fragwürdige Verzierung abzuwischen. Es ging schwer, aber es ging.

Anna lenkte ihre Schritte langsam ins Schlafzimmer, wo das Kind wieder zu weinen begonnen hatte.

VAVYAN FABLE
Ein schöner Abend

Epper lehnte sich zum Fenster hinaus. Gleich würde Romeo kommen, die Leiter an die efeubewachsene Wand lehnen, hinaufklettern und ihr ein Lied vorsingen. Es war kein Wunder, daß einen die romantische alte Villa zu solchen Fantasievorstellungen inspirierte. In Wahrheit hatte sie schon seit einiger Zeit keinen Romeo mehr. Ihr Blick schweifte vom Park mit den uralten Bäumen zum tiefblauen Sommerhimmel. Die Luft fühlte sich an wie weicher Samt.

Hin und wieder wandte sie sich um und warf einen Blick auf den Säugling in seinem Stubenkorb. Sonny schlief, beide Fäustchen neben dem Kopf, aus seinem spitzen Mund liefen wasserklare Speicheltropfen. Er war ein braves Kind. Die mit einem Tuch abgedeckte Lampe störte ihn nicht, so daß Epper daneben lesen oder lernen konnte.

Sie hatte die Stelle als Kindermädchen schon vor einem halben Jahr – gleich nach Sonnys Geburt – angenommen und den Raum neben dem Kinderzimmer bezogen. Er war größer als ihr Untermietzimmer in der Stadt. Sonnys Eltern verbrachten fast jeden Abend außer Haus – »gesellschaftliche Verpflichtungen«. Sie waren reich an Geld, Sorgen und Bekanntschaften. Aber man konnte mit ihnen auskommen. Vielleicht, weil Epper sie im Grunde kaum sah.

Auch mit dem Personal verstand sie sich gut. Die Köchin und die beiden Zimmermädchen waren nur tagsüber im Haus. Mit dem Diener, einem dürren alten Knochen, war das schon ein anderes Kapitel. Johann ging den ganzen Tag mit knarrenden Knien, steif wie ein Ritter in voller Rüstung, durchs Haus und steckte seine Nase überall hinein. Einmal war er Epper in den Keller nachgegangen und hatte sie mit eisiger Stimme gefragt, was sie denn da zu suchen habe. Sie gestand ihm, daß sie ganz einfach neugierig war. Und dann, oh Wunder, hatte Johann sie zu den Regalen geführt und ihr die Geschichte jeder einzelnen spinnwebenbedeckten Flasche erzählt. Sie hatten beinahe Freundschaft geschlossen. Später, als sie wieder oben waren, wurde ihre Beziehung wieder so kühl wie zuvor. Johann war heute abend nicht im Haus. Das Knarren seiner Knie war nirgends zu hören. Er war aufs Land gefahren, um seinen verknöcherten Bruder zu besuchen.

Es hatte so ausgesehen, als ob Epper den Abend allein mit Sonny verbringen würde. Marta, die Dame des Hauses, machte sich für einen Empfang zurecht. Sie hatte mindestens zwanzig Kleider anprobiert, bis sie sich endlich entschieden hatte, und schminkte sich gerade. Philip, der Hausherr, ging, die eine Hand in seiner Smokinghose vergraben, in der anderen den Rasierpinsel, nervös im Salon auf und ab. Er hatte Epper gebeten, das Kind zu ihm zu bringen. Als sie es ihm hinhielt, schenkte er Sonny keinerlei Beachtung, sondern tastete sie, wie schon des öfteren, mit seinen blauen Augen ab, ein ironisch-bitteres Lächeln um den Mund. Epper tat dann immer so, als ob sie es nicht bemerken würde, obwohl sie jedesmal in Verlegenheit geriet und ihr ein Schauer über den Rücken lief. Nie hatte Philip sein Interesse deutlicher gezeigt. Epper fand diese Szenen ebenso aufregend wie banal.

Just in diesem Augenblick kamen Martas Eltern, natürlich ohne sich angemeldet zu haben. Martas Begrüßung fiel entsprechend kühl aus, sie bat Epper, sich um den Besuch zu kümmern. Wenige Minuten später hörte man das Zuschlagen der Wagentüren, das Ehepaar fuhr ab. Die Großeltern bewunderten das Baby, verzehrten ein kaltes Abendessen und setzten sich danach in den Salon im Erdgeschoß vor den Fernsehapparat, ohne ein weiteres Wort miteinander zu wechseln. Die Nacht war inzwischen tiefschwarz geworden. Die Schatten der sich im Wind bewegenden Blätter berührten die Balkontür und strichen geheimnisvoll über die Wände. Epper zog Sonnys Decke zurecht, löschte das Licht und ging in ihr Zimmer. Die Zwischentür ließ sie offen stehen. Sie überlegte, was sie machen sollte. An Schlaf war nicht zu denken, dazu war sie viel zu angespannt. Zum Lernen hatte sie keine Lust. Nicht einmal das Buch von Vavyan Fable, das sie sich heute gekauft hatte, konnte sie zum Lesen verführen, was wirklich erstaunlich war. Schließlich zündete sie sich eine Zigarette an, lehnte sich wieder zum Fenster hinaus und rief sich das nach Erlösung heischende Lächeln Philips ins Gedächtnis. Sie kam sich dabei ganz schön dumm vor. Sie, eine Psychologiestudentin, die von all ihren Bekannten für ein vernünftiges Mädchen gehalten wurde. Wie konnte sie sich nur diesem Gefühl hingeben?

Das ganze Szenario war an Banalität nicht zu übertreffen: eine kühle, distanzierte Ehefrau, ein attraktiver, humorvoller Ehemann und als Dritte im Bunde ein Kindermädchen, das staunend vor einem ihm bisher unbekannten Luxus steht.

Obwohl sie es nicht vorgehabt hatte, genehmigte sie sich einen Cognac. Zur Beruhigung. Danach ging sie ins Bad, um sich die Zähne zu putzen. Sie spürte den Nachgeschmack von Cognac, Zigaretten und Zahnpasta im Mund, während sie sich im Spiegel betrachtete: eine junge Frau, farblos, nichts Besonderes. Die Stirn hoch und glatt. Die Augenbrauen schmal, mit einem mutigen Bogen zu den Schläfen. Große, blaugrüne Augen. Eine lange, aber nicht hervorstechende Nase. Die Lippen voll, aber nicht breit genug. Ein spitzes Kinn, eine ovale Gesichtsform...

An diesem Abend gefiel sie sich überhaupt nicht. Was mochte Philip nur an ihr finden? Vielleicht mochte er ihre Augen, ihren freundlichen, warmen Blick. Sie kehrte die Frage um: Was machte Philip denn so attraktiv? Er hatte ein langes und zu schmales Gesicht, tiefblaue Augen und eine kleine spitze Nase. Sein Mund war ihrem ähnlich. Aber war nicht der Rest viel interessanter? Die breiten Schultern, die männlich behaarte Brust?

Unruhig ging sie auf und ab. Auf dem Nachtkästchen

stand der Telefonapparat. Zum ersten Mal in ihrem Leben verfügte sie über ein eigenes Telefon – noch dazu mit Anrufbeantworter. Ihr fielen die Worte ein, die ihr Freund – es war noch gar nicht lange her – zum Abschied auf das Band gesprochen hatte. Da war es schon besser, an Philip zu denken. Warum auch nicht? Schon deshalb nicht, weil dieser Flirt auch nicht anders enden würde. Sie griff nach dem Buch. Vielleicht würde es doch noch ein schöner Abend werden.

Plötzlich hörte sie das Geräusch eines Wagens in der Auffahrt. Unmöglich, daß Sonnys Eltern so bald zurückkehrten. Vielleicht waren es irgendwelche Verwandten. Sie würde sich jedenfalls nicht um sie kümmern, sondern so tun, als schliefe sie längst. Sie hatte keine Lust auf gezwungen höfliche Konversation.

Sie schlich barfuß ins Kinderzimmer, drückte lautlos auf die Klinke und huschte zum Geländer der Galerie, von wo man die Eingangstür beobachten konnte. Es gab nichts zu sehen, außer den Farben vom Fernsehschirm, die sich in den Gesichtern von Martas Eltern und an den Wänden des Salons spiegelten.

Plötzlich sprangen die beiden Flügel der Eingangstür mit einem lauten Krach auf. Einen Augenblick lang dachte Epper, der Wind hätte sie aufgestoßen. Drei Männer stürzten über die Schwelle. Sie waren schwarz gekleidet und trugen dunkle Stiefel. In den Händen hielten sie Maschinengewehre.

Ohne ein Wort zu sagen, drangen sie in den Salon ein und eröffneten das Feuer. Das Fernsehgerät zerplatzte in einem Feuerwerk aus silbernen und goldroten Funken. Im Zimmer wurde es dunkel. Man sah nur das Mündungsfeuer der Waffen. Ein schriller Schrei, dann fiel die alte Frau zu Boden. Als nächstes kippte das Sofa um und begrub Martas Vater, der, im Begriff zu fliehen, von Kugelsalven durchsiebt wurde.

Epper hielt sich die Faust vor den Mund und biß hinein, bis sie den salzigen Geschmack von Blut spürte.

Ein Gedanke durchfuhr sie wie ein Blitz: Die Männer hatten es auf das Kind abgesehen! Sie wollten es entführen und Lösegeld kassieren. Vermutlich wußten sie, daß die Eltern außer Haus waren und hatten nicht damit gerechnet, auf die Großeltern zu treffen. Sie waren kaltblütig genug, jeden zu töten, der ihnen im Weg war. Epper erinnerte sich, daß sie schon vor einiger Zeit von einem ähnlichen Kidnapping gelesen hatte. Terrororganisationen verschafften sich auf diese brutale Art das nötige Kapital.

Sie zwang sich zur Ruhe, schlich zurück ins Kinderzimmer und versperrte die Tür. Während sie Sonny aus dem Bett hob, flehte sie innerlich: »Fang bitte nicht an zu weinen! Bleib ruhig!«

Das Telefon! Sie mußte die Polizei anrufen. Aber was sollte sie machen, bis Hilfe kam? Was? Was? Ihre Gedanken jagten einander mit Lichtgeschwindigkeit. Sie würden sie umbringen und Sonny mitnehmen, Lösegeld fordern und – wenn ihnen das Baby auf die Nerven fiel, und das würde es bestimmt – es töten.

Sie preßte Sonny fest an sich. Um einige Sekunden Zeit zu gewinnen, versperrte sie auch die Tür ihres Zimmers und griff dann zum Telefon. Ein Knopfdruck – das Freizeichen tutete ihr ins Ohr. Noch ein Knopfdruck. Automatisch wurde sie mit der einprogrammierten Nummer der Polizei verbunden. Ihre Hand krampfte sich um den Hörer.

Im selben Moment, als sich die Telefonzentrale meldete, hörte sie Schritte auf der Treppe. Ihr blieb keine Zeit für lange Erklärungen. Ihre Worte überschlugen sich: »Hilfe, kommen Sie schnell, Mordfall!« Dann drückte sie hastig auf die Taste des Anrufbeantworters. Mit leisem Knacken schaltete sich die Kassette ein, und die auf dem Endlosband aufgenommene Stimme begann, die Rufnummer und den Namen des Apparathalters bekanntzugeben.

Epper stellte das Telefon auf den Teppich, legte den Hörer daneben, warf eine Decke darüber und lief, das Kind fest an sich gepreßt, ins Badezimmer.

Die Verfolger hatten inzwischen die Tür des ersten Zimmers erreicht, rüttelten heftig an der Türklinke, aber das Schloß gab nicht nach. Die massive Tür ächzte, als sich die Männer mit voller Wucht dagegenwarfen.

Wenn sie sie eingedrückt hatten, würde ihnen noch eine Tür im Wege stehen und dann noch eine, die zum Badezimmer. Trotzdem durfte sie nicht länger tatenlos herumstehen. Wer weiß, wie lange es dauern würde, bis die Polizei kam. Falls der Mann in der Zentrale überhaupt begriffen hatte.

Epper öffnete das schmale Fenster. Es ging mindestens sechs Meter tief hinunter. Man hätte ein Schimpanse oder ein Bussard sein müssen, um sich da hinunterzulassen. Ohne das Kind hätte sie es versucht. Sie riskierte lediglich, sich den eigenen Hals zu brechen.

Sie schaute Sonny an. Er verzog das Gesicht und kniff die Augen mehrmals zusammen. Gleich würde er aufwachen und anfangen zu schreien. Sie lehnte sich zum Fenster hinaus. Mit etwas Geschick müßte sie die Regenrinne erreichen können. Falls das verrostete alte Blechrohr ihr Gewicht aushielt, konnte sie sich eventuell daran hinunterlassen. Aber wohin mit dem Kind? Ohne lange zu überlegen riß sie ein Badetuch von der Stange, warf es um ihre Schultern, band einen Knoten, zog ihn mit den Zähnen fest und legte das Kind in das Tuch.

Sonny begann sofort zu plärren, gerade in dem Augenblick, als die erste Tür nachgab. Die Männer stürzten sich auf das nächste Hindernis.

Epper kletterte auf das Fensterbrett und sprang zur Dachrinne. Sie spürte den Aufprall auf Brust und Kinn, aber es gelang ihr, sich festzuhalten. Das Bündel auf ihrem Rücken schwankte gefährlich, als sie sich hinunterrutschen ließ und sie flehte zu Gott, daß das Kind nicht hinausfiel.

Einmal unten, würde sie sich zwischen den Bäumen verstecken. Sie kannte jeden Winkel im Park. Vielleicht gelang ihr die Flucht.

Sonny schrie aus vollem Hals und Epper hätte am liebsten eingestimmt. Mit dem schreienden Baby würde sie nicht weit kommen. Zweifellos hatten es die Verbrecher auf das Kind abgesehen. Sie hatten keine Zeit verschwendet und waren zielstrebig in das obere Stockwerk vorgedrungen. Epper spielte kurz mit dem Gedanken, das Baby im Gras liegen zu lassen und allein weiterzulaufen. Ihr Leben war in Gefahr, sie hatte die Mörder gesehen.

Ihre Hände fanden auf der hin- und herschwankenden Blechrinne keinen Halt mehr, die Fingernägel bogen sich beim Versuch, sich anzukrallen, und der Schmerz trieb ihr die Tränen in die Augen.

Da hörte sie Schritte auf dem Gartenweg und hoffte für einen Augenblick, es wäre die Polizei. Als sie erkannte, daß der vierte Mann sich ihr näherte, griff sie in Panik in die Efeuranken. Die Kletterpflanze hielt stand. Von oben waren Stimmen zu hören. Epper wagte nicht hinaufzuschauen. Vielleicht gelang es ihr, den Balkon zu erreichen und ins Zimmer zu klettern.

Die Schritte im Garten entfernten sich wieder und sie atmete auf. Sonny hatte sich beruhigt. Während sie sich in Richtung Balkon bewegte, hörte sie die Männer im Badezimmer streiten. Ein gereiztes Bellen ertönte: »Nicht schießen, willst du, daß dem Kind was passiert?«

Endlich hatte sie den Balkon erreicht. Als sie nach oben blickte, blitzten ihr die Mündungen der Waffen entgegen. Einer der Männer lehnte sich weit aus dem Fenster und sah ihr direkt ins Gesicht.

Epper verriegelte die Balkontür und hetzte durchs Zimmer. Sonny! Wenn sie das Kind nur loswerden könnte. Sogleich schämte sie sich ihrer Gedanken. Sonny war so süß und so hilflos, sie konnte ihn nicht einfach im Stich lassen.

Sie steckte in der Falle. Wenn sie sich auf den Gang wagte, lief sie den Mördern direkt in die Arme.

Epper war wütend auf sich selbst. Unentschlossen und feige war sie, nachdem sie einen wertvollen Vorsprung gewonnen und die Polizei mit unerhörter Geistesgegenwart informiert hatte. Entschlossen öffnete sie die Tür. Wenn Sonny nur stillhielt! Über ihr dröhnten die Schritte der Männer. Vielleicht konnte sie das Erdgeschoß erreichen und von dort ins Freie gelangen? Obwohl sie auf Zehenspitzen lief und den Boden kaum berührte, knarrten die alten Bretter verräterisch. Verdammter alter Kasten, warum war er nicht längst zusammengebrochen? Marta haßte die Villa. Philip hatte sie geerbt, und vermutlich hielt er es für pietätlos, sie aufzugeben, solange der alte Johann noch lebte. Der Diener würde eher sterben, als von hier weggehen.

Die Schritte donnerten jetzt knapp hinter ihr. Sie hatte höchstens vier, fünf Meter Vorsprung. Sie rannte, als müsse sie olympisches Gold gewinnen. Dabei fuhr ihr durch den Kopf, daß sie sich an die Gesichter der Verbrecher nicht erinnerte. In ihrem Gedächtnis hatte sich nur das Mündungsfeuer der Maschinengewehre eingegraben. Die Tür, die ins Freie führte, wölbte sich riesengroß vor ihr. Im Vergleich dazu wirkte die Gestalt davor klein. Der vierte Mann hielt seine Waffe auf sie gerichtet. Einen Augenblick stand sie wie gelähmt. Sollte sie sich ergeben? Dann hetzte sie los, in Richtung Keller. »Nicht schießen, du Idiot! Wir haben sie gleich!«, hörte sie die bellende Stimme, als sie die Kellertür hinter sich zuwarf und den Riegel vorschob. Ringsum war es stockfinster, und es roch modrig. Irgendwo links mußte der Sägebock stehen und ein Haufen alter Möbel. Sie streckte die Hände aus und tastete sich blind vorwärts, schleppte alles, was sie fand, zur Tür. Unter den Türriegel stemmte sie eine Tischplatte, daneben den Sägebock. Sie hörte sich vor Wut heulen, biß sich aber auf die Lippen, als ihr bewußt wurde, daß die Kerle sie durch die Tür hören und auf sie schießen konnten. Sie mußte schleunigst von der Tür weg.

Das Kellergewölbe war ihr vertraut, sie hatte etliche Nachmittage hier unten zugebracht und das alte Gerümpel durchstöbert. Einmal hatte sie vom Brennholzstapel ein Holzscheit genommen, es an ihre Wange gelegt und seinen

Duft eingeatmet. Sie hatte vom Klingeln eines Pferdeschlittens in einer lang vergangenen Winternacht geträumt. Sie hatte sich vorgestellt, daß sie die Herrin des Hauses wäre, angetan mit einem kostbaren Kleid. Und während ihre Kinder schliefen, hatten sie und Philip sich in ihrem Schlafzimmer lange und zärtlich umarmt. Sie schüttelte sich. Jedesmal im Keller war sie in diese idiotischen Träumereien verfallen, hatte mit der Hand über die rußgeschwärzten Kerzenständer gestrichen und sich ausgemalt, wie sie, in Rüschen und Seide gekleidet, in einem hell erleuchteten Ballsaal von Philip zum Tanz geführt wurde.

Die Tür knarrte, und sie hörte die Verfolger fluchen. Vorsichtig tastete sie sich mit ausgestreckten Armen vorwärts. Es war stockfinster, und sie spürte, wie Panik in ihr hochkroch. Die Tür gab nach und die Verbrecher stürzten in den Keller. Die aufgetürmten Möbel krachten über ihnen zu Boden. »Licht!« schrie einer. »Woher denn?« Epper überkam eiskalte Ruhe. Sie glitt hinter ein Regal und packte eine der verstaubten Flaschen mit beiden Händen. Sie spürte die Wärme von Sonnys kleinem Körper an ihrem Rücken. Ein tiefes Zusammengehörigkeitsgefühl durchfloß sie.

Wenn er nur jetzt nicht losbrüllte!

Unter Krach und Flüchen näherte sich einer der Männer. Es waren nicht so sehr ihre angespannten Muskeln, die schmerzten, sondern der Gedanke, diesen Kerl niederschlagen zu müssen. Aber ihr blieb keine Wahl. Sie konnte ihn nicht sehen, schlug instinktiv zu. Krachend zersplitterte die Flasche. Das Regal schwankte und brach über dem stöhnenden Mann zusammen.

Epper flüchtete in eine Ecke.

Jetzt waren nur noch zwei Kerle übrig. Epper suchte fieberhaft nach einer Waffe. Sonny bewegte sich im Sack auf ihrem Rücken, und sie stolperte. Endlich hatte sie den Verschlag erreicht, in dem die Reisekoffer abgestellt waren. Da war die alte Schneiderpuppe mit dem Hut aus lila

Straußenfedern, jemand hatte ihr einen Uniformgürtel mit einem rostigen Schwert um die Taille gebunden.

»Ein bißchen eklektizistisch, die Dame«, hatte Philip einmal zur Puppe hin bemerkt, als er im Keller mit Epper zusammengetroffen war. Er hatte das Schwert aus dem Gürtel gezogen und sich in Kampfposition gestellt. Das bittere Lächeln, das seinen Mund dabei umspielte, hatte ihn noch attraktiver gemacht.

Plötzlich erinnerte sich Epper an die Wolfsfalle. Sie mußte in der Nähe der Puppe liegen. Johann hatte ihr erklärt, wie das verrostete Monstrum, das an ein Haigebiß erinnerte, funktionierte. Sie kniete nieder und tastete den Boden ab. Da war sie! Unter Aufbietung aller Kräfte versuchte sie, das rostige Ding auseinanderzuziehen. Ihre Zähne knirschten, und sie biß sich in die Zunge. Endlich hatte sie es geschafft. Sie schob die Falle zum Durchgang und griff nach dem Schwert. Im selben Augenblick stürzte sich einer der Kerle auf sie, und sie hieb mit dem Schwert auf ihn ein. Überrumpelt trat er einen Schritt zurück, direkt in die Falle. Sein entsetzter Schrei trieb ihr den kalten Schweiß auf die Stirn, und sie meinte, seinen zerfetzten Fuß zu sehen. Sie hörte den dritten Mann rufen, doch das Gebrüll des Verletzten übertönte alles.

Sie hastete zum Fenster, stolperte und fiel in einen Haufen verschimmelter Fetzen. Der ätzende Geruch von Mäusekot stieg ihr in die Nase. Da ertönten Schüsse. Rote Funken sprühten aus dem knatternden Maschinengewehr. Die Kugeln prallten von den Wänden ab und trommelten wie Hagel auf das Gerümpel nieder.

Epper wagte nicht, sich zu bewegen. Da begann Sonny zu schreien. Langsam löste sie das Bündel von ihrem Rücken und bettete das Kind auf die Lumpen. Im schwachen Licht, das durch das Fenster drang, konnte sie den Bewaffneten erkennen. Sie nahm das Schwert wieder auf und schob sich millimeterweise zum Fenster hin. Der Kerl hatte sich durch das Kindergeschrei ablenken lassen. Epper schlug zu. Einmal, zweimal, wie eine wildgewordene

Dreschmaschine. Hysterisch vor Angst, angetrieben von dem Willen, diesen Horror zu überleben, die entsetzlichen Schmerzensschreie des Mannes im Ohr und Sonnys hilfloses Wimmern.

Sie hörte erst auf, als ihr bewußt wurde, daß sich der Mann nicht mehr rührte. Da hörte sie plötzlich das Klirren von Metall. Der Verletzte schleppte sich näher. Er war verrückt vor Schmerzen und wollte nur noch eines: Epper töten.

Sie wirbelte herum, packte das Kind und rannte zum Fenster. Draußen ertönten Schüsse, es war ihr gleichgültig, nur weg von diesem Verrückten. Sie zog sich am Fenster hoch und drückte es auf. Als sie sich draußen aufrichtete, atmete sie tief ein.

Vor ihr blinkten die Blaulichter von Polizeiwagen. Inmitten der Scheinwerferflut stand der Wagen der Verbrecher. Im Gras daneben lag ein Mensch mit ausgestreckten Gliedern. Der vierte Mann, tot!

Epper lief. Sie fühlte sich schwerelos und schien sich in die Luft zu erheben, als ob sie plötzlich Flügel hätte. Sie flog! Sie flog tatsächlich. Daß sie zu Boden fiel, fühlte sie nicht mehr...

Als sie wieder zu sich kam, lag sie im Krankenhaus. Die Decke über ihr bewegte sich, das Bett schaukelte leicht, und die Wände drehten sich vor ihren Augen. Als die Erinnerung langsam einsetzte, begann Epper zu zittern. Sie gaben ihr eine Spritze.

Als sie wieder erwachte, trat Philip ins Zimmer. Er trug Sonny im Arm.

Helga Anderle
Nachwort
Wie dieses Buch entstanden ist

Österreich liegt nicht hinter dem Mond. Dennoch wunderte sich ein Journalist, als er sich anläßlich der Criminale in Berlin gleich mit drei Vertreterinnen des Genres konfrontiert sah: »Was, in Österreich gibts auch Kriminalschriftstellerinnen?«

Die Bemerkung gab mir zu denken. Ja, die legendären Queenmothers of Crime, wie Agatha Christie, Dorothy Sayers, Patricia Highsmith, P. D. James, Ruth Rendell, die kennen wir alle. Aber welche Namen fallen uns sonst noch auf Anhieb ein?

Diese Wissenslücke brachte mich auf die Idee, etwas noch nie Dagewesenes zu versuchen. Nämlich einmal die Trampelpfade der Kriminalliteratur zu verlassen und auf den weißen Flecken des Mystery and Crime-Landes nach Kriminalautorinnen Ausschau zu halten. Nachzuforschen, wie Agathas Kusinen außerhalb des dominierenden angelsächsischen Sprachraums mit dem Genre umgehen.

Krimifreunde dürfen sich ruhig einmal den Big Sleep aus den Augen reiben. Unter den einundzwanzig Autorinnen, denen sie hier begegnen, entführen uns die meisten in kriminelles Neuland. Die Reise geht von der Zuckerrohrinsel Kuba nach Mexiko. Von Algerien bis Skandinavien, von Großbritannien – quer durch ganz Europa – bis nach Rußland. Einundzwanzig Schriftstellerinnen aus vierzehn verschiedenen Ländern – eine so internationale Bande mörderischer Schwestern war noch nie zuvor zwischen zwei Buchdeckeln zu finden.

Begonnen habe ich meine Entdeckungsreise in der unmittelbaren Nachbarschaft und bin zu meiner Überraschung in den Ländern des ehemaligen Ostblocks auf ein wahres Krimi-Eldorado für Frauen gestoßen. Agathas

Kusinen hinter dem Eisernen Vorhang waren allesamt gehätschelte Publikumslieblinge mit Traumauflagen in Millionenhöhe. Nach dem Fallen der Grenzen hat sich das rasch geändert. Aus dem begehrten Buch, in dem der gewiefte Leser durchaus auch Systemkritisches zwischen den Zeilen herauslesen konnte, ist unter den Gesetzen der Marktwirtschaft eine Ware geworden. Die Autorinnen der einstigen Leseländer bekommen diese Entwicklung nun schmerzlich zu spüren.

Ganz anders die Situation in Rußland. Obwohl der erste sowjetische Kriminalroman ›Mess Mend‹ von einer Frau stammte, ist die Kriminalliteratur in Rußland heute fest in Männerhand. Marietta Schaginjans außergewöhnlicher Roman entstand 1924, als die Revolution noch jung war und sich Künstler große Freiheiten und Experimente erlauben durften. Warum, so fragte ich mich, sollte es jetzt keine Nachfolgerinnen Schaginjans geben?

Es sah fast schon so aus, als sollten die russischen Literaturexperten recht behalten, die meinten, meine Suche sei aussichtslos, weil sich Frauen an das in Intellektuellenkreisen verpönte Genre gar nicht erst heranwagen würden. Und dann geschah das Wunder: über eine befreundete Russisch-Übersetzerin aus Berlin bekam ich zuletzt doch noch den Beitrag einer russischen Autorin. Arestowa – sie ist übrigens hauptberuflich Richterin – geht es als Insiderin und Schriftstellerin in einer Person vor allem darum, das bislang tabuisierte Thema des Strafvollzugs offenzulegen. In ihrer hervorragenden Erzählung ›Verurteilt‹ versucht sie anhand des Schicksals von sechs inhaftierten Frauen, Hintergründe und Wurzeln der steigenden Kriminalität in ihrem Land aufzudecken. Ganz besondere Raritäten sind auch die exzellenten Stories der Algerierin, (die in ihrem zunehmend von islamischen Fundamentalisten geprägten Land aus Gründen der persönlichen Sicherheit gezwungen ist, unter einem männlichen Pseudonym zu schreiben) sowie der Mexikanerin und der Kubanerin.

Daß ich den Autorinnen bezüglich des Themas freie

Wahl ließ, erwies sich im nachhinein als goldrichtig. So hat sich ein erfreulich buntes Kaleidoskop an Geschichten ergeben, in denen Spannung und Witz, aber auch Verstörendes und Makabres nicht zu kurz kommen. Wieder einmal bestätigt sich, daß uns gerade das Krimigenre – wie derzeit kaum eine andere Literaturgattung – tiefe Einblicke in gesellschaftliche, soziale, politische und kulturelle Strukturen der Gegenwart vermittelt.

Obwohl der Buchtitel keineswegs programmatisch gemeint ist, sind einige der Geschichten wirklich abgefeimt und gehen bis an die Schmerzgrenze. Wenn Liebhaber unappetitlichen Toilettegewohnheiten frönen oder ein naives Indiomädchen in die Prostitution treiben, wenn Väter die Brut vernachlässigen oder ihre Töchter mißbrauchen, wenn Ehemänner ihre Frauen prügeln oder Industriechefs die Umwelt versauen, wenn Extremsituationen keinen Ausweg lassen – da können Weiber zu Hyänen werden.

Alle fremdsprachigen Geschichten sind in diesem Band zum ersten Mal in deutscher Übersetzung erschienen, viele wurden eigens für diese Anthologie geschrieben. Einige Autorinnen haben mir, sobald die Grenzen von Minen und Stacheldraht befreit waren, ihre Texte persönlich nach Wien gebracht. Mit manchen hat sich über den halben Erdball hinweg eine echte Freundschaft entwickelt. Eine erstellte mir ein überaus positives Horoskop und schickte mir ein kleines, selbstgemaltes Meditationsbild. Alle waren von Anfang an Feuer und Flamme für mein Projekt, jeder einzelnen bin ich dafür dankbar.

Ein großes Vorbild waren mir die amerikanischen Sisters in Crime, die der weiblichen Kriminalliteratur in den USA einen ungeheuren Aufschwung brachten. Sie haben mein one-woman-project aus der Ferne mit großer schwesterlicher Anteilnahme unterstützt.

Zuletzt noch mein Dank an die Kollegen von der internationalen Kriminalschriftstellervereinigung AIEP, die mir beim Aufspüren der Autorinnen mit Tips und Ratschlägen behilflich waren.

Ich hoffe, daß es mir als Herausgeberin gelungen ist, all den hierzulande unbekannten Autorinnen ein Tor zu öffnen und mit dieser »Blutauffrischung« zur Belebung und Erweiterung der Krimiszene beizutragen.

Autorinnen

LJUBOW ARESTOWA, geboren in Irkutsk (Sibirien), lebt in Moskau und arbeitete als Richterin am Obersten Gericht der UdSSR. Publiziert seit 15 Jahren, wobei sich ihre literarischen Arbeiten in erster Linie mit den Konflikten straffällig gewordener Mädchen und Frauen befassen. Ihr Fernsehfilm ›Kinder, geboren im Strafvollzug‹ (1990) wurde preisgekrönt. Ihre Erzählung ›Verurteilt‹ wurde übersetzt von Aljonna Möckel.

BÄRBEL BALKE, geboren 1947 in Berlin, Studium der Ingenieurökonomie, danach Redakteurin, Kellnerin, Leiterin einer PR-Abteilung. Ab 1981 Literaturstudium in Leipzig. Seither freiberufliche Schriftstellerin in Berlin. Ihr erstes Buch, ›Die kleine Weltreise‹, erschien 1988.

AMEL BENABOURA, geboren 1966 in Algerien. Mehrere Veröffentlichungen im französischsprachigen Raum (darunter zwei Kriminalromane), die sie aus Gründen der persönlichen Sicherheit unter einem männlichen Pseudonym schrieb. Ihre Erzählung ›Der Pate‹ (›Le Parrain‹) übersetzte Karin Rick.

JENNY BERTHELIUS, geboren in Stockholm, lebt und arbeitet nach einigen Jahren in Südfrankreich jetzt in Malmö. Sie hat an die dreißig Romane geschrieben, von denen einige auch in deutscher und tschechischer Übersetzung erschienen sind. Ihre Erzählung ›Liebe und Tod‹ (›Tack vare dej...‹) wurde ins Deutsche übertragen von Senta Kapoun.

VIRGINIE BRAC, geboren 1956 in Algier, Französin, studierte in Boston und Paris Psychologie. Ihr erster Roman erschien 1980. Derzeit schreibt sie Drehbücher für Film und Fernsehen. Die Erzählung ›Venus im Exil‹ (›Venus en exil‹) wurde übersetzt von Karin Rick.

MILENA BRUHOVÁ, geboren in Mirotice (Tschechische Republik). Pharmazeutische Laborantin. 1976 erschien ihr erster Kriminalroman. Neben weiteren Romanen und zahlreichen Kurzgeschichten hat sie auch Drehbücher und Theaterstücke verfaßt. Ihre Erzählung ›In flagranti‹ wurde übersetzt von Johanna Posset.

BARBARA BÜCHNER, geboren 1950 in Wien. Seit 1972 freischaffende Journalistin, Schriftstellerin und Illustratorin. Mehrere Romane und Erzählungen.

LIZA CODY, geboren in England, studierte an der Royal Academy und arbeitete als Textildesignerin und Haarstylistin in Madame Tussauds Wachsfigurenkabinett, bevor sie zur Kriminalliteratur wechselte. Mehrere Romane, die auch ins Deutsche übertragen wurden. Ihre Erzählung ›Glücksgriff‹ (›Lucky Dip‹) wurde übersetzt von Johann Heiß.

SABINE DEITMER, geboren 1947 in Jena, studierte Anglistik und Romanistik in Bonn und Konstanz und arbeitete danach als Lehrerin, freie Übersetzerin und Pädagogin. Mehrere Bände mit Kriminalgeschichten.

VAVYAN FABLE (Pseudonym von EVA MOLNAR), geboren im Revolutionsjahr 1956 in Budapest. Sie begann mit vierzehn Jahren, zur eigenen Unterhaltung Romane zu schreiben. Ausbildung als Krankenschwester. Sie hat über zehn Romane veröffentlicht. Die Erzählung ›Ein schöner Abend‹ (›Szép esténk lesz...‹) wurde übersetzt von Ildiko Hecht.

LAURA GRIMALDI, geboren in Rufina (Italien), Journalistin, Übersetzerin, Autorin von Romanen, Erzählungen und Drehbüchern, Mitbegründerin des Verlages Interno Giallo. Ihre Erzählung ›Väter und Töchter‹ (›Padri e figlie‹) wurde ins Deutsche übertragen von Maria E. Clay.

Ema Jontschewa, geboren in Bulgarien, Philologin, Redakteurin, Malerin und Autorin von 15 Büchern sowie TV-Skripts. Ihre wissenschaftliche Arbeit befaßt sich mit der Auswirkung von Farben auf die menschliche Psyche. Die Erzählung ›Porträt eines Verbrechens‹ erschien erstmals in der bulgarischen Anthologie ›Weiße Rosen für Agatha Christie‹; sie wurde übersetzt von Magda Pöchhacker.

Eva Kačirkova, geboren in Olmouce (Tschechische Republik), Chemiestudium, Lehrerin, seit 1973 freischaffende Schriftstellerin. Mehrere Romane, Kriminalgeschichten und ein Filmdrehbuch, für das sie 1980 den ersten Preis in San Remo erhielt. Ihre Erzählung ›Versicherung gegen den Tod‹ (›Pojistka na smrt‹) wurde übersetzt von Mike Andrews.

Edith Kneifl, geboren 1954 in Wels, lebt als freie Schriftstellerin in Wien. Mehrere Erzählungen und Romane. 1988 erhielt sie den Theodor-Körner-Preis.

Margarete Kubelka, geboren 1923 in Haida (Nordböhmen), studierte Germanistik und Latein in Prag, Rostock und Hamburg. Nach kurzer Tätigkeit im Lehrberuf lebt sie seit 1951 als freie Schriftstellerin in Darmstadt. Sie hat über 30 Bücher veröffentlicht und erhielt zahlreiche Preise und Auszeichnungen, darunter das Bundesverdienstkreuz (1985) und den Lyrikpreis der Künstlergilde (1985 und 1988).

Myriam Laurini, geboren 1947 in Argentinien, Ausbildung als Lehrerin, Studium der Philosophie. Politisch verfolgt, emigrierte sie 1977 nach Mexiko, wo sie heute als freie Journalistin und Autorin für Kulturzeitschriften und fürs Fernsehen arbeitet. Ihr erster Kriminalroman erschien 1992. Die Erzählung ›Verlorene Träume‹ (›La nota roja que no existió‹), erstmals veröffentlicht in dem kubanischen Kriminalmagazin ›Enigma‹ 1988, erhielt 1988 den ersten Preis bei der *Semana Negra* in Gijon (Spanien); sie wurde ins Deutsche übertragen von Helga Anderle.

SUSAN MOODY, geboren in Oxford (England), lebte in Paris und Amerika, bevor sie sich in Bedford bei London niederließ. Veröffentlichung von mehreren Kriminalromanen und Kurzgeschichten. Sie leitet Workshops für kreatives Schreiben, u. a. hat sie auch Häftlinge unterrichtet. Ihre Erzählung ›Freiheit‹ (›Freedom‹) wurde übersetzt von Helga Anderle und Johann Heiß.

BERTHA RECIO TENORIO, geboren in Bayamo (Kuba), Studium der Journalistik an der Universität von Havanna; arbeitet als Journalistin, Übersetzerin und Schriftstellerin. Für ihre Romane und Erzählungen erhielt sie zahlreiche Auszeichnungen. Die Erzählung ›Geschichte einer Regennacht‹ (›Cuento para una noche de lluvia‹) wurde erstmals 1986 in ›Enigma‹ veröffentlicht; sie wurde übersetzt von Helga Anderle.

INGEBURG SIEBENSTÄDT, geboren 1932 in Wittgensdorf, arbeitete als Haushaltshilfe und in der Landwirtschaft, ehe sie in Leipzig ein Germanistikstudium absolvieren konnte. Danach Rundfunkredakteurin und Verlagslektorin. Ab 1970 freischaffende Autorin in Berlin (Ost). Unter dem Pseudonym »Tom Wittgen« veröffentlichte sie zahlreiche Kriminalerzählungen, Kriminal- und Abenteuerromane. Die Erzählung ›Maria‹ erschien erstmals 1989 in dem Band ›Schatten in Grün‹.

INGRID TERKELSEN, geboren 1955 in Aarhus (Dänemark), Journalistin. Öffentlichkeitsarbeit für die Stadtverwaltung von Aarhus. Veröffentlichung mehrerer Kriminalromane. Die Erzählung ›Treffen‹ (›Møde‹) wurde übersetzt von Senta Kapoun.

HELGA ANDERLE, geboren in Wien, aufgewachsen in Österreich und Spanien. Nach der Matura Lehr- und Wanderjahre in Spanien, der Schweiz und Frankreich. Arbeit bei internationalen Organisationen in Genf und Wien, die mit vielen Reisen um die halbe Welt verbunden war. 1972 in München zum erstenmal Redaktionsluft geschnuppert, seither der Journaille verfallen – bis 1976 bei verschiedenen Medien in München, später in Wien u. a. Seit 1989 freie Journalistin und Autorin. Veröffentlichung von Erzählungen und Kurzkrimis in Zeitschriften und Anthologien (in Österreich, Deutschland, der Tschechischen Republik, Bulgarien, Polen, Mexiko). Seit 1989 Österreich-Vertreterin der AIEP (Internationale Vereinigung der Kriminalschriftsteller), seit 1991 European Coordinator der amerikanischen »Sisters in Crime« und Frauenreferentin der europäischen AIEP-Sektion.

Stanislaw Lem
im dtv

Transfer
Möbel blühen, Wände wandern, Betten erraten jeden Wunsch und Gedanken, Gebäude schweben und leuchten in vielen Farben, die Menschen tragen phantastische Gewänder. In diese Welt kehrt Hal Bregg nach einer zehnjähriger Weltraumexpedition zurück. Auf der Erde sind inzwischen mehr als hundert Jahre vergangen. Alle anstrengenden und lästigen Arbeiten werden von Robotern erledigt. Die menschliche Gesellschaft ist – mittels einer Droge – gewaltfrei. Der aggressive, ehrgeizige und leistungsfähige Hal Bregg wehrt sich gegen diese neue Gesellschaft, bis er sich in eines dieser sanften Wesen verliebt.
dtv 10105

Eden
Aufgrund eines Berechnungsfehlers bohrt sich das Raumschiff in die Oberfläche des Planten Eden. Während der Zeit, in der die sechs Besatzungsmitglieder ihr Schiff wieder instand setzen, gelingt es ihnen, sich mit einem der seltsamen Doppelwesen dieses Planeten zu verständigen. Die unheimliche Tyrannei, mit der sie auf diese Weise Bekanntschaft machen, veranlaßt sie zu der Überlegung, ob die Edenbewohner befreit werden könnten und sollten.
dtv 10106

Solaris
Der Wissenschaftler Kelvin reist von der Erde zum Planeten Solaris, um nach seinen beiden Kollegen zu sehen. Aber niemand steht zu seinem Empfang bereit. Stattdessen stößt er auf Anzeichen von Chaos und Auflösung. Die zwei Besatzungsmitglieder verhalten sich merkwürdig, wirken verstört. In den kahlen Gängen tauchen Gestalten auf, die aus einem Traum zu stammen scheinen. Kelvin begegnet seiner verstorbenen Frau. Realität oder Wahnvorstellung? Allmählich erkennt er, daß die Menschen hier nicht mehr forschen und experimentieren, sondern selbst erforscht und zum Objekt von Experimenten gemacht werden. Dieser Roman ist Lems berühmtestes Buch, ein Klassiker, vielleicht sogar der Klassiker der Sciencefiction-Literatur.
dtv 10177

dtv
Crime
Ladies

Agatha Christie:
16 Uhr 50
ab Paddington
dtv 11687

Amanda Cross:
Albertas Schatten
dtv 11203

Gefährliche Praxis
dtv 11243

In besten Kreisen
dtv 11348

Eine feine
Gesellschaft
dtv 11513

Schule für höhere
Töchter
dtv 11632

Tödliches Erbe
dtv 11683

Süßer Tod
dtv 11812

Der Sturz aus dem
Fenster
dtv 11913   (8/94)

Maria Rosa
Cutrufelli:
Die unwillkom-
mene Komplizin
dtv 11805

Fran Dorf:
Die Totdenkerin
dtv 11858   (4/94)

Frances Fyfield:
Schatten im Spiegel
dtv 11371

Feuerfüchse
dtv 11451

Dieses kleine,
tödliche Messer
dtv 11536

Tiefer Schlaf
dtv 11786

Jennie Gallant:
Die Konfettifrau
dtv 11521

Ruby Horansky:
Die Polizistin
dtv 11874   (5/94)

Alexa Juniper:
Matthew's Mutter
dtv 11686

Li Ang:
Gattenmord
dtv 11213

dtv Crime Ladies

Sharyn McCrumb:
Lieblich bis auf die
Knochen
dtv 11813

Nancy Pickard:
Alles andere
als ein Unfall
dtv 11685

Marissa Piesman:
Kontaktanzeigen
dtv 11682
Leiche in bester
Lage
dtv 11875   (5/94)

Zelda Popkin:
Rendezvous nach
Ladenschluß
dtv 11559
Karrierefrauen
leben schneller
dtv 11640
Die Tote nebenan
dtv 11804

Suzanne Prou:
Die Schöne
dtv 11349

Joan Smith:
Schmutziges
Wochenende
dtv 11387
Wer wohnt schon
noch bei seinem
Mann
dtv 11466
Ein häßlicher
Verdacht
dtv 11550

Rosamond Smith:
Der Andere
dtv 11370
Das Frühlingsopfer
dtv 11859   (4/94)

Hannah Wakefield:
Die Journalistin
dtv 11542
Die Anwältin
dtv 11681

Margarete Zigan:
Möwenfutter
dtv 11684

MordsFrauen
dtv 11377

Alle meine
Mordgelüste
dtv 11647

Da werden Weiber
zu Hyänen
dtv 11787

Mord am Fjord
dtv 11902   (7/94)

Spannung und Abenteuer im dtv großdruck

Friedrich Dürrenmatt:
Das Versprechen
Requiem auf den
Kriminalroman
dtv 2562

Daphne Du Maurier:
Dreh dich nicht um
Erzählung
dtv 2578

Umberto Eco:
Der Name der Rose
Roman
dtv 25033

Marlen Haushofer:
Bartls Abenteuer
dtv 25054

Erich Kästner:
Die verschwundene Miniatur
oder auch
Die Abenteuer eines
empfindsamen
Fleischermeisters
dtv 25034

J.R.R. Tolkien:
Der kleine Hobbit
dtv 25051